MAHATMA GANDHI

A ROCA E O CALMO PENSAR

Compilado e editado por
Chandrakant Kaji

Tradução
Júlio Fisher

Palas Athena

Título original: *Prayer*
Copyright © 1977 by Navajivan Trust

Grafia segundo o Acordo Ortográfico da Língua Portuguesa, de 1990, que entrou em vigor no Brasil em 2009.

Copidesque *Neusa Santos Martins*
Revisão *Therezinha Siqueira Campos*
Lúcia Benfatti
Revisão técnica e notas *Lia Diskin*
Atualização ortográfica *Lídia La Marck*
Produção digital *Renato Carbone*
Capa *Jonas Gonçalves*
Foto capa cortesia *Peter Ruhe*

Agradecimentos ao Sr. Asim Sengupta, pelo esclarecimento de alguns termos em hindi.

Dados de Catalogação na Publicação (CIP) Internacional (Câmara Brasileira do Livro, SP, Brasil)

Gandhi, Mahatma, 1869-1948.
A roca e o calmo pensar / compilado e editado por Chandrakant Kaji; tradução Júlio Fisher. – São Paulo : Palas Athena, 1991.

1. Oração 2. Oração (Hinduísmo) 3. Vida espiritual (Hinduísmo) I. Kaji, Chandrakant. II. Título.

91-1568 CDD-194.542

Índices para catálogo sistemático:
1. Oração : Prática religiosa : Hinduísmo 294.542
2. Vida espiritual: Prática religiosa: Hinduísmo 294.542

2ª edição – outubro 2019

Direitos adquiridos para a língua portuguesa por
EDITORA PALAS ATHENA
Alameda Lorena, 355 – Jardim Paulista, São Paulo, SP
CEP 01424-001 – São Paulo – SP – Brasil
fone: (11) 3050.6188
www.palasathena.org.br
editora@palasathena.org.br

Com devoção
para
meu tio materno,
o falecido Sjt. Hiralal Tribhuvandas Parekh,
Secretário Assistente da Gujarat Vernacular Society
(Atual Gujarat Vidyasabha)

SUMÁRIO

À guisa de prefácio à edição brasileira   XI

Ao leitor   2
Senhor da Humildade   3

I. SIGNIFICADO E NECESSIDADE DA ORAÇÃO

1. Significado e necessidade da oração   7
2. A oração é necessária para todos   10
3. O homem não pode viver sem oração   11
4. O eterno duelo   13
5. O que é oração?   16
6. A oração verdadeira   18
7. A devoção verdadeira   19
8. A maior força agregadora   20
9. A oração é inteiramente inclusiva   21
10. Diálogo com um budista   21
11. Por que insisto na oração   27
12. Testemunho pessoal sobre a oração   28
13. Por que orar?   31
14. O objetivo da oração   32
15. Espontânea efusão do coração   33
16. O homem que reza desconhece o medo   34
17. Por que pronunciar Seu nome?   35
18. A beleza da repetição   36

19. Sem fé na oração!	38
20. Por que não acreditar na oração?	46
21. Ter fé	46
22. O bálsamo que cura	48
23. A palavra de Deus	49
24. *Nirbal ke bala Rama*	50
25. O único amparo dos desamparados	52
26. A promessa de Deus	53
27. O segredo do autocontrole	55
28. Uma exortação ao arrependimento	58
29. Provações	59
30. Orientação divina	62
31. Orientação	64
32. Visões	68
33. "Voz interior"	69

II. FORMAS E MÉTODOS DE ORAÇÃO

34. *Yajna*	75
35. Como estabeleço uma comunhão com Deus	76
36. A forma de minha oração	76
37. Servir é orar	78
38. "Seja feita a vossa vontade"	83
39. Submissão à Sua vontade	84
40. Como e a quem orar?	86
41. Pontualidade nas orações	89
42. O tempo divino nunca se detém	91
43. Nunca falte às preces	91
44. O comparecimento às preces	94
45. O valor espiritual do silêncio	96
46. *Tamasi tapas*	99
47. A comunhão silenciosa	100
48. Orações silenciosas	102

49. Silêncio durante a oração	103
50. Como introduzi a oração coletiva	105
51. Oração coletiva	106
52. Oração solidária	109
53. Minha fé na oração pública	110
54. Oração individual	110
55. A concentração durante as orações	113
56. Oração obrigatória	114
57. A doença da intolerância	115
58. Uma palavra aos opositores	117
59. Opositores mal informados	118
60. Jejum e oração	120
61. A mais autêntica prece	125
62. Significado interior do jejum	127
63. *Gita* – A Mãe	128
64. A meditação da Mãe *Gita*	129
65. O uso de imagens na oração	131
66. Adoração de ídolos	132
67. Idolatria	133
68. Idolatria *versus* adoração de ídolos	135
69. Culto em templos	136
70. Os templos são necessários?	137
71. Os locais de devoção são uma superstição?	141
72. Por que não há templo no *ashram*?	143
73. Um templo-modelo	144
74. Templos para a adoração da natureza	147
75. Culto às árvores	148
76. Atmosfera para orações	150
77. O lugar da oração na vida do *ashram*	150
78. A oração do *ashram*	160
79. Sobre as orações do *ashram*	163
80. O tempo despendido em orações	167
81. Das notas de Manibehn	167

III. *RAMANAMA*

82. Plantar uma boa semente 177
83. Quem é Rama? 177
84. O poder do *Ramanama* 180
85. Uma fórmula bastante testada 182
86. Ridicularizando o *Ramanama* 183
87. O *Ramanama* não deve ser interrompido ... 184
88. O *Ramanama* e o serviço à nação 185
89. O *Ramanama* e a cura natural 186
90. *Ramanama* 201
91. Excertos de cartas 204
92. Prédicas depois da oração 206
93. Pensamento do dia 216
94. Com Deus e em Seu nome 220
95. "Rama! Rama!" 223

APÊNDICES

Apêndice I 225
Apêndice II 231
Notas 243

À GUISA DE PREFÁCIO À EDIÇÃO BRASILEIRA

MAHATMA GANDHI, PARA SEMPRE

José Luiz Archanjo, Ph.D.

(Palestra proferida na Associação Palas Athena em 8 de outubro de 1987, durante as comemorações da VI Semana em Homenagem a Mahatma Gandhi, na que também foram oradores o Exmo. Sr. Embaixador da Índia, Sr. Avadhuth Kakodkar e o Professor Franco Montoro.)

Há pouco menos de nove meses, no dia 12 de janeiro deste ano, eu estava viajando pelo norte da índia. Estava em Délhi, numa manhã que me pareceu tipicamente londrina, tal a névoa que a envolvia, e saí para visitar o memorial de Gandhi. Ao sul do Forte Vermelho, no meio de bonitos jardins, vê-se um monumento de comovente simplicidade: apenas uma plataforma quadrada em mármore preto, marcando o lugar onde, em 1948, o corpo do Mahatma foi incinerado.

As pessoas que o visitam levam flores, sobretudo pétalas de rosas. Naquela manhã em especial, talvez, pelo que pude entender, em virtude de uma programação preparatória do aniversário da morte, que se daria em 30 de janeiro, havia uma verdadeira multidão de crianças, de pequenos escolares que desfilavam diante da lápide, em torno da qual formavam um círculo, atirando flores ou pétalas e depois se retirando. Eram centenas e centenas de crianças, enfileiradas, marchando o tempo todo numa cadência que me deixou curioso: do que se tratava? Os professores diziam: "Mahatma Gandhi" e as crianças respondiam "*ananta-he*", ou seja, "Mahatma Gandhi para sempre, para sempre". Isso era repetido numa cadência mântrica, que ia encantando o lugar e chegava a nós de forma muito pura, muito perfeita e espiritualizada.

Além da comoção natural que a situação despertava, das memórias acordadas pela vibração daquela manhã, com as vozes infantis dizendo "Mahatma Gandhi para sempre, para sempre" me tocando profundamente, eu conjecturava que, em termos de história da humanidade, o que importava não eram as novas gerações ainda repetirem o nome do Mahatma Gandhi; a proposta era, de fato, "para sempre, para sempre".

Um diálogo interior logo se estabeleceu em mim e, sendo de natureza filosófica, só poderia ser, necessariamente, teilhardiano, como sabem muitos dos que estão aqui. Portanto, Teilhard veio-me à mente e eu me perguntei: Sempre (porque quando se diz "sempre" a um teilhardiano está se falando duma dimensão de eternidade que não abrange apenas as pessoas; está se falando daquele "sempre" ao qual Jesus se referia no Evangelho, ao dizer: "Passarão o céu e a terra e as minhas palavras não passarão"). Então eu refletia: Sempre para quem? Sempre para essas crianças? Para a Índia? Para o Oriente? Ou sempre para o planeta e para o cosmos? Será que um dia passarão até as palavras e permanecerá a grande alma de Gandhi?

No museu, naquele jardim evocador dos principais fatos da vida do Mahatma, fiz o mesmo que fizera um grande precursor nosso, o professor Huberto Rohden, filósofo brasileiro que em 1969 visitou o mesmo lugar, lá encontrando um livrinho em sânscrito e inglês contendo cem pensamentos de Gandhi (incluídos na biografia do Mahatma editada pela Alvorada, já na oitava edição aqui no Brasil); pois bem, eu também percorri o museu levando aquele livrinho de pensamentos gandhianos nas mãos.

À medida que eu lia e pensava, ouvia as crianças lá fora: "Mahatma Gandhi... *ananta-he*", "Mahatma Gandhi... *ananta--he*". Embalado por essa música, refletia, repensando e concluindo: de fato, o Mahatma ficará para sempre. Também em termos cósmicos. Porque sua vida, sua obra, dirigiu-se, orientou-se, endereçou-se para o próprio fundamento de tudo aquilo que é e existe. O valor fundamental, para essa grande alma, foi a verdade. Ele próprio, ao escrever sua autobiografia, deu-lhe como título alternativo *Autobiografia, ou a história das minhas experiências com a verdade*. Quando Gandhi falava em verdade, é claro que não se limitava apenas à verdade moral (obrigatoriamente dotada de uma coerência do sentimento e do pensamento com a sua expressão, ou seja, com a palavra escrita ou falada), mas abrangia também a ação, a "facção". Não se trata, portanto, apenas de uma verdade moral – "eu estou dizendo a verdade". Nem tampouco duma verdade que chamaríamos de lógica, enquanto adequação do objeto ao sujeito: da realidade à nossa inteligência, à inteligibilidade, à racionalidade, à compreensibilidade do real, ou seja, à propriedade que as coisas têm de serem apreendidas por nossa razão.

Quando Gandhi falava em verdade, estava se referindo sobretudo à Verdade ontológica: à identidade do ser consigo mesmo, a essa coisa tão simples de as coisas serem o que são. Porque nós chegamos a tempos e lugares e nos vemos, de repente, em situações em que mesmo o mais óbvio e imediato não é. Não é o que deveria ou poderia ser. Vemo-nos na inversão total dos valores.

Ele se referia de fato à Verdade absoluta, a um princípio eterno, a uma realidade fora da qual nada existe, um centro em relação ao qual nada pode ser alheio – a não ser a irrealidade. Cada vez que falava em Verdade, Gandhi estava se referindo àquilo que ele próprio reconhecia como tal, e que nós podemos entender com uma única palavra: Deus. Esse Deus que ele procurou continuamente desde a infância, que esteve presente no seu último grito, quando tombou sob as balas assassinas que lhe tirariam a vida, e ao qual ele ainda chamava com seu *He-Rama!* – "Oh, Deus!'".

Verdade, para Gandhi, era o outro nome do Senhor, e isso o levava a afirmar: "Eu anseio por ver a Deus face a face! O Deus que eu conheço se chama Verdade!".

Portanto, muito mais do que uma filosofia ou pensamento que chegasse à Verdade (já que esta tinha a forma de Deus, *div* – do sânscrito "luz", que vai dar "diurno", etc.), muito mais que isso, o que Gandhi construiu, a meu ver, foi uma verdadeira mística. Ou seja, essa Verdade não se oferece a nós apenas como algo que ambicionemos ter, possuir, mas sim como uma Verdade amorável, que se deve amar.

Parece que algumas pessoas privilegiadas são dotadas de uma inteligência do coração. É como se a Verdade devesse ser apreendida não apenas com a inteligência, como se só pudesse ser apreendida por aproximações sucessivas, cuja natureza jamais fosse puramente intelectual. Seria, falando em termos ocidentais, uma apreensão existencial. Encaminho-me para essa Verdade com a minha inteligência, com o coração, o afeto e as emoções, com as minhas limitações e a consciência delas, com as minhas imperfeições e o desejo contínuo de autoaperfeiçoamento. O gesto de Gandhi, ao amar a Verdade, é, pois, fundamentalmente, um gesto religioso. Vou deter-me aqui numa das possíveis primeiras etimologias da palavra religião, "*re-legere*" – religião como releitura. Dizia Gandhi: "Há um poder misterioso e indefinível que tudo permeia e eu o sinto, ainda que não o veja".

Sentimos a presença desse poder invisível e, no entanto, ele desafia qualquer demonstração, porque é diferente de tudo o que percebemos com os nossos sentidos. A releitura do universo e da realidade a que Gandhi se propõe é direta: há um estado natural de todas as coisas, o qual é, muitas vezes, desnaturado pelo próprio homem. Esse estado natural, às vezes até desnaturado, é imediato, ou seja: o sol nasce e se põe; nasce no oriente e se põe no ocidente; o homem está destinado a morrer um dia; nós sentimos fome. Essas são verdades naturais, podemos constatá-las. Mas, quando nos perguntamos: Por que é que as coisas são assim? Não poderiam ser de outro jeito? O homem não poderia ter um dispositivo qualquer que pudesse desligar ao chegar o momento da morte? Por que a morte tem que ser como é? Por que ele não pode viver muito mais, por que tem de viver de tal forma e não de outra? A resposta é muito simples: porque Deus assim o quis! Isso significa que, sobre esse estado natural de todas as coisas, há um estado sobrenatural, que é, para Gandhi, a vontade divina. O fundamento desta é a própria natureza, a qual sustenta o sobrenatural que sobre ela se apoia; mas esse sobrenatural é a cúpula que se eleva, que levanta a natureza e o estado natural de todas as coisas. Por isso é importante que a cada momento eu peça que se faça a vontade divina, como fazemos cotidianamente no Pai-Nosso: que se faça a vontade de Deus, isto é, que a natureza se sobreleve, ultrapasse e transcenda, para que eu possa chegar a essa Verdade suprema, objeto do nosso amor. Porém, se disséssemos: mas se é assim, e se tudo o que acontece é vontade de Deus, isso não significaria cair num fatalismo diante do qual a única atitude possível seria a resignação, a conformação? – a resposta seria não, porque a vontade de Deus, para Gandhi, inclui uma liberdade infinita do homem, liberdade que quer duas coisas. A primeira delas é *libertar-se*. Não se trata de uma liberdade como dádiva ou dom, e sim que só se exerce se exercendo, só se afirma afirmando-se, só se faz fazendo-se. Faz-se em manifestação! Ela quer libertar-se de si mesma, de tudo o que é apenas humano e, portanto, pura e estritamente natural, para poder perfurar seu próprio fenômeno e chegar ao sobrenatural. Identificando-se com a vontade de Deus, superando, em consequência, o desnaturado ou o puramente natural, vencendo o egoísmo, a avareza, o ódio, o medo, as paixões e tudo aquilo que leva à luta, à dissensão, à desarmonia.

Porque isso seria recair no caos e nós queremos a ordem que é o cosmos, o qual manifesta a vontade divina. E claro (e eu não quero cometer nenhuma heresia, com tantos orientalistas e orientais presentes) que esta é uma leitura ocidental, que faço a partir de uma mística ocidental, mas é a leitura que chega a mim, aquela que fala à minha inteligência e ao meu coração.

A autorrealização da liberdade significa, portanto, libertar-se de si mesmo, mas é também autorrealizar-se, e aparece na obra do Mahatma como o objetivo supremo de ver a Deus face a face e unir-se a Ele. É aqui que o ato existencial de Gandhi se afirma, não apenas no sentido de religião como releitura, mas de religião como religação, união. Como releitura e religação. Fica bem claro, nesse momento, que não há nenhuma dissociação ou conflito entre os dois níveis, o natural e o sobrenatural, mas que, pelo contrário, um apoia o outro, o outro sustenta o um, e só se chega a um através do outro. Ou seja, só partindo da consideração do natural é que chegarei ao sobrenatural – ao porquê de as coisas serem como são. Primeiro conheço a vontade de Deus e depois entendo as coisas. Ou então, estudando estas, chegarei a identificar o que é a vontade divina.

Gandhi quer libertar-se e libertar a Índia. Naquele momento, sua terra, seu povo, sua pátria, seus irmãos, os desvalidos, os pobres de Deus, tudo e todos configuravam a situação de cada um.

Recorrendo a mais uma analogia ocidental, eu diria que a concepção de Sartre em relação à sua época e à noção de *engagement* (segundo a qual cada ato meu compromete todos os demais) é o mesmo tipo de vivência gandhiana em relação à Índia, aos seus conterrâneos, aos seus contemporâneos, ao seu povo, enfim, porque salvar-se é salvar coletivamente.

Considero que é esta a grande marca que Gandhi imprimiu na mística e na religião: não é mais possível limitarmo-nos aos termos de uma autossalvação.

Quando muito pequeno, eu costumava ver uma cruz dos padres passionistas (e não vai nisto nenhuma crítica a eles, que eram missionários maravilhosos) com o lema: "Salva tua alma". Isso me machucava e impressionava muito, porque eu lia emocionalmente assim: "Salva tua alma, ainda que o resto do mundo se dane". Mas meu crescimento, minha maturidade, meu encontro com Teilhard de Chardin mostrou-me que eu, tão pequenino, posso perder-me e talvez me perca na minha personalidade, na minha individualidade, mas que, como parte de um grande todo, de um grande plano cósmico, "Eu" encontro a salvação; isso não pode falhar! Seria um absurdo da estrutura da realidade, do próprio real da vida ou da vontade divina, que tudo falhasse. Um pode falhar, talvez; muitos, é mais difícil; todos, nunca! Passa-se de um conceito de autossalvação para um conceito de salvação coletiva, ou seja, não estou preocupado em me salvar. Preocupo-me em salvar o meu mundo, em resgatar o meu próximo, o meu semelhante, aqueles que precisam mais de mim, que estão vivendo num estado de natureza desnaturado e que, portanto, mal adivinham que existe esse estado sobrenatural que eu já divisei.

O interesse de Gandhi na salvação é um interesse de amor, e de amor à Verdade, sendo, por isso, antes de mais nada e fundamentalmente, um interesse religioso. Ele afirmava: "Desenvolvo toda a minha política a partir da minha postura de compromisso com a Verdade!"

Entretanto, essa postura não nasce das especulações metafísicas de um mestre, de um guru, de um sábio retirado no alto de uma montanha ou numa caverna solitária, não! Nasce do encontro de Gandhi com o sofrimento humano, o que, na África em que ele viveu e na Índia, não é um espetáculo que precise ser procurado. Oferece-se a cada passo e a cada instante.

É o sofrimento, segundo afirma, e só ele, que abre ao homem a compreensão interior. Por isso o encontro de Gandhi com o sofrimento é um encontro de conversão, de iluminação; é um encontro franciscano, porque de profunda comoção: "Minha vida não pode mais ser a mesma! Embora seja advogado, tenha estudado em Londres, etc., agora, que vejo a dor de meus irmãos, não posso mais ser o mesmo!".

É um encontro de comprometimento. Não se trata mais de um assentimento intelectual, mas de uma adesão da vontade e do coração. Não é mais possível, tendo diante de mim um leproso, sentar-me e tomar uma xícara de chá. Até seria, desde que eu mantivesse e conservasse sempre em mim a consciência vivenciada da lepra que precisa ser curada, da qual o doente precisa ser libertado, precisa libertar-se.

Para Gandhi, amor e verdade estão de tal modo unidos entre si que é impossível separá-los. Ele disse: "Amor e verdade são as duas faces da mesma medalha".

Daí não haver nenhuma linha de desencarnação neste homem. Com toda a sua espiritualidade e seu amor à verdade, ele é alguém apaixonado pelo mundo, pela realidade concreta e imediata, pelas dificuldades e problemas que precisam ser superados! É necessário sermos amigos do mundo e compormos uma grande família humana, uma grande fraternidade de gente que quer atingir esse estado sobrenatural que é a vontade de Deus.

Portanto, a ascese que Gandhi se dispõe a fazer não pode, em absoluto, ser uma ascese no sentido grego – *áskesis*, luta –, porque ela não é uma ascese de deserção, de "eu abandono o mundo para fazer o meu autoaperfeiçoamento".

Ela é uma ascese de dupla libertação: minha e do outro. É uma libertação que pressupõe tal interdependência que eu só me liberto quando liberto o próximo e só posso propor-lhe um programa de libertação se eu mesmo estou tentando me libertar.

O que vamos retrucar diante de tal proposta? Não é fácil dizer algo! Nem fácil, nem simples!

Primeiro, é preciso que eu comece a me libertar de mim. Gandhi é, nesse sentido, extremamente humano. Ele propõe o seguinte, quando afirma que é preciso libertar-se do egoísmo, da avareza, das paixões, do ódio, etc.: "Comece por fazer o 'trabalhinho' imediato de libertar-se da sua ira".

Este seria o primeiro passo para a autolibertação. Não se trata de engolir, de reprimir, refrear a indignação diante das coisas, e sim de verificar que, se sua ira, seu ódio, sua raiva, enfim, podem ser uma força destrutiva tão grande, por que não lhes transformar a energia em capacidade construtiva, como o calor ou a água são transformados em força de trabalho? Por que não converter essa potência negativa numa energia que constrói!

Se posso transformar até as forças da sexualidade, através da castidade, em energias de altíssima voltagem espiritual, por que não trabalhar sobre a minha ira, que é tão violenta?!

Ele dizia: "Não é que eu não sinta ira, em absoluto, mas quando eu a sinto procuro não lhe dar campo, não lhe dar força nem espaço. Procuro simplesmente praticar e cultivar a paciência e a mansidão".

Meu Deus! Se conseguíssemos isso no cotidiano! É claro que Gandhi falava sobre o tema ilustrando-o politicamente com a postura que os seus compatriotas deveriam ter em relação ao dominador britânico. Mas é claro que estava abordando também as hostilidades e divergências que tinha até com a própria mulher, dentro de casa. Portanto, dominar a ira não é indignar-se e controlar-se para matar e destruir. Controlar a ira é ter paciência com o cônjuge que não quer ou não consegue entender o nosso ponto de vista. É saber lidar com a pessoa que trabalha para você: com a sua empregada doméstica que, dentro de sua casa, o desafia porque não pensa e não vê as coisas como você. E, às vezes, simplesmente manter a calma e lembrar-se da fraternidade humana naquela reunião de condomínio em que você é um voto vencido. E saber conter-se para não mandar despedir a caixa do supermercado que foi malcriada e que até o roubou, deixando de colocar todas as compras no seu pacote. E saber tratar com o empregado do banco, que é agressivo e diz: "Não recebo mais, pague em outra agência!".

Controlar a ira se dá no cotidiano, no imediato, diante dos descalabros que vemos diante de nós. É não desenvolver um sentimento de hostilidade quando há divergência de opiniões.

Vejam bem, porém: este seria o primeiro passo da *minha* libertação. E qual seria o primeiro passo para a libertação do *outro*? A resposta de Gandhi é imediata: "Não tentar derrotar a negatividade com a negatividade". Não baixar o nível, não "deixar cair o astral", o "clima" entre as pessoas. Opor a uma força material, natural, às vezes até desnaturada, uma verdadeira força espiritual; responder à violência com benevolência, com bem-querer.

O Mahatma nunca será suficientemente comentado; há nele tanta profundidade que poderíamos fazer várias leituras gandhianas. Ao sentar-me para alinhavar estas ideias, pensei: leio Gandhi teilhardianamente, leio-o de modo franciscano e existencial. Quantas leituras poderíamos fazer! Por outro lado, não é só por isso, mas por ser a proposta de Gandhi tão existencial e tão prática, que, por mais extensamente que filosofemos sobre ela, jamais conseguirá nos devolver em sua plenitude o mínimo gesto, o mínimo ato ou até o não ato gandhiano!

Entre seus conceitos fundamentais, há *satyagraha* e *ahimsa*, único caminho para Deus. Gandhi começou a elaborar esses conceitos a partir de 1907; porém não são apenas conceitos: são atitudes, posturas, posicionamentos.

Ao falar de *satyagraha* estamos falando numa existência dedicada à Verdade. Quer dizer que, se a minha postura está toda endereçada, dirigida à Verdade, eu me recuso a sair do caminho. Não busco nenhum atalho, não me desviarei, e sei que isso é importante porque, enquanto avanço nessa senda, vou ficando mais forte. Daí a não violência: à medida que avanço, mais forte e resistente eu me torno. E uma resistência não passiva. Nada mais distante do conceito de *satyagraha* que a resistência passiva ou a resignação, a conformação.

Essa atitude está muito mais ligada, de fato, ao que se poderia chamar de "conformação ativa", isto é, vou tentar formar-me, tentar fazer-me, autorrealizar-me em harmonia com os outros, com as coisas, com a realidade.

Só posso fazer-me com o todo. O fazer-me com o todo não é apenas deixar-me moldar por ele, mas também colocar nele a minha marca pessoal. Daí ser essa conformação algo dinâmico, e ser essa a grande força do homem que se liberta e tenta libertar seus semelhantes: a força da mansidão, a força do amor, do *ahimsa*.

Ahimsa não é apenas não fazer mal ao próximo, mas amar e fazer bem inclusive a quem lhe faz mal.

O professor Huberto Rohden proclamou a vida inteira que não conheceu no Ocidente ninguém mais crístico do que Gandhi. Não quis dizer com isso que se trata de um cristão, de um professador dessa doutrina, mas de alguém que a vivenciou. É o conceito de um cristão como outro Cristo, no seu próprio tempo e no seu lugar. A proposta gandhiana é: "Não faça violência material a ninguém, perseguindo, encarcerando, batendo, furtando, maltratando, matando. Não faça essa violência a ninguém! Abstenha-se até de uma violência verbal: não fale mal das pessoas! Não permita a si mesmo a violência mental: não pense mal do outro. Finalmente, não cultive a violência emocional – não guarde mágoa, ressentimento nem ódio do próximo".

Oh, se conseguíssemos que Gandhi não ficasse apenas lá na Índia e pudéssemos adotar esses conceitos no nosso cotidiano, nós, que vivemos nas grandes cidades, neste momento, a braços com uma violência que mata, rouba, estupra, destrói, fere! E há outras violências que também nos agridem, não física mas moralmente, agridem nossa decência, nossas ideias, nossa integridade, nosso desejo de cultura. Somos bombardeados pela imagem que vem da caixa da televisão: ela também nos agride fisicamente! Fisicamente! Ainda não me referi ao nível verbal, que não se restringe apenas a amaldiçoar os políticos, a situação do país, a desonestidade. Será que não existe ninguém que se possa elogiar? Então, silenciemos, para que um dia talvez alguém nos elogie, como hoje fazemos o elogio do Mahatma,

E quando o verbal se transporta para o nível familiar da fofoca, da crítica, do juízo temerário, quantos atos destrutivos cometemos em termos de *ahimsa*, num simples comentário maldoso ou num juízo leviano! Pensar mal do próximo já é uma forma de violência. De violência mental, sim, manifestada quando eu me deparo com o outro e sou incapaz de conter as minhas emoções porque estava alimentando ódio, ressentimento, mágoa, ciúme, inveja.

Se disséssemos: "Mestre, Bapu, Mahatma, como é difícil deixar de cometer violência, seja material, seja verbal, mental ou emocional!", ele nos responderia: "Pois eu peço mais, muito mais, porque tudo isso é apenas uma desobstrução do caminho para que possamos amar os nossos inimigos".

É este o grande desafio: amar os inimigos; compreender que cada um de nós, homens, temos uma missão: servir! Servir, necessariamente! A meu próximo! Servir não só a todos aqueles que amo, mas também àqueles que não me amam. O que lembra um episódio evangélico em que é preconizado este exemplo: se ao levar uma oferta ao templo, lembrarmo-nos de que um irmão tem algo contra nós, devemos adiar a dádiva; é preciso, antes, reconciliarmo-nos com ele e só então voltarmos para fazer a oferenda.

É isso que mais me impressiona nesse conselho: não se trata de *nós* termos alguma coisa contra alguém, mas de alguém injustamente ter alguma coisa contra nós, por erro, por ignorância, por maldade; mas é necessário que nos reconciliemos com o outro para podermos oferecer a nossa dádiva.

Se pudéssemos, no nosso cotidiano, amar aqueles que consideramos nossos inimigos... que são malcriados conosco, que estão violentando, agredindo, assaltando, sujando as nossas ruas, os nossos olhos, os nossos ouvidos! São *esses* que precisam ser amados!

Começamos a perceber que, segundo Mahatma Gandhi, a missão do homem não é apenas a de ser um gerador de positividade – é preciso que sejamos aqueles que transformam negatividade em positividade! Esse é o maior desafio; nossa missão é purificar o mundo!

Ao ver-me diante de algum paciente em processo psicoterápico ou diante de algum aluno, vai amadurecendo cada vez mais a minha certeza de que nós nos fazemos grandes a partir de nossas pequenezas. Uma pessoa equilibrada não é aquela que não tem conflitos e sim aquela que conseguiu superá-los e harmonizar-se. Uma pessoa normal não é alguém que nunca sofreu nenhuma patologia: é alguém que, tendo tomado consciência de sua patologia, trabalhou a si mesma pela normalidade. Portanto, um otimista não é um ingênuo: é alguém que ultrapassou o seu pessimismo, positiva e construtivamente.

Disse um místico francês que há muito mais ardor no amor penitente do que no inocente. É por isso que vemos nas grandes conversões religiosas, de um Paulo, de uma Maria Madalena, de um Inácio de Loyola, uma chama tão grande após a conversão. Não podemos ser apenas geradores de energias positivas no universo: é preciso que sejamos também transformadores, partindo, de maneira alquímica, da matéria, do natural, do desnaturado e apodrecido, da matéria humana, às vezes do material humano mais discutível. Ai de quem foi para a Índia tentando seguir o caminho do Mahatma a partir de uma realidade muito especial, de um centro muito retirado e privilegiado! Não! Essa realidade tem que ser construída através da convivência imediata e direta com massas humanas que estão em fome e miséria, em dor e sofrimento. É esta a matéria com que é preciso construir o novo homem; não é necessário ir à Índia; olhe para dentro de sua casa. Ouvimos dizer: "Ah! Seria tão mais maravilhosa a nossa vida se ele fosse mais carinhoso, mais compreensível...".

Acontece que a autorrealização tem que ser conseguida através desse marido que é menos compreensível, menos carinhoso, cuja convivência é tão difícil; ou do filho "que poderia ser tão fabuloso como o primo ou o irmão mais velho"; esse filho que, sendo como é, causa nossas dificuldades. É este o grande desafio, e eu deveria agradecer pela oportunidade de crescimento que ele me dá, porque nem sempre os pais vieram para os filhos:

muitas vezes os filhos vieram para o aperfeiçoamento dos pais na grande roda da vida.

É importante que eu faça todo esse esforço, considerando o peso que ele terá para o outro, para a libertação do outro, para a releitura e a religação do universo!

Se um único homem chegasse a essa plenitude de amor, repetiu o Mahatma, ele neutralizaria o ódio de milhões. O menor gesto de amor é mais forte que o maior gesto de ódio. E de toda a importância que enfrentemos isso no cotidiano.

Quando perguntavam ao Mahatma por que não se retirava para uma caverna, ele respondia: "Eu trago essa caverna dentro de mim". Ou seja, nós trabalhamos como a natureza: continuamente, mas em silêncio.

Nesse trabalho de transmutação do negativo em positivo estamos em contato com as grandes forças invisíveis, com as forças cósmicas, com aquele poder que, como Gandhi dizia, permeia tudo e não pode ser apreendido pelos sentidos. Estou trabalhando em "dobradinha", por assim dizer, em parceria com Deus, porque estou tentando descobrir e realizar a vontade divina.

Deus, que é sempre verdade, é uma verdade dura como o diamante, como afirmava o Mahatma; é uma pedra que precisa ser procurada nas profundezas da terra e ser arduamente lapidada para poder refletir toda a luz, toda a essência de perfeição que ela contém. E uma verdade que, ao mesmo tempo, exige de mim, a cada instante, cuidado, respeito e ternura, por ser muito frágil. Segundo o Mahatma, tão frágil quanto uma flor de pessegueiro.

Esse labor feito no dia a dia, em cada gesto, é o próprio trabalho da nossa vida.

O que fizemos, o que realizamos? Se cada um de nós pudesse responder: "Eu vivi! Vivi dessa maneira! Vivi e permiti que os outros vivessem! Vivi autorrealizando-me, libertando-me e libertando!" Por isso Gandhi podia afirmar: "Não tenho mensagem. Minha mensagem é minha vida". E que vida era essa? Uma vida de trabalho pela autorrealização.

"Ah", podem dizer alguns, "está bem, professor Archanjo; o senhor, que é filósofo, ou Gandhi e outros mais, vão trabalhar pela autorrealização; mas eu, sabe, com as minhas panelas, o meu dia a dia, a minha empregada que falta, a faxineira que não vem, com as crianças que tenho que levar ao colégio, como vou viver essa não violência, esse amor, essa perfeição?"

O próprio Mahatma nos responde: "Nenhum homem é tão mau que não possa autorrealizar-se em alguma medida, e cada autorrealização sua se faz pelo mundo inteiro!".

Lembro-me da grande mística polonesa Faustina Kowalski, que, numa visão, assistiu a toda a Paixão de Cristo. Ao chegar o momento em que Ele Se retorcia na cruz e expirava, ela ouviu uma voz que lhe dizia: "Tudo isto eu faço pela salvação das almas. E você, o que faz pela salvação das almas?" Ela respondeu: "Diante de todo o Vosso sofrimento, percebo que não faço nada por essa salvação".

A voz tornou: "Pois saiba que a cada ato silencioso de descoberta e aceitação da Minha vontade você estará libertando milhares de almas".

Quer dizer, não era o fazer ativo, um fazer coisas, mas a *ação ativa* que importava. Trata-se de assumir o nosso gesto, o nosso momento. Para Gandhi não há oração no sentido de pedir que aconteça isso ou aquilo, porque só posso pedir que se faça a vontade divina.

Orar, diz Gandhi, é a respiração da alma. E o que é respirar? Nós, ocidentais, somos tão apegados que achamos que respirar é captar, ter, possuir, apreender o ar e levá-lo para dentro dos nossos pulmões; por isso as primeiras práticas iogues, as mais imediatas, nos ensinam a respirar, ou seja, a deixar o ar entrar e sair dos pulmões.

Quando Gandhi ensina que a oração é a respiração da alma, ele está dizendo que é preciso que deixemos que Deus entre, que O deixemos passar por dentro de nós como o ar atravessa o interior de uma flauta vazia. Que permitamos que Ele nos purifique, nos esvazie da nossa mesquinhez e, ao mesmo tempo, que Ele transcenda as nossas limitações e pequenezas.

Deus, na verdade, é a música do Ser. Nada mais tenho a fazer além de esvaziar-me e diminuir-me para que Ele cresça em mim.

Para o Mahatma, a música divina flui sem cessar dentro de nós, mas os ruídos sensoriais abafam essa melodia, que em nada se parece com aquilo que os sentidos podem perceber ou ouvir. Ela é infinitamente superior a isso.

Nós não somos. Somente Deus *é*. Se queremos ser, devemos eternamente cantar em Seu louvor e fazer a Sua vontade. Dancemos ao som de Seu maravilhoso alaúde e tudo irá bem!

Essa era a proposição gandhiana; gostaria que pudéssemos levá-la conosco ao sair daqui, em vez de procurarmos informar-nos sobre a filosofia do Mahatma. Há livros que falam de sua ideologia, que dão cronologia e biografia. Até mesmo a televisão mostrou o filme de sua vida. Gostaria que o relembrássemos, porém, como aquelas crianças de que falei no início: "para sempre, para sempre".

Mas para sempre não é um dia futuro, na eternidade, "futuramente as gerações falarão de Gandhi". Não! Para sempre é a cada instante, aqui e agora, no nosso cotidiano, nas menores coisas.

Numa dessas manhãs, como faço diariamente, estava lendo o livro *Santos e heróis do povo*, do Cardeal Paulo Evaristo Arns. Ele contém uma hagiografia, ou seja, uma pequena biografia dos santos do dia.

Ao ver esse livro, pensei: uma hagiografia cristã poderia perfeitamente incluir o Mahatma como o santo do dia 2 de outubro. Por três motivos: porque ele veio ao mundo no dia 2 de outubro de 1869; porque ele está muito bem ladeado: 1º de outubro é dia da festa de Terezinha de Lisieux, a mulher que teve a coragem de, dentro do Carmelo, num fim de século e começo de outro profundamente intelectualista, propor-nos o caminho da infância espiritual e da simplicidade, o caminho da oração contínua. Logo em seguida, no dia 4, temos a festa de São Francisco de Assis. O homem que beijou o leproso, que irradiou o amor de maneira cósmica a ponto de chamar a natureza inteira de "Irmã" (o Mahatma insistia: tudo o que vive é teu semelhante), que se propôs a reconstruir a Igreja através da reconstrução das almas. O homem que teve milhares de seguidores, que é o fascínio dos artistas; que, sobretudo, formulou uma única oração: "Senhor, faz de mim um instrumento de Tua paz. Onde houver ódio que eu leve o amor...".

Mas o terceiro motivo que me fez acreditar que Gandhi será um dia incluído nas festas dos santos cristãos é ser no dia 2 a festa dos Santos Anjos da Guarda, definidos como mensageiros divinos e protetores do homem. O que foi o Mahatma senão um mensageiro de Deus e um protetor dos homens?

Um pouco de tudo isso (volto àquela manhã de 12 de janeiro) ia passando pela minha cabeça, enquanto eu visitava o museu.

Lá fora a luz ia se fazendo cada vez mais intensa, a névoa ia se dissipando e as crianças, às centenas, continuavam a sua peregrinação, desfilando e cantando seu mantra: "Mahatma Gandhi, *ananta-he*".

Ao encerrar a visita, eu vi a frase que chamam de "talismã de Gandhi": "Lembra-te dos traços do mais pobre e abandonado dos homens que já te foi dado ver e pergunta se o ato que planejas lhe será de algum proveito".

A ambição de que cada ato, por mínimo que seja, seja definitivo e absoluto, é uma ambição tão alta que Gandhi afirmava que por ela vale a pena viver e por ela vale a pena morrer. Talvez por isso vimos Gandhi, ao longo de sua vida, fiando em sua roca, símbolo de todos os esforços para devolver a autossuficiência da Índia para a Índia. Seu gesto de fiar foi tão libertador como o ato de ir buscar o sal no mar, porque é evidente que ele estava buscando aqueles que são, no dizer de Cristo, o sal da terra, o sabor da vida. E a vida só tem sabor quando damos significado a cada mínimo ato. Isso é, sobretudo, um símbolo de transformação de energias. Podemos transformar, com a nossa energia humana, energias naturais em sobrenaturais.

Podemos, a cada momento, simplesmente tecendo nosso próprio fio (e o Mahatma estava, com a sua roca, criando o seu), ter a consciência de que cada homem, em cada tempo e lugar, também está urdindo seu fio. Desse tecido de cada um, unido a todos os outros, vai-se fazendo um tecido comum: um "co-tecido" que é ainda o nosso estado humano e natural, sobre o qual vai se tecendo aquilo que está acima dele: o *acontecido*, o *acontecendo*! Aquele que sustém e mantém unido, que eleva a lei universal, o dever ser, a justiça suprema, o amor! É por isso que podemos descobrir por que, quando mais de um se reúne em nome de Deus, Ele se faz presente: porque eles estão acontecendo para que aconteça.

A roca tem, pois, um sentido muito maior; ela já não é apenas *charka**: é *dharma-chakra*, a roda da vida, que está estampada na bandeira da Índia.

No exato momento em que pensava todas essas coisas, eu ia me retirando do memorial de Gandhi. Olhando para trás, via as crianças fazendo mais uma vez uma roda em torno da lápide, atirando flores e, a meu ver, evocando o renascimento contínuo, a ressurreição do novo, os ciclos da vida e da morte que nós, humanos, vivemos também para manifestar e sustentar e manter o eterno acima de nós e em nós, para que possamos Ser. Ciclos vitais que só se repetem porque o eterno os sustenta.

Naquele momento, ao sair dali, repeti, do fundo do coração e com toda a minha consciência de homem e de cristão: "Mahatma Gandhi, *ananta-he*, Mahatma Gandhi, *ananta-he*, Mahatma Gandhi, *ananta-he*".

....
* *Charka*: roca de fiar.

A ROCA
E O CALMO
PENSAR

AO LEITOR

Gostaria de esclarecer ao diligente leitor de meus escritos, e a outros interessados, que não tenho a menor preocupação de aparentar consistência. Em minha busca da Verdade descartei várias ideias e aprendi uma porção de coisas novas. Avançado em idade como sou, não tenho o menor sentimento de ter parado de crescer interiormente ou de que meu crescimento cessará com a dissolução da carne. O que me preocupa é estar pronto a obedecer ao chamado da Verdade e ao meu Deus, de minuto a minuto; portanto, quando alguém encontrar alguma divergência entre dois de meus escritos, se acreditar ainda em minha sanidade, melhor será que escolha, entre dois que tratarem do mesmo tema, o último deles.

M. K. Gandhi

Harijan, 24/4/1933, p. 2

SENHOR DA HUMILDADE

Senhor da humildade, habitante da
  pequena cabana de pária,
auxilia-nos a alcançar-Te ao longo
  daquela bela terra
banhada pelos rios Ganges, Brahmaputra
  e Jamuna.

Dá-nos receptividade, dá-nos abertura de coração,
  dá-nos Tua humildade, dá-nos
    a possibilidade e o desejo
  de nos identificarmos com as
    massas da Índia.

Ó Deus, que dás auxílio somente quando o homem
  se sente completamente humilde,
  não permitas que fiquemos
    isolados do povo
  ao qual devemos servir como servos
    e amigos.

Concede-nos que sejamos encarnações do autossacrifício,
  encarnações da piedade,
  da humildade personificada; que possamos
    conhecer melhor nossa terra
    e amá-la com mais intensidade.

Harijan, 11/9/1949, p. 217

Faço uma prece constante para que eu jamais acalente qualquer sentimento de ira contra meus detratores; para que, mesmo que caia vitimado por uma bala assassina, possa entregar minha alma com a lembrança de Deus nos lábios.

I. SIGNIFICADO E NECESSIDADE DA ORAÇÃO

A oração nada mais é do que um anseio intenso do coração. Podemos expressar-nos por intermédio dos lábios; podemos expressar-nos em recolhimento ou em público; para ser verdadeira, porém, essa expressão deve originar-se das profundezas mais recônditas do coração.

*

Uma eterna luta entre os poderes do obscurantismo e os da luz assola o peito do homem; aquele que não possui a âncora mestra da oração para apoiar-se será vítima dos poderes do obscurantismo.

*

Assim, comece o dia com uma oração e faça-a com tal fervor de alma que ela permaneça com você até o anoitecer. Encerre o dia com uma prece, de modo que possa ter uma noite em paz, livre de sonhos e pesadelos.

1
SIGNIFICADO E NECESSIDADE DA ORAÇÃO
(Da "Prédica sobre a oração", de M. Desai)

Estou contente por desejarem que lhes fale sobre o significado e a necessidade da oração. Acredito que a prece seja a alma e a essência da religião e que deve, portanto, ser o centro da vida humana, pois homem algum pode viver sem religião. Há alguns que, em seu egotismo racional, afirmam que não têm nada a ver com ela. É o mesmo que alguém afirmar que respira, mas que não tem nariz. Seja por intermédio da razão, do instinto ou por superstição, o homem vivencia alguma espécie de relação com o divino. Mesmo o agnóstico ou o mais convicto dos ateus reconhecem a necessidade de um princípio moral, associando algo de bom à sua observância e de ruim à sua inobservância. Bradlaugh, cujo ateísmo é bem conhecido, sempre insistiu em proclamar sua mais profunda convicção. Sofreu muito por dizer a verdade à sua maneira, mas isso o fazia muito feliz; dizia que a verdade é a recompensa de si mesma. Não que fosse insensível ao júbilo resultante da sua observância. Essa alegria não é, em absoluto, material: origina-se da comunhão com o divino. Por isso afirmei que, mesmo que alguém negue a religião, não consegue viver sem ela.

Passo agora ao segundo aspecto, que estabelece ser a oração o centro da vida humana e a parte mais vital da profissão de fé. A prece tanto pode ser um pedido como, em seu sentido mais amplo, uma comunhão interior. Em ambos os casos o resultado final é idêntico. Mesmo quando se trata de uma súplica, esta deve pedir a limpeza e a purificação da alma, e sua libertação dos entraves da ignorância e do obscurantismo que a envolvem. Aquele que está faminto pelo despertar do divino em si mesmo deve recolher-se em oração. Contudo, esta não é um mero exercício de palavras ditas ou ouvidas; não é uma mera repetição de fórmulas vazias. Qualquer repetição do *Ramanama*[1], por extensa que seja, é fútil se não for capaz de tocar a alma. Numa prece, é melhor que haja um coração sem palavras do que palavras sem coração. A prece deve constituir-se numa resposta clara ao espírito faminto por ela. Tal como um homem com fome se compraz com um alimento saboroso, uma alma que tem fome se compraz numa prece sincera. Estou lhes transmitindo um pouco de experiência, minha e de meus companheiros, quando digo que aquele que experimentou a magia da oração pode atravessar vários dias sem alimento, mas nem um momento sequer sem orar. Porque sem isso não há paz interior.

Sendo assim, alguém poderia redarguir que deveríamos rezar todos os minutos de nossas vidas. Não há dúvida quanto a isso; mas nós, mortais errantes, que encontramos dificuldades em recolher-nos, por um momento que seja, dentro de nós mesmos para uma comunhão interior, achamos impossível permanecer em constante participação com o divino. Determinamos, portanto, certos horários em que realizamos um sério esforço para nos livrar dos vínculos mundanos por um lapso de tempo; empenhamo-nos com seriedade para estar, por assim dizer, fora do corpo. Vocês conhecem o hino de Surdas[2]. É o clamor apaixonado de uma alma sedenta de união com o divino. Trata-se de um santo, pelos nossos padrões; mas ele mesmo considerava-se um pecador consumado. Estava, espiritualmente, muitos quilômetros à nossa frente, mas sentia a separação do divino de modo tão agudo que lançou seu grito angustiado de horror e desespero.

Falei da necessidade da oração e depois abordei sua essência. Nascemos para servir a nossos semelhantes e não podemos fazê-lo de modo satisfatório se não estivermos bem despertos. Na eterna luta que assola o coração humano, travada entre os poderes da ignorância e os da luz, aquele que não possui a âncora mestra da oração será vítima dos poderes da obscuridade. O homem que ora estará em paz consigo mesmo e com o mundo todo, enquanto aquele que, desprovido de uma alma devota, perambula pelas ocupações mundanas, será um infeliz e fará o mundo também infeliz. Portanto, além do significado que tem para a condição humana *post-mortem*, a oração é de um valor inestimável para o homem, neste mundo dos vivos. É o único meio de dar ordem, paz e repouso às nossas ações cotidianas. Nós, moradores do *ashram*[3], que viemos para cá em busca da verdade e para persistirmos nela, professávamos a crença na eficácia da prece, embora nunca, até agora, a tivéssemos transformado numa questão vital. Não lhe dedicávamos a mesma atenção que aos outros assuntos. Despertei, certo dia, desse entorpecimento, e percebi que tinha sido desgraçadamente negligente para com meu dever nesse aspecto. Sugeri, assim, rígidas medidas disciplinares – é preciso que façamos o melhor, para que o pior seja evitado; cuidemos do que é vital, e o restante cuidará de si próprio. Se endireitarmos um dos ângulos de um quadrado, os demais ângulos se endireitarão.

Comecem seu dia com uma prece, fazendo-a de modo tão profundo que ela os acompanhe até a noite. Encerrem o dia com uma oração, para que tenham uma noite serena, livre de sonhos e de pesadelos. Não se preocupem com a sua forma. Deixem que tome qualquer uma, desde que os coloque em comunhão com o divino. Porém, seja a forma qual for, não permitam que o espírito vague enquanto as palavras da prece vão sendo pronunciadas.

Se foram tocados pelo que eu disse, não sentirão paz enquanto não tiverem feito com que os supervisores de seus alojamentos se empenhem na prece até converterem-na numa prática obrigatória. Restrições autoimpostas não significam uma coerção. O homem que escolhe o caminho da não restrição, isto é, a vida da autoindulgência, será um escravo das paixões, ao passo que aquele que limita a si mesmo com regras e restrições se liberta. Tudo o que há no universo, incluindo o Sol, a Lua e as estrelas, obedece a certas leis. Sem essa influência restritiva o mundo não se manteria nem por um instante. Vocês, cuja missão na vida é servir a seus semelhantes, dilacerar-se-ão se não se autoimpuserem algum tipo de disciplina, e a prece é uma disciplina espiritual necessária. A disciplina e as restrições nos diferenciam dos brutos. Se quisermos ser humanos, caminhando de cabeça erguida e não em quatro pés, é preciso que compreendamos e nos coloquemos sob uma disciplina e restrição voluntárias.

Young India, 23/1/1930, p. 25

(Do "Discurso no Colégio Ramjas", Nova Délhi)

Quando a mente está repleta de pensamentos devotos, tudo no mundo parece bom e aprazível. Para nossa evolução nesta vida, a oração é essencial.

The Collected Works of Mahatma Gandhi, XXV, 1967, p. 321

2. A ORAÇÃO É NECESSÁRIA PARA TODOS
(De uma carta)

Em minha opinião, todo o serviço altruísta conduz à autopurificação. O desenvolvimento econômico e o desenvolvimento moral deveriam andar de mãos dadas – o espírito que anima o corpo. Essa compreensão dá-se através da purificação. A prece é tão necessária a todos, como o alimento.

Mahadevbhaini Diary, vol. 2, 1949, edição em gujarate, p. 114

(De "Prédicas sobre a *Gita*")

O homem tem tanta necessidade de prece como de pão. Uma pessoa má usará seus ouvidos e olhos para ouvir os outros dizerem coisas ruins e enxergar coisas impróprias; mas o homem bom diz que, se dez mil olhos tivesse, os utilizaria para contemplar a Deus por todo o sempre; se tivesse dez mil ouvidos, os usaria para ouvir cânticos de devoção, e empregaria cinco mil línguas, se as tivesse, para entoar-Lhe louvores. Apenas depois de ter orado aqui diariamente pude usufruir a bem-aventurança do *amrita*[4] da sabedoria. Para o homem que anseia por tornar-se um verdadeiro ser humano, o feijão e o pão não são o alimento. Contam pouco para ele. Seu verdadeiro alimento é a oração.

The Collected Works of Mahatma Gandhi, XXXII, 1969, p. 219-220

(De uma carta)

Não resta dúvida de que este universo de seres sencientes é regido por uma Lei. Se é possível pensar-se nela em separado de seu Legislador, eu diria que a Lei é o Legislador, que é Deus. Quando oramos à Lei, simplesmente ansiamos por conhecê-la e obedecê-la. Tornamo-nos aquilo por que ansiamos. Daí a necessidade da oração.

The Diary of Mahadev Desai, vol. 1, 1953, p. 222

(Da "Carta a Premabehn Kantak")

A necessidade de oração é vivenciada universalmente. Se tiver fé nela, você alimentará seu interesse por ela.

The Collected Works of Mahatma Gandhi, XLIV, 1971, p. 85

3. O HOMEM NÃO PODE VIVER SEM ORAÇÃO
(De *"Carta semanal"*, de M. Desai)

Como o alimento é necessário para o corpo, a oração é necessária para a alma. Um homem é capaz de passar sem comida por alguns dias – Macswinney o conseguiu por mais de setenta dias – mas, se acredita em Deus, ele não pode e não deve viver um instante sequer sem oração. Pode-se responder que vemos muita gente vivendo sem ela. Sim, mas vivem a vida dos brutos, o que, para um ser humano, é pior que a morte. Não tenho a menor dúvida de que o conflito e as discórdias que sufocam nossa atmosfera na atualidade devem-se à ausência do espírito da verdadeira oração. Sei que essa afirmativa pode ser contestada dizendo-se que milhões de hinduístas, muçulmanos e cristãos oram. Foi por imaginar que seria levantada essa objeção que empreguei as palavras "verdadeira oração".

A Hipocrisia da Prece Dita pelos Lábios

O fato é que fazemos nossas orações com os lábios, mas quase nunca com o coração. É para fugir, tanto quanto possível, da hipocrisia desse tipo de oração que repetimos todas as noites, no *ashram*, os últimos versos do segundo capítulo da *Bhagavad Gita*. A condição do "Equânime em Espírito" descrita naqueles versos, quando contemplados diariamente, destina-se a voltar nosso coração para Deus. Se quisermos basear nossa educação no alicerce firme de um caráter e de um coração puros, não há nada melhor do que rezarmos todos os dias, com sincera religiosidade.

Young India, 15/12/1927, p. 424

(De um discurso sobre a prece, em 14 de julho de 1945)

A oração é mais essencial para o bem-estar da alma do que o alimento para o bem-estar do corpo. É necessário abdicar dos alimentos em certas ocasiões a fim de beneficiar o corpo. A prece, porém, jamais pode ser abandonada. Se alimentamos o corpo, que é perecível, então por certo nosso primeiro dever é alimentar a alma, que é imperecível; esse sustento é encontrado na prece. O real significado desta é a devoção piedosa.

Food for the Soul, 1957, p. 59-60

(Da "Prédica no Kingsley Hall")

Se acreditamos em Deus... devemos, em consequência, dirigir a Ele as nossas preces. Embora a oração, como já foi dito, seja para a alma o que o alimento é para o corpo, ela é bem mais importante para aquela do que a comida para este, pois podemos, às vezes, deixar de comer e o corpo se sente melhor com o jejum, ao passo que a abstinência de oração é coisa que não existe... Podemos alimentar-nos em demasia. Mas nunca rezaremos demais.

The Collected Works of Mahatma Gandhi, XLVIII, 1972, p. 11

4. O ETERNO DUELO

Um amigo escreve:

No artigo intitulado "Os mal-entendidos acerca do *ahimsa*[5], que saiu no *Young India* de 11 de outubro, o senhor afirma, do modo mais contundente, que a covardia e o *ahimsa* são incompatíveis. Não há uma única sílaba ambígua em sua afirmativa. Porém, poderia explicar-nos como é que a covardia pode ser exorcizada do caráter de um homem? Percebo que o caráter nada mais é do que a soma total dos hábitos formados. Como podemos desfazer-nos dos velhos, e construir novos hábitos, de coragem, de inteligência e de ação? Estou convicto de que os antigos podem ser removidos, podendo-se formar outros, melhores e mais nobres, que farão nascer um novo caráter numa pessoa. Parece-me que o senhor é um conhecedor de preces, disciplinas e estudos por meio dos quais podemos alcançar um segundo nascimento. Poderia fazer a gentileza de falar sobre isso? Transmita-nos seu conhecimento e seu conselho através do *Young India*. Ajude-nos, por favor, descrevendo o método de oração e de trabalho por meio do qual um homem pode recriar a si mesmo.

A questão refere-se ao eterno duelo, descrito de maneira tão vívida no *Mahabharata*[6] sob a forma de história, e que se trava todos os dias em milhões de corações. O propósito designado para o homem é o de vencer os velhos hábitos, derrotando o mal que há em si e restituindo ao bem o seu legítimo lugar. Se a religião não nos ensinar a realizar essa conquista, não terá nos ensinado coisa alguma. Não existe, porém, nenhuma fórmula simples para alcançar êxito nesta que é a verdadeira tarefa da vida. A covardia talvez seja o nosso maior vício, e é possível que seja, também, a maior violência – por certo, bem maior que o derramamento de sangue e as outras coisas às quais costumamos dar o nome de violência, porque advém de uma carência de fé em Deus e de uma ignorância de Seus atributos. Sinto não possuir a capacidade de transmitir o "conhecimento e o conselho" que o leitor gostaria de receber quanto à maneira de remover a covardia e outros vícios. Posso, porém, dar meu próprio testemunho e dizer que uma oração sincera é, sem dúvida, o instrumento mais potente que o homem possui para derrotar a covardia e os demais hábitos perniciosos. A prece torna-se impraticável sem uma fé viva na presença interna de Deus.

O cristianismo e o islamismo descrevem o mesmo processo como um duelo, não exterior, mas interior, entre Deus e Satã; o zoroastrismo, como um duelo entre as forças do bem e do mal. Devemos escolher entre aliar-nos às forças destrutivas ou às forças construtivas. E orar a Deus nada mais é do que essa sagrada aliança entre Deus e o homem, por cujo intermédio este alcança a libertação das garras do príncipe das trevas.

Uma oração sincera não é uma recitação feita da boca para fora. É um anseio interno que ganha expressão em cada palavra, cada ação e até em cada pensamento do homem. Quando este fica tomado por um pensamento ruim, pode ter certeza de que sua prece foi feita apenas pelos lábios; a mesma coisa se passa quando lhe escapa uma palavra ofensiva ou faz uma maldade. A verdadeira oração é um escudo e uma proteção absoluta contra esses três males. O êxito nem sempre é a resposta ao primeiro esforço para alcançar essa oração viva. Precisamos lutar contra nós mesmos, precisamos crer apesar de nós mesmos, e essa luta dura tantos meses quantos forem os anos de vida que já vivemos. Precisamos, portanto, cultivar uma paciência sem limites, se quisermos rezar a verdadeira prece. Haverá trevas, desânimo e coisas piores; mas devemos ser suficientemente corajosos para combatê-los, sem sucumbir à covardia. Não há tréguas para um homem que optou pela prece. Não estou relatando um conto de fadas. Não pintei um quadro imaginário. Reuni o testemunho de homens que, através da oração, venceram cada uma das dificuldades de sua evolução para o alto; acrescentei, também, meu humilde testemunho de que, quanto mais vivo, mais vejo quanto devo à fé e à prece, que são, para mim, uma coisa só. Estou falando de uma experiência que não se limita a algumas horas, dias ou semanas, mas que se estende, ininterrupta, por um período de quase quarenta anos. Tive minha parcela de desânimo, da mais negra treva, fui assediado em segredo pelo desespero, pela cautela, por sutis ataques de orgulho; mas posso dizer que minha fé – e sei que ela é ainda bastante pequena, estando muito aquém da dimensão que aspiro que tenha – venceu, até agora, cada uma dessas dificuldades. Se temos fé em nós, se temos um coração devoto, não podemos seduzir a Deus e nem fazer conchavos com Ele. Precisamos reduzir-nos a nada. Barodada[7] mandou-me, pouco antes de sua morte, um precioso verso sânscrito. Seu significado implícito é que a pessoa piedosa reduz a si mesma a zero. Somente depois de nos reduzirmos a nada é que podemos vencer o mal que existe em nós. O que Deus nos pede é nada menos do que uma total autorrenúncia, que é o preço da única e real liberdade que vale a pena possuir. E quando alguém perde, dessa forma, a si mesmo, coloca-se imediatamente a serviço de tudo o que vive. Torna-se sua própria alegria e recriação. Converte-se num novo homem, incansável em sua dedicação a toda a criação de Deus.

Young India, 20/12/1928, p. 420

5. O QUE É ORAÇÃO?

Um médico pergunta:

Qual a melhor forma de oração? Quanto tempo devemos dedicar-lhe? Em minha opinião, fazer justiça é a melhor forma de orar, e aquele que é sincero ao praticar a justiça para com o próximo não precisa de nenhuma outra prece. Algumas pessoas passam grande tempo no *sandhya*[8] e 95% delas não compreendem o significado das próprias palavras. Em minha opinião, as pessoas devem orar em sua língua materna. Só assim a prece poderá atingir de fato a alma. Eu diria que um minuto de oração sincera é o bastante. É tempo suficiente para fazer a Deus a promessa de não pecar.

A oração significa pedir algo a Deus numa atitude reverente. Contudo, o termo é empregado também para designar qualquer ato devocional. Adoração é um termo que designa melhor o que o leitor tem em mente. Mas, deixando as definições de lado, o que será que milhões de hinduístas, muçulmanos, cristãos, judeus e outros fazem todos os dias, durante o tempo reservado ao culto ao Criador? Parece-me que se trata de um anseio do coração por unir-se a Ele, uma invocação de Sua bênção. Nesse caso, é a motivação que importa, e não as palavras proferidas ou murmuradas.

Em geral a associação de palavras que se usam desde tempos remotos possui um efeito que se perde se forem pronunciadas em outra língua. Assim, se traduzirmos e recitarmos o *gayatri*[9] em hindi ou gujarate, não provocarão o mesmo efeito que no original. Quando a palavra Rama é pronunciada, ela afeta, no mesmo instante, milhões de hindus, enquanto a palavra Deus, embora possam compreender-lhe o significado, não os tocará. As palavras adquirem poder ao serem usadas ao longo do tempo e adquirem também uma sacralidade associada ao seu uso. Há muito a ser dito, portanto, em favor da preservação das antigas fórmulas sânscritas para os principais mantras ou versos. É óbvio que seu significado deve ser corretamente compreendido.

Não se pode estabelecer regras fixas quanto ao tempo que esses atos devocionais devem tomar. Depende da natureza de cada pessoa. Há momentos preciosos em cada cotidiano. As práticas espirituais destinam-se a tornar-nos moderados e humildes, fazendo-nos compreender que nada acontece sem a Sua vontade e que não somos mais do que "argila nas mãos do oleiro". Nesses momentos revemos nosso passado imediato, confessamos nossas fraquezas, pedimos perdão e força para sermos melhores e para agir melhor. Se um minuto pode ser suficiente para alguns, 24 horas podem não ser o bastante para outros.

Para aqueles que estão plenos da presença de Deus, o trabalho é uma prece. Sua vida é uma oração contínua, ou um ato de devoção. Para aqueles que agem apenas para prejudicar, em autoindulgência, vivendo para si mesmos, nenhum tempo é suficiente. Se tivessem paciência, fé e desejo de ser úteis, orariam até sentir em seu interior a definitiva e purificadora presença de Deus.

Para nós, simples mortais, deve haver um caminho intermediário entre esses dois extremos. Não somos tão soberbos a ponto de dizer que nossos atos são uma constante devoção nem estamos, talvez, isolados a ponto de viver só para nós. Daí todas as religiões terem reservado momentos para a devoção coletiva. É pena que hoje em dia isso tenha se tornado uma atitude apenas mecânica e formal, quando não hipócrita. O que é necessário, portanto, é que uma motivação correta acompanhe essas práticas devocionais.

Uma oração absolutamente pessoal, isto é, na qual se peça algo a Deus, deve, por certo, ser feita na língua materna de cada um. Todavia, nada pode ser maior do que pedir a Deus para fazer--nos agir de maneira justa para com todas as coisas viventes.

Young India, 10/6/1926, p. 211

(De "A situação da África do Sul")

A oração nada mais é do que um intenso anseio do coração. Podemos expressar-nos através dos lábios, podemos expressar-nos reservadamente ou em público; mas, para que seja genuína, essa expressão deve originar-se das mais últimas profundezas do coração.

Young India, 16/12/1926, p. 440

(De uma carta)

Como o grão é o alimento do corpo, a devoção é o alimento da alma. Aquele que está convicto da existência da alma não pode viver sem devoção. Orar significa voltar a alma para Deus.

The Collected Works of Mahatma Gandhi, XLIX, 1972, p. 222

6. A ORAÇÃO VERDADEIRA
(Do "Diário de Shrirampur")

A verdadeira prece nunca fica sem resposta. Não significa que as mínimas coisas que pedirmos a Deus nos serão prontamente concedidas. Apenas quando abdicamos do nosso egoísmo, a partir de um esforço consciente, e nos dirigimos a Ele com sincera humildade, nossas preces encontram resposta.

Nas preces que realizamos aqui no *ashram* não se pede nada. Sua finalidade é que através delas Deus nos torne melhores, a todos nós, homens e mulheres. Se a prece vem de fato do coração, a graça de Deus com certeza se derramará sobre nós. Assim como nem a menor folha de relva se move sem que Ele o queira, não existe uma só verdade que não deixe sua marca em nosso caráter. É bom, portanto, desenvolver o hábito da oração diária.

Harijan, 5/1/1947, p. 479

7. A DEVOÇÃO VERDADEIRA

Estamos nos esquecendo de Deus e adorando Satã. O dever do homem é de venerar a Deus. Desfiar um rosário, ir à mesquita ou ao templo, proferir o *namaz*[10] ou o *gayatri* não significam devoção. São atitudes corretas, mas limitadas. É necessário praticá-las segundo a religião de cada um. Mas não são, em si mesmas, significativas da dedicação a Ele. Somente O cultua de verdade aquele que encontra sua felicidade na felicidade alheia, que não maldiz a ninguém, que não desperdiça seu tempo na busca de riquezas, que não faz nada desonesto, que trata seu próximo com amizade e que não teme nem o infortúnio nem qualquer outro ser humano.

Indian Opinion, 15/7/1911 (traduzido do gujarate)
The Collected Works of Mahatma Gandhi, XI, 1964, p. 126

"Como é o Deus, é o devoto"; vale a pena refletir sobre esta máxima. Seu significado foi distorcido e os homens se extraviaram... Se eu me prostrar diante de Satã, não conseguirei resultado igual ao que obterei por venerar a Deus. Portanto, se alguém disser "Quero adorar a Deus; não importa o que faça através de Satã", será uma tolice e ignorância. Colhemos exatamente aquilo que semeamos.

Hind Swaraj, 1962, p. 71

(De "Para os amigos cristãos")

Somos todos filhos do mesmo Deus. "Em verdade, em verdade vos digo que nem todos os que vêm a mim dizendo: 'Senhor, Senhor', entrarão no Reino dos Céus; mas aquele que fizer a vontade de meu Pai, que está no céu, entrará no Reino", foi o que disseram, embora com palavras diferentes, todos os grandes mestres do mundo.

Harijan, 18/4/1936, p. 77

8. A MAIOR FORÇA AGREGADORA
(De "A disciplina da oração", de Pyarelal)

A prece é a maior das forças agregadoras, contribuindo para a solidariedade e a igualdade da família humana. Se alguém consegue unir-se a Deus através da prece, olhará para todos como para si mesmo. Não haverá poderosos nem humildes, nem provincianismo estreito ou mesquinhas rivalidades linguísticas entre pessoas cuja expressão seja o tâmil, o malaiala, ou o idioma de Andhra Pradesh ou de Kanara. Não haverá injustas diferenças entre tocáveis e intocáveis, hinduístas e muçulmanos, parses, cristãos ou *sikhs*. Do mesmo modo, não haverá disputa por ganhos ou poder pessoal entre grupos diferentes ou entre os vários membros de um mesmo grupo.

O externo deve refletir o interno. Se estamos afinados com Deus, por maior que seja qualquer grupo, a tranquilidade e a ordem perfeitas prevalecerão e até o mais fraco desfrutará uma completa proteção. A compreensão de Deus deve significar, acima de tudo, a libertação de todos os temores terrenos.

Harijan, 3/3/1946, p. 29

(De uma carta)

De que modo chegamos a conhecer a vontade (de Deus)? Pela oração e através de uma vida honesta. A oração deveria, inclusive, ser sinônimo de vida reta. Há um *bhajan*[11] que entoamos diariamente antes do início do *Ramayana*[12], cujo refrão diz:

"Nunca se soube que a oração tenha desapontado a alguém. Orar significa ser um com Deus".

Bapu's Letters to Mira (1924-1948), 1959, p. 286

9. A ORAÇÃO É INTEIRAMENTE INCLUSIVA
(Das "Prédicas sobre a oração", de Pyarelal)

Deus não se faz presente, em pessoa, para aliviar o sofrimento – Ele atua através da ação humana. Assim, a oração de alguém que pede a Deus que o torne capaz de mitigar o sofrimento alheio deve significar um anseio e uma pronta disponibilidade pessoal para agir com esse propósito.
A prece não é exclusiva. Não se restringe a nenhuma casta ou comunidade. É inteiramente inclusiva. Abrange a humanidade como um todo. Sua concretização significaria, portanto, o estabelecimento do Reino dos Céus sobre a Terra.

Harijan, 28/4/1946, p. 111

10. DIÁLOGO COM UM BUDISTA
(de M. Desai)

O Significado da Prece

Gandhiji teve tempo suficiente para refletir e escrever durante sua recente visita a Abottabad – em especial, porque evitaram que tivesse de atender a demasiados compromissos e entrevistas. Mesmo ali, porém, atendeu alguns entrevistadores – não do tipo usual, interessado em política ou assuntos do momento, mas pessoas incomuns, voltadas para questões mais profundas. Diz a história que nessa região, que há tanto tempo os passos dos seguidores do Buda haviam consagrado, costumavam realizar-se prédicas sobre tais questões. Um dos entrevistadores de Gandhiji descreveu-se como um desses adeptos e discutiu um problema que não se referia a seu credo. Era um arqueólogo que amava viver no passado e sonhar com ele. O dr. Fabri – esse era o seu nome – estivera na Índia por muitos anos, tendo sido aluno do prof. Sylvan Levy e depois assistente do arqueólogo sir Aurel Stein. Trabalhando no Departamento de Arqueologia por vários anos, ajudara a reorganizar o Museu de Lahore e tinha a seu crédito alguns trabalhos arqueológicos. Pesquisando em profundidade a doutrina budista, tornara-se um racionalista intransigente. Era húngaro e, no passado, havia mantido correspondência com Gandhiji. Chegara mesmo a jejuar, em solidariedade a ele, e viera a Abottabad especialmente para vê-lo.

Era versado de modo especial na oração, em sua forma e conteúdo. Estava muito interessado em saber que tipo de prece Gandhiji fazia. Seria possível modificar a Mente Divina através da prece? Seria possível encontrá-la por outro meio que não o da oração?

— É difícil explicar de maneira satisfatória como oro – disse Gandhiji –, mas tentarei responder à sua pergunta. A Mente Divina é imutável, mas essa Divindade está em tudo e em todos – no animado e no inanimado. O significado da prece é o desejo de invocar essa Divindade que está dentro de mim. Porém, posso ter a convicção intelectual dela, sem vivenciá-la. Assim, quando rezo pelo *swaraj*, ou seja, pela independência da Índia, estou orando ou ansiando pela força adequada para a sua conquista ou para que possa contribuir o mais possível para conquistá-la, e eu estou convicto de que posso obter essa força através da oração.

— Então, não é certo chamar isso de oração. Orar significa suplicar ou pedir – disse o dr. Fabri.

— De fato. O senhor pode dizer que pede a si mesmo, ao seu Eu Superior, ao Eu Verdadeiro, com o qual ainda não atingiu uma identificação completa. Podemos descrever isso, portanto, como um anseio contínuo de integração com a Divindade todo-abrangente.

Meditação ou Súplica?

— O senhor se serve de alguma forma antiga para evocá-la?

— Sim. O hábito de toda uma vida é persistente e eu permitiria a mim mesmo dizer que oro a um poder externo. Sou parte do infinito; contudo, sendo uma parte tão infinitesimal, sinto-me fora dele. Embora esteja lhe dando esta explicação intelectual, sinto-me pequeno a ponto de não ser nada quando não identificado com o divino. Começo logo a dizer que faço isso e aquilo, a sentir minha falta de valor, minha nulidade, e sinto que preciso de alguém que está além de mim, de algum poder mais alto, que me ajude.

— Tolstói diz o mesmo. A oração é, na verdade, uma meditação e uma dissolução completa no Eu Superior, embora eventualmente desça para a súplica, como a de um filho ao pai.

— Desculpe-me – observou Gandhiji ao doutor budista.

— Não chamaria a isso "descer". É mais adequado dizer que oro ao Deus que existe em algum lugar acima das nuvens, e, quanto mais distante Ele está, maior é meu anseio por Ele e por estar em Sua presença em pensamento. E o pensamento, o senhor sabe, tem uma velocidade maior que a da luz. Assim, a distância entre mim e Ele, embora tão grande e incomensurável, é superada. Ele está tão distante e, contudo, tão próximo.

Minha Oração Não se Dá num Nível Diferente

— É uma questão de crença, mas algumas pessoas, como eu, são amaldiçoadas por uma aguda capacidade crítica – disse o dr. Fabri. — Para mim, não existe nada superior ao que Buda ensinou, e nenhum mestre maior que ele. Porque apenas Buda, entre os mestres do mundo, alertou: "Não acreditem irrestritamente no que digo. Não aceitem nenhum dogma ou livro como infalíveis". Para mim, não existe nenhum livro infalível no mundo, já que todos foram feitos por homens, por mais inspirados que possam ter sido. Não posso, portanto, acreditar numa ideia personalista de Deus, como se Ele fosse um marajá sentado no Grande Trono Branco ouvindo nossas preces. Fico feliz em saber que é outro o nível de suas preces.

É bom que se diga, para fazer justiça ao dr. Fabri, que ele era um devoto da *Bhagavad Gita* e do *Dhammapada*, e que sempre trazia consigo essas escrituras, embora defendesse uma posição extremamente intelectual. Mesmo assim, Gandhiji impediu-o de ser arrastado pela correnteza de sua lógica.

— Deixe-me lembrá-lo – disse Gandhiji – que o senhor está, mais uma vez, apenas *parcialmente* certo quando diz que minha prece está num nível diferente. Eu lhe disse que a convicção intelectual de que lhe falei não está sempre presente em mim. O que está presente é a intensidade da fé por intermédio da qual me uno a um Poder Invisível. Assim, é mais exato dizer que Deus fez algo por mim, e não que eu o fiz. Ocorreram em minha vida muitas coisas pelas quais ansiava com ardor, mas jamais poderia tê-las alcançado por mim mesmo. Sempre afirmo a meus colaboradores que elas aconteceram em resposta às minhas preces. Não estou lhe dizendo que elas foram uma resposta a meu esforço intelectual de perder-me na Divindade que há em mim! Creio que o mais simples e correto é dizer: "Deus enxergou-me através de minhas dificuldades".

O Carma, por Si Só, Não Tem Poder

— Mas o senhor mereceu isso em virtude do seu carma. Deus é justiça, não misericórdia. O senhor é um homem bom e coisas boas lhe acontecem – retrucou o dr. Fabri.

— Não é bem assim. Não sou suficientemente bom para que isso se passe desse modo. Se eu me guiasse por essa concepção filosófica do carma, viveria às quedas e meu carma não me ajudaria. Embora acredite na inexorável lei cármica, luto por fazer tantas coisas que cada momento de minha vida é um esforço extenuante; tento criar mais carma para anular o passado e fortalecer o presente. Por isso é errado dizer que é por ser bom o meu passado que acontecem coisas boas no presente. O passado logo se esgotaria, portanto é preciso construir o futuro com a oração. Eu lhe disse que o carma não tem poder por si só. Digo a mim mesmo: "acenda este fósforo", e não serei capaz disso se não houver uma cooperação externa. Antes de riscar o fósforo minha mão ficaria paralisada, ou, tendo apenas um fósforo, o vento o apagaria. Trata-se de um acidente, ou de um Poder Superior? Bem, prefiro falar a linguagem de meus ancestrais ou das crianças. Não sou melhor do que uma criança. Podemos tentar conversar com erudição, falar a respeito de livros, mas quando se chega aos fatos – quando nos defrontamos face a face com uma calamidade – comportamo-nos como crianças; começamos a chorar e a rezar, e nossa crença intelectual não ajuda em nada!

Buda Não Orava?

— Conheço homens altamente desenvolvidos, para os quais a fé em Deus proporciona um incrível conforto e contribui para a construção do caráter – disse o dr. Fabri. — Mas alguns grandes espíritos vivem sem ela. Foi o que o budismo me ensinou.
— Mas o budismo é uma grande oração – replicou Gandhiji.
— Buda recomendava que todos encontrassem a salvação dentro de si mesmos. Nunca orava, e sim meditava – reafirmou o dr. Fabri.
— Chame como quiser, é a mesma coisa. Veja as suas estátuas.
— Mas elas não são fiéis – disse o arqueólogo, questionando a antiguidade dessa estatuária. — Foram esculpidas quatrocentos anos depois de sua morte.
— Bem – disse Gandhiji, recusando-se a ser derrotado por um argumento cronológico –, conte-me sua própria história do Buda, tal como tomou conhecimento dela. Provarei que era um Buda que orava. A concepção intelectual não me satisfaz. Não lhe dei uma definição perfeita e completa, do mesmo modo como o se-

nhor não pode descrever o seu próprio pensamento. O mero esforço de descrever já é uma limitação, e esta desafia a análise, logo não lhe restará nada além do ceticismo.

É o caso de indagarmos se foi sobre pessoas assim que Pope[13] escreveu:

> Sabendo demais para ser cético
> E sendo débil demais para ter o brio do estoico,
> Ele pende entre ambos; sua dúvida: agir ou deixar-se estar;
> Indeciso, não sabe se se julga deus ou animal;
> Hesita entre escolher o corpo ou a mente;
> Nascido para morrer, apenas, e raciocinando só para errar,
> É o juiz único da verdade, mergulhado no infinito engano,
> Glória, escárnio e enigma do mundo.

Ser Humilde

Continuando, o dr. Fabri indagou: — O que dizer às pessoas que não conseguem orar?

— Eu lhes diria para serem humildes – disse Gandhiji –, sem limitarem o verdadeiro Buda à concepção pessoal que fazem dele. Ele não poderia ter regido a vida de milhões de pessoas, como fez e faz até hoje, se não fosse humilde o bastante para orar. Há algo infinitamente superior ao intelecto que nos governa, a nós e aos céticos. A estes, o ceticismo e a filosofia não auxiliam nos momentos críticos da vida. Necessitam de algo melhor, algo que os transcenda, capaz de sustentá-los. Quando alguém me propõe um enigma, digo: você não compreenderá o significado de Deus ou da prece a menos que se reduza a nada. Deve ser humilde para poder entender que, apesar de sua grandeza e de seu gigantesco intelecto, você não é mais do que um grãozinho no universo. Ter apenas uma concepção intelectual das coisas da vida não basta. Só a concepção espiritual pode enfrentar o intelecto e propiciar alegria. Mesmo homens de posses atravessam períodos críticos; embora estejam rodeados de tudo o que o dinheiro pode comprar e que o afeto pode proporcionar, há momentos de suas existências em que se sentem completamente perturbados. É nessas ocasiões que temos um lampejo de Deus, uma visão Daquele que nos guia os passos. É a prece.

— O senhor se refere ao que poderíamos classificar como uma autêntica experiência religiosa, que é mais forte do que a concepção intelectual – disse o dr. Fabri. — Tive essa experiência duas vezes na minha vida, e nunca mais desde então. Mas tenho encontrado grande conforto em uma ou duas sentenças do Buda: "O egoísmo é a causa do sofrimento"; "Lembrem-se, monges, de que tudo é transitório". Pensar nisso é quase o mesmo que ter um credo.

— Isso é oração – repetiu Gandhiji com esclarecedora insistência.

Harijan, 19/8/1939, p. 237

11. POR QUE INSISTO NA ORAÇÃO
(De uma prédica sobre a oração, em 30 de março de 1945)

Insisto na oração porque acredito num Poder Superior. O nascimento não é um mero acaso. Cada homem deve colher os frutos de seu carma. A vida e a morte estão nas mãos de Deus. Seria bom se pudéssemos pensar Nele durante todo o dia, mas, como isso não é possível, deveríamos lembrar-nos Dele ao menos por alguns instantes, cotidianamente. Se não expressamos todos os dias nossa gratidão pelas benesses da Providência, a vida deixa de ter qualquer significado.

Food for the Soul, 1957, p. 63

(De uma reportagem de 3 de abril de 1945)

Todas as religiões afirmam que o homem não é humano se não louvar seu Criador.

Food for the Soul, 1957, p. 62

12. TESTEMUNHO PESSOAL SOBRE A ORAÇÃO

(Esta fala de Gandhiji sobre a oração é reproduzida da carta de M. Desai em sua viagem a Londres, tendo sido publicada sob o título "From S. S. Rajputana – II".)

Mas talvez um foco de atração ainda maior... tenha sido a prece que realizamos todas as noites. As orações matutinas ocorrem cedo demais para atrair nossos amigos, mas praticamente todos os indianos, que são mais de quarenta – hinduístas, muçulmanos, parses, *sikhs* –, e alguns europeus comparecem às orações noturnas. Atendendo ao pedido de alguns deles, instituímos o hábito de conversar durante quinze minutos após a oração e antes do jantar. Gostaria de compartilhar as duas primeiras conversas com os leitores do *Young India*. Todas as noites faz-se uma pergunta que Gandhiji responde na noite seguinte. Um dos viajantes indianos – um jovem muçulmano – pediu a Gandhiji que desse um testemunho pessoal sobre a oração; não um discurso teórico, mas uma narração do que sentira e experimentara como resultado de suas orações. Gandhiji gostou imensamente da pergunta e deu esse testemunho pessoal com a maior boa vontade.

— A oração – disse ele – tem sido a salvação de minha vida. Sem ela eu já teria enlouquecido há muito tempo. Minha autobiografia lhes contará que já tive meu quinhão das mais amargas experiências públicas e pessoais, que me levaram, por algum tempo, ao desespero. Consegui libertar-me graças à oração. A propósito, devo lhes dizer que a prece não tem sido parte da minha vida no mesmo sentido em que a Verdade o é. A oração nasceu da mais absoluta necessidade; vi que estava numa encruzilhada, que não poderia mais ser feliz sem ela. E quanto mais crescia minha fé em Deus, mais irresistível tornava-se o anseio pela prece. Sem ela, a vida parecia enfadonha e sem sentido.

Participei de um culto cristão na África do Sul, mas não consegui uma participação efetiva. Não consegui unir-me aos demais em oração. Eles suplicavam a Deus, mas eu não pude fazer o mesmo; fracassei de maneira clamorosa. Comecei a desacreditar em Deus e na oração e, até um período posterior, só o que sentia era um vazio em minha vida. Nessa altura percebi que, do mesmo modo que a comida é indispensável ao corpo, a oração é indispensável à alma. Na verdade, o alimento não é tão necessário ao físico como a prece é necessária à alma. Pois o jejum é, com frequência, necessário para manter a saúde física, mas não existe um jejum de oração. Não é possível uma repleção, um excesso de preces.

Três dos maiores mestres do mundo – Buda, Jesus e Maomé – legaram-nos testemunhos irrefutáveis de terem encontrado a iluminação através da prece, e de que não poderiam ter vivido sem ela. Mas, dando um exemplo mais próximo de nós, milhões de hinduístas, muçulmanos e cristãos encontram, ao rezar, o único conforto de suas vidas. Suponhamos que os consideremos mentirosos ou achemos que iludem a si mesmos. Direi, então, que essa mentira me encanta, a mim, que busco a Verdade; direi que essa "mentira" me proporcionou um esteio, um apoio para a existência, sem o qual não suportaria viver um instante sequer.

Apesar de o desespero ter surgido bem à minha frente no horizonte político, nunca perdi minha paz. Encontrei, na verdade, pessoas que a invejam. Afirmo-lhes que ela vem da prece. Não sou um homem erudito, mas considero-me, humildemente, um homem de oração. Sua forma me é indiferente. Nesse aspecto, cada um estabelece a lei para si próprio. Mas há alguns caminhos bem delineados e é seguro caminhar por veredas já trilhadas, abertas pelos mestres antigos. Bem, dei meu testemunho empírico. Que cada um experimente e descubra como, através da oração diária, algo de novo é acrescentado à vida, algo ao qual nada pode ser comparado.

— Mas – disse outro jovem na noite seguinte – enquanto o senhor parte da crença em Deus, nós partimos da descrença. Como podemos orar?

— Bem – disse Gandhiji –, induzi-los a crer em Deus está além de minhas forças. Há certas coisas que são demonstráveis e outras que não se provam em absoluto. A existência de Deus é como um axioma geométrico. Pode estar além da apreensão de nosso coração. Não estou falando de uma apreensão intelectual. As tentativas intelectuais são mais ou menos falhas, na medida em que uma explicação racional não poderá lhes proporcionar a fé num Deus vivo. Porque é algo que está além da apreensão da razão e a transcende. Há inúmeros fenômenos a partir dos quais é possível concluir racionalmente a existência de Deus, mas não lhes insultarei a inteligência oferecendo-lhes esse tipo de explicação. Eu propor-lhes-ia que pusessem de lado todas as explicações racionais e partissem da fé em Deus, de uma fé simples como a de uma criança.

Se eu existo, Deus existe. Para mim é uma necessidade do ser; também o é para milhões de pessoas. Estas podem não ser capazes de falar a respeito, mas é possível perceber, a partir de suas vidas, que essa fé é parte de sua existência. Estou apenas lhes pedindo que restaurem uma crença que foi sufocada. Para tanto, devem desaprender boa parte da literatura que lhes deslumbra a inteligência e os arrebata. Tomem a fé como ponto de partida: ela é também um sinal de humildade e uma aceitação de que nada sabemos, de que somos menos do que átomos no universo. Digo que somos menos do que átomos porque estes obedecem à lei de seu ser, ao passo que nós, na insolência de nossa ignorância, negamos a lei da natureza. Não tenho, porém, nenhum argumento endereçado àqueles que não têm fé.

Uma vez que aceitemos a existência de Deus, a necessidade da oração é inevitável. Não faremos a estarrecedora afirmação de que nossa vida inteira é uma prece e que, portanto, não precisamos nos sentar numa hora específica para rezar. Mesmo homens que estavam o tempo todo sintonizados com o infinito não afirmaram tal coisa. Sua vida era uma prece contínua e, apesar disso, em nossa intenção, rezavam em horas determinadas, renovando a cada dia seu voto de lealdade a Deus. É evidente que Ele nunca exige esse voto, mas devemos renovar nosso compromisso todos os dias; asseguro-lhes que assim nos livraremos de todo o infortúnio imaginável na vida.

Young India, 24/9/1931, p. 274

13. POR QUE ORAR?
(Publicado originalmente sob o título:
"Deus é uma Pessoa ou uma Força?")

Um amigo de Baroda escreve-me em inglês:

> O senhor nos pede que oremos para que Deus ilumine os brancos na África do Sul e fortaleça e encoraje os indianos no país a permanecerem firmes até o fim. Uma oração dessa natureza só pode ser dirigida a uma pessoa. Se Deus é uma força onipresente e onipotente, qual é a finalidade de orarmos para Ele? Ele leva adiante Sua obra, não importa o que aconteça.

Já escrevi sobre esse assunto. Mas como é uma questão recorrente em diversos idiomas, uma elucidação adicional poderá ajudar. Em minha opinião, Rama, Rahaman, Ahurmazda, Deus ou Krishna são tentativas do homem para dar nome a essa força invencível que é a maior de todas as forças.

É inerente ao homem, por ser imperfeito, a busca incessante da perfeição. Nessa busca ele é tomado por devaneios. E, tal como uma criança que procura manter-se em pé cai repetidas vezes e por fim aprende a caminhar, também o homem, com toda sua inteligência, não passa de uma criança quando comparado ao Deus infinito e eterno. Pode parecer exagero, mas não é. O homem só pode descrever a Deus com sua própria e pobre linguagem. O poder a que denominamos "Deus" desafia a descrição. É um poder que não manifesta, tampouco, ter a mínima necessidade de qualquer esforço humano que O descreva. É o homem que tem necessidade dos meios que lhe permitam descrever esse poder mais vasto do que o oceano.

Se aceitamos essa premissa, não precisamos perguntar por que oramos. O homem só pode conceber a Deus dentro das limitações de sua própria mente. Se Deus é vasto e infinito, tal qual o oceano, como poderá essa ínfima gotícula, o homem, imaginar o que Ele seja? Só poderá vivenciar o que é o oceano atirando-se e mergulhando nele. É uma compreensão que transcende a descrição. Na linguagem de Madame Blavatsky, o homem, ao orar, venera seu próprio eu glorificado. Só pode orar verdadeiramente aquele que tem a convicção de possuir Deus dentro de si. Aquele que não está convicto disso não precisa orar: Deus não se sentirá ofendido. Mas posso dizer, por experiência, que aquele que não ora é, por certo, um perdedor.

Que importa, então, se alguém adora a Deus como pessoa e outro vê Nele uma força? Ambos estão certos, de acordo com sua compreensão. Ninguém sabe, talvez nunca venha a saber, qual é a maneira absolutamente correta de orar. O ideal deve continuar sempre sendo ideal. Devemos apenas lembrar-nos de que Deus é a Força entre todas as forças. Todas as outras são materiais. Ele é a força ou espírito vital todo-abrangente que a tudo impregna, estando, portanto, além da percepção mental do homem.

Harijan, 18/8/1946, p. 267

14. O OBJETIVO DA ORAÇÃO
(Pyarelal, em "Carta semanal")

O objetivo da prece não é agradar a Deus, que não anseia por nossas preces ou louvores; é sim, purificar-nos. O processo de autopurificação consiste na percepção consciente de Sua presença em nós. Nenhuma outra supera a força proporcionada por tal percepção. A presença de Deus deve ser sentida a cada passo da vida. Se pensamos que ao sair do lugar do culto podemos viver e comportar-nos de qualquer modo, nossa participação nas orações terá sido inútil.

Harijan, 26/5/1946, p. 156

(De uma palestra sobre a oração, em 4 de janeiro de 1946)

A prece deve ter como resultado a autopurificação e transmutar toda a nossa conduta. Se alguém imagina que o fato de rezar lhe dará liberdade para agir como quiser durante o resto do dia, estará enganando a si mesmo e aos outros. Estará falseando o verdadeiro significado da prece.

Food for the Soul, 1957, p. 80, nota de rodapé

(De uma prédica sobre a oração, em 30 de novembro de 1944)

A oração atua na purificação da mente do mesmo modo que o balde e a vassoura na limpeza de nosso ambiente físico. Não importa que nossa prece seja hinduísta, muçulmana ou parse; sua função é essencialmente a mesma, ou seja, purificar o coração.

Food for the Soul, 1957, p. 80

15. ESPONTÂNEA EFUSÃO DO CORAÇÃO
(De uma prédica sobre a oração, em 12 de abril de 1945)

Todo e qualquer êxito que eu possa ter alcançado na compreensão da verdade e da não violência deve-se à oração.

A prece tem de ser a efusão espontânea do coração. Aquele que a considera um fardo não deveria orar. Deus não está faminto pela prece ou pelo louvor do homem. A tudo Ele tolera porque é todo Amor. Se sentimos que temos uma dívida para com Ele, o doador de tudo, devemos nos lembrar Dele e a Ele orar por pura gratidão. O medo de cair no ridículo ou em desagrado nunca deve impedir alguém de cumprir seu dever elementar para com o Criador.

Food for the Soul, 1957, p. 62

16. O HOMEM QUE REZA DESCONHECE O MEDO

(Em seu regresso da Inglaterra após o fracasso da Round Table Conference, Gandhiji foi preso em Bombaim, na calada da noite, a 4 de janeiro de 1932. Apenas um dia antes, a 3 de janeiro, durante a oração das quatro da manhã, proferira uma pequena e tocante mensagem, que figurou no texto "Semana Histórica – 28 de dezembro de 1931 a 4 de janeiro de 1932", de M. Desai.)

Temos sido companheiros de preces por alguns dias; agora que a luta foi retomada mais uma vez e que posso ser levado a qualquer momento, espero que continuem a fazer suas orações com regularidade pela manhã e à noite. Deixem que isso se torne um ritual diário e obrigatório. As preces têm um importante papel de sacrifício autopurificador; verão que elas serão para todos uma verdadeira vaca da abundância e que lhes iluminarão o caminho. Quanto mais se dedicarem a elas, mais coragem sentirão na vida diária, pois a coragem é sinal e símbolo de autopurificação. Não conheço homem ou mulher que, no caminho da autopurificação, não fosse açoitado pelo medo. Há, em geral, duas espécies de temor na mente humana: o medo da morte e o medo da perda de posses materiais. O homem que abraça a prece e a autopurificação abandona o medo da morte, abraçando-a como a uma deleitável companheira, e considera todas as posses terrenas fugazes e irrelevantes. Verá que não tem o direito de possuir riquezas enquanto a miséria e a pobreza grassam pela terra e milhões estão sem alimento. Nenhum poder terreno pode subjugar um homem que se livrou desses dois temores. Mas, para tanto, a prece deve estar presente no coração, não sendo apenas objeto de exibição exterior. Deve levar-nos cada dia para mais perto de Deus; um homem que reza tem a certeza de que seu coração terá seus desejos realizados, pelo simples motivo de que nunca alimentará um desejo impróprio. Mantenham esse ritual e estarão lançando luz não apenas sobre sua cidade, mas sobre seu país. Espero que esta minha breve prece encontre abrigo em seus corações.

Young India, 7/1/1932, p. 8

(De uma carta)

Estou muito contente por saber que não sente medo. Por que alguém que sabe que Deus é o protetor de todos deveria atemorizar-se? Não quero dizer, ao afirmar que Deus protege a todos, que ninguém conseguirá roubar-nos ou que nenhum animal nos atacará. Tais coisas nos acontecem não por falta de proteção de Deus, mas sim por nossa falta de fé Nele. O rio está sempre pronto a dar água a todos. Mas se não lhe achegarmos um jarro ou o evitarmos achando que sua água é venenosa, que culpa tem o rio? Todo medo é um sinal de falta de fé. Mas esta não se desenvolve pela racionalização. Ela resulta do cultivo da serenidade no pensar, no contemplar e no agir.

Para que a fé se desenvolva, oramos a Deus, lemos bons livros, buscamos a companhia das pessoas bondosas e nos dedicamos ao trabalho sacrificial de tecer na roca. Aquele que não tem fé, que nem toque na roca de fiar!

Bapu's Letters to Ashram Sisters, 1960, p. 28

17. POR QUE PRONUNCIAR SEU NOME?

(De "Corpo de voluntários da não violência")

Há muitos que, por preguiça mental ou por terem adquirido um mau hábito, acreditam que há um Deus e que Ele nos ajudará sem que solicitemos. Por que, então, é necessário pronunciar o Seu nome? É verdade que, se Deus existe, Ele independe de nossa crença Nele. Mas compreender a Deus é infinitamente maior do que simplesmente acreditar Nele. A compreensão se dá através da prática constante; e, se isso é verdadeiro para todos os tipos de conhecimento, quanto mais não será para a ciência das ciências.

O homem repete o nome de Deus como um papagaio adestrado e espera colher frutos por isso. Aquele que busca de verdade deve possuir uma fé vivente que expulse a inverdade da repetição mecânica – não apenas do seu próprio interior, mas também do coração alheio.

Harijan, 5/5/1946, p. 113

18. A BELEZA DA REPETIÇÃO
(De "Carta semanal", de M. Desai)

— Essa repetição infindável da mesma coisa me desagrada. Pode ser uma falha de meu temperamento racional e matemático. Mas, por algum motivo, não consigo gostar da repetição. Nem mesmo a maravilhosa música de Bach consegue me cativar, como quando, por exemplo, o verso "Pai, perdoai-os, eles não sabem o que fazem" é repetido um sem-número de vezes.

— Contudo, até na matemática aparecem decimais que se repetem – sorriu Gandhiji.

— Mas cada um deles refere-se a um fato novo e definido – tornou o matemático.

— Aqui também – disse Gandhiji – cada repetição ou *japa*[14], como é chamada, tem um novo significado; cada repetição nos transporta cada vez mais para perto de Deus. Esse é um fato concreto e posso afirmar-lhe que não falo como teórico, mas como alguém que vivenciou isso a cada minuto; é mais fácil a própria vida parar do que esse processo incessante ser detido. É uma necessidade definitiva da alma.

— Entendo perfeitamente, mas para a média dos homens isso se torna uma fórmula vazia.

— Concordo, mas até a melhor de todas as coisas pode ser utilizada de modo indevido. Há lugar para toda a sorte de hipocrisias, mas mesmo a hipocrisia é uma ode à virtude. E sei que para cada dez mil hipócritas encontraremos milhões de almas simples, que encontram nessa repetição o seu conforto. Ela é como os andaimes, sem os quais não se pode construir um edifício.

— Porém – perguntou Pierre Ceresole –, levando essa comparação um pouco adiante, o senhor concorda que um andaime deverá ser removido quando o prédio estiver concluído?

— Sim, será removido quando este corpo o for.

— Por quê?

— Porque – disse Wilkinson, que acompanhava, atento, a conversa – estamos eternamente em construção.

— É que – acrescentou Gandhiji – estamos perpetuamente lutando para alcançar a perfeição. Apenas Deus é perfeito; o homem nunca.

Harijan, 25/5/1935, p. 115

(De "Carta a Premabehn Kantak")

É assim que a repetição do nome de Deus remove as impurezas. Qualquer um que obedeça a essa prática com sinceridade alcançará a fé. O praticante deverá principiá-la convicto de que essa repetição lhe libertará das faltas, o que significa autopurificação. Aquele que repete todos os dias, com fé, o nome de Deus, jamais se cansará disso; o nome que no início é repetido apenas pelos lábios acabará por mergulhar no coração, purificando-o. É uma experiência universal. Os psicólogos também acreditam que o homem se torna aquilo que pensa. O *Ramanama* obedece a essa lei. Tenho uma fé inabalável na virtude da repetição de Seu nome. Estou seguro de que a pessoa que faz essa descoberta vivencia de maneira direta (a vida espiritual) e que essa é uma descoberta da maior importância. A porta da purificação deve estar aberta até para o iletrado. A repetição do nome de Deus a abrirá. (Ver a

Bhagavad Gita, IX. 22, X. 10.) A prática de desfiar o rosário e outras semelhantes auxiliam a concentração e a enumeração das vezes que o nome foi repetido.

The Collected Works of Mahatma Gandhi, L, 1972, p. 326

(De uma carta)

O senhor tem razão quando fala sobre a repetição de orações por aqueles que lhes desconhecem o significado. Muitos esforços têm sido feitos para resolver essa questão. Porém, num lugar habitado por uma população flutuante, essa é uma tarefa difícil. Uma repetição devota não é, em si mesma, uma coisa má. É como uma música sem letra. A melodia tem seu efeito próprio e distinto, independente das palavras. Este é um argumento válido apenas quando não há hipocrisia e a mente está adequadamente harmonizada.

The Collected Works of Mahatma Gandhi, XLIX, 1972, p. 42

19. SEM FÉ NA ORAÇÃO!

I

Esta é uma carta escrita por um estudante ao diretor de uma instituição nacional, pedindo para ser dispensado das orações coletivas.

> Permita-me dizer que não acredito em orações, da mesma forma como não creio em nada conhecido como Deus a quem eu devesse orar. Nunca senti a menor necessidade de acreditar na existência de Deus. O que posso perder por não me importar com Ele e tratar, com calma e sinceridade, de meus próprios assuntos? Quanto à oração coletiva, não tem a menor utilidade. Será que é possível para uma imensa massa humana concentrar-se mentalmente em algo, por mais insignificante que seja? É possível acreditar que as ignorantes crian-

cinhas fixem sua frágil atenção nas ideias mais sutis de nossas grandes escrituras, em Deus, na alma, na igualdade de todos os homens e noutras frases pomposas? Essa grande proeza deve ser executada num momento determinado e sob o comando de determinada pessoa. Será possível instaurar o amor pelo chamado Senhor no coração infantil através de uma função tão mecânica? Nada pode ser mais repugnante à razão do que a expectativa de um comportamento idêntico por parte de homens de toda a espécie de temperamento. Portanto, a prece não deveria ser obrigatória. Deixem que orem aqueles que gostam disso e que evitem fazê-lo aqueles que não gostam. Qualquer coisa feita sem convicção é uma ação imoral e degradante.

Examinemos primeiro a validade da última ideia. É imoral e degradante submeter-se à disciplina antes de se estar convicto de sua necessidade? É imoral e degradante estudar os temas constantes do currículo escolar sem se estar convencido de sua utilidade? É possível dispensar um garoto do estudo da língua por ele estar convicto de que isso é inútil? Não será mais verdadeiro dizer que um aluno, uma criança em idade escolar, não tem convicções a respeito das matérias que deve aprender ou quanto à disciplina a que deve se submeter? Sua escolha se esgota, se é que existe, ao optar por pertencer a determinada instituição. Ingressar nela significa que irá submeter-se voluntariamente às suas regras e regulamentos. É facultado a ele abandonar a instituição, mas não escolher o que e como irá estudar.

Cabe aos professores tornar atraente e inteligível o que aos alunos pode, de início, parecer desagradável ou sem interesse.

É muito fácil dizer: "Não acredito em Deus", pois Ele permite que tudo seja dito a Seu respeito impunemente. Observa nossas ações, e cada violação de Sua lei traz consigo, isenta de vingança, sua purificadora e inevitável correção.

A existência de Deus não pode e não necessita ser demonstrada. Deus é. Se não O sentimos, pior para nós. A ausência de sentimento é uma doença que algum dia iremos curar, *nolens volens*.

Uma criança não tem elementos para questionar. Deve, por senso de disciplina, comparecer às orações coletivas, caso a instituição à qual pertence exija esse comparecimento. Ela pode, de modo respeitoso, expor suas ideias a seus professores. Não é preciso que acredite naquilo que não a toca. Mas se tem respeito pelos docentes, *fará*, sem acreditar, o que lhe solicitarem; não por medo, nem por ignorância, mas com a consciência de que é correto agir assim e com a esperança de que o que hoje lhe parece obscuro vai tornar-se claro algum dia.

A prece não é um pedido. É um anseio da alma. E uma admissão cotidiana de nossa fragilidade. Até a pessoa mais poderosa está exposta a todo momento à morte, à doença, à velhice, a acidentes, etc. Vivemos em meio à morte. De que vale "tratar de nossos próprios assuntos" quando estes podem reduzir-se a nada num piscar de olhos, ou se podemos, rápida e inadvertidamente, ser afastados deles? É possível, contudo, sentirmo-nos sólidos como uma rocha se pudermos dizer com sinceridade: "Estamos a serviço de Deus e de Seus assuntos." Tudo fica, então, claro como o dia. Nada mais perece. O perecível será tudo o que for apenas aparente. A morte e a destruição não terão, *nessa altura –* não antes disso –, qualquer realidade. Pois a morte e a destruição não passam, afinal, de mudanças. Um artista destrói sua pintura para criar outra melhor. Um relojoeiro deita fora um mola inútil para colocar em seu lugar uma outra, nova e funcional.

Uma prece coletiva é algo grandioso. Aquilo que, por vezes, não fazemos sozinhos, realizamos em conjunto. Meninos não precisam de convicção. Só por comparecerem, obedientes e sem resistência interna, quando chamados para a prece, já sentirão a exaltação. Mas muitos não o fazem, até por travessura. Mesmo assim, não podem resistir ao efeito inconsciente da oração. Não existem crianças que, a princípio brincalhonas, tornam-se, com o tempo, possuidoras de uma certeza íntima na eficácia da oração coletiva? É uma experiência comum para as pessoas que não possuem uma fé poderosa buscar o conforto da prece congregacional. Aqueles que afluem às igrejas, templos ou mesquitas não são, todos eles, zombeteiros ou impostores. São homens e mulheres honestos, para quem a prece congregacional é como um banho diário, uma necessidade vital. Os lugares de devoção não são uma mera superstição ociosa, a ser descartada na primeira oportunidade. Sobreviveram até hoje a todas as investidas, e tudo indica que continuarão a sobreviver até o fim dos tempos.

Young India, 23/9/1926, p. 333

II
(Publicado originalmente sob o título "Tirania das palavras")

Um leitor escreve o seguinte, sobre meu artigo "Sem fé na oração!":

Em seu artigo, o senhor não faz justiça à "criança" a que se refere, nem à sua própria condição de grande pensador. É verdade que as expressões do autor da carta não são das mais felizes, mas não há dúvida quanto à sua clareza de pensamento. É também *muito* evidente que não se trata de um garoto na acepção usual da palavra. Ficaria surpreso por saber que tem menos de vinte anos. Mesmo sendo jovem, parece demonstrar suficiente desenvolvimento intelectual para não ser tratado como "uma criança (que) não tem elementos para questionar". O autor da carta é um racional, enquanto o senhor é um fiel, dois velhos personagens de um antigo conflito. A atitude de um é: "convença-me e acreditarei", enquanto a do outro é: "acredite e a convicção virá". O primeiro apela à razão, o segundo, à autoridade. O senhor parece achar que o agnosticismo não é, para os jovens, mais do que uma fase passageira, e que a fé termina por despontar mais cedo ou mais tarde. Existe o caso bastante conhecido do Swami Vivekananda, em apoio à sua visão. O senhor passa, então, a prescrever uma dose compulsória de orações à "criança", para o próprio bem desta. Há uma dupla razão para isso, de sua parte. Primeiro, a oração por si mesma, como um reconhecimento de nossa pequenez e da grandeza e bondade do suposto ser superior. Em segundo lugar, a utilidade e conforto que traz a quem quer ser confortado. Comentarei primeiro o segundo argumento. Nele, a oração é recomendada como uma espécie de apoio para os fracos. Tais são as provações da vida e tal é seu poder de abalar a razão humana, que muitas pessoas poderão precisar de preces e de fé a qualquer momento. Essas pessoas têm direito a ambas e as acolherão de bom grado. Mas há e haverá sempre alguns autênticos racionalistas – poucos, sem dúvida – que jamais sentiram a necessidade de uma ou de outra. Há também aqueles que, embora de uma incredulidade não agressiva, são indiferentes à religião. Na medida em que nem todos, em última análise, têm necessidade do auxílio da prece, e que todos os que sentem essa necessidade são *livres* para orar e *oram* quando precisam, a obrigatoriedade da oração, sob o ponto de vista de sua utilidade, não é sustentável. Se a obrigatoriedade do exercício físico e da educação pode ser necessária para o desenvolvimento físico e mental de uma pessoa, o mesmo não ocorre com a fé em Deus e com a prece, do ponto de vista moral. Alguns dos maiores agnósticos do mundo foram também homens da maior moralidade. Para estes, suponho que o senhor recomendaria a prece por si própria, como uma expressão de humildade – esse foi, na realidade, seu primeiro argumento. Já se invocou demais essa humildade. Tão vasto é o conhecimento, que mesmo os maiores cientistas sentiram-se, por vezes, humildes, mas a atitude que os distinguia era a do pesquisador competente; a fé que depositavam em sua própria capacidade era tão forte quanto a conquista da natureza, que levaram a cabo. Não fosse assim, ainda estaríamos arranhando a terra com unhas ralas, à procura de raízes, ou teríamos sido varridos da superfície do planeta.

Na Idade do Gelo, quando seres humanos morriam de frio e descobriu-se o fogo, seu protótipo da época deve ter censurado o descobridor, dizendo: "Qual a utilidade de seu projeto, que valor tem ele frente ao poder e à ira do Senhor?". É possível que se tenha prometido aos humildes que deles seria o Reino de Deus. Não sabemos se o conquistarão, mas aqui na terra a parte que lhes cabe é a da servidão. Voltando ao ponto principal, sua afirmativa: "aceite a crença e a fé virá" é verdadeira demais, terrivelmente verdadeira. Muito do fanatismo religioso deste mundo pode apoiar-se nesse tipo de ensinamento. Se forem apanhados suficientemente jovens, pode-se levar uma considerável maioria de seres humanos a acreditar em *qualquer coisa*. É assim que se fabrica um hinduísta ortodoxo ou um muçulmano fanático. É claro que sempre existem, numa comunidade, alguns poucos que superam as crenças que lhes foram impostas. O senhor não acredita que, se os hinduístas e os muçulmanos deixassem de estudar suas escrituras até que atingissem a maioridade, não acreditariam de maneira tão veemente em seus dogmas, e parariam de guerrear por eles? A educação secular é a solução para as rixas entre hinduístas e muçulmanos, embora o senhor pense de modo contrário.

Embora lhe devamos tanto por dar um exemplo de coragem, de ação e sacrifício sem precedentes, neste país em que as pessoas sempre tiveram medo *demais*, quando sua atuação receber o julgamento final, dir-se-á que sua influência foi causa de um grande retrocesso em nosso processo intelectual.

Não conheço o significado da palavra garoto "na acepção usual da palavra" se um jovem de vinte anos não é um garoto. Eu chamaria todos os escolares, não importa de que idade, de garotos e garotas. Mas, não importa que o incrédulo estudante seja chamado de garoto ou de homem: mantenho meus argumentos. Um estudante é como um soldado (e há soldados de quarenta anos) que não pode discutir questões de disciplina quando já se submeteu e escolheu, portanto, permanecer sob ela. Um soldado não pode atuar como uma unidade de seu regimento, podendo optar entre fazer ou não aquilo que lhe é solicitado. Da mesma forma, um estudante, não obstante sua inteligência ou idade, abdica ao ingressar num colégio ou numa faculdade, do direito de rejeitar a disciplina. Não há, nesse aspecto, subestimação ou desprezo à sua inteligência: vem em auxílio desta o fato de ele colocar-se voluntariamente sob disciplina. Todavia, meu missivista, voluntariamente, submete-se ao pesado jogo da tirania das palavras. Ele fareja "compulsão" em toda ação que desagrada a quem a pratica, mas há compulsão e compulsão. Chamamos uma compulsão autoimposta de moderação. A ela nos aferramos e crescemos com ela. Porém, a compulsão a ser evitada, mesmo à custa da própria vida, é a sujeição que nos é imposta contra nossa vontade, com frequência com o objetivo de humilhar-nos e roubar-nos a dignidade de homens, ou de crianças, se preferirem. As restrições sociais são, em geral, saudáveis, e sua rejeição resulta em nossa ruína. A sujeição a ordens vis é desumana e covarde. Pior ainda é a submissão à multiplicidade de paixões que se aglomeram à nossa volta a cada momento da vida, prontas para escravizar-nos.

Há mais um termo que ata a seus grilhões o autor da carta. Trata-se da grandiosa palavra "racionalismo". Bem, já tive demais desse racionalismo. A experiência tornou-me humilde o bastante para permitir que eu percebesse as limitações específicas da razão. Da mesma forma como um material mal empregado torna-se refugo, a razão empregada de modo errado torna-se loucura. Se pudéssemos simplesmente dar a César o que é de César, tudo estaria bem. Os racionalistas são seres admiráveis. O racionalismo é um monstro horrendo quando reivindica para si a onipotência. Atribuir onipotência à razão é tão nocivo, enquanto idolatria, como adorar troncos e pedras acreditando que eles sejam Deus. Quem racionalizou a utilidade da oração? É uma utilidade sentida através da prática. O mundo dá testemunho disso. O cardeal Newman nunca rejeitou sua razão, mas alçou a prece a um lugar mais elevado ao declarar com humildade: "Um só passo me basta". Shankara foi um príncipe entre os racionalistas – é difícil encontrar algo, na literatura mundial, que supere o seu racionalismo. Mas ele colocou, em primeiro lugar, a prece e a fé.

O missivista fez uma generalização precipitada, baseando-se nos acontecimentos fugazes e perturbadores que ocorrem ante nossos olhos. Porém, qualquer coisa no mundo pode ser mal utilizada; essa parece ser uma lei que rege tudo o que diz respeito ao homem. A religião, sem dúvida, deve responder por alguns dos crimes mais terríveis da história. Mas a culpa não é sua, e sim da brutalidade incontrolável do homem. Ele ainda não eliminou os efeitos de sua rude genealogia.

Não conheço um só racionalista que não tenha feito alguma coisa movido apenas pela fé, e cujos atos tenham sido baseados, todos eles, na razão. Contudo, todos nós conhecemos milhões de seres humanos que conduzem suas vidas de modo mais ou menos ordenado, em virtude de uma crença pueril no Criador de todos. Essa fé é, em si, uma prece. O "garoto" em cuja carta baseei meu artigo representa essa grande massa humana, e o artigo foi escrito para firmá-lo, e a seus companheiros de jornada, não para perturbar a felicidade de racionalistas como o missivista.

Mas o leitor discute até mesmo a orientação dada à juventude do mundo pelos mais idosos e pelos professores. Essa, porém, parece ser (se for) uma desfavorabilidade inerente à suscetibilidade dessa faixa etária. A educação exclusivamente secular é também uma tentativa de moldar a mente jovem segundo um padrão. O leitor é condescendente o bastante para admitir que o corpo e a mente sejam treinados e orientados. A respeito da alma, que torna possível a existência desse corpo e dessa mente, ele não tem nenhuma preocupação, ou talvez duvide de sua existência. Mas, como crença, isso não o ajudaria. Ele não pode escapar à consequência de sua racionalização. Pois o que impediria um crente de argumentar, mantendo-se no terreno do próprio missivista, que este poderia exercer influência sobre a alma de garotos e garotas, tal como outros lhes influenciam o corpo e a inteligência? Os males da educação religiosa desaparecerão com a evolução do autêntico espírito religioso. Desistir dessa educação é como deixar que uma terra permaneça inculta e crie ervas daninhas devido à falta de conhecimento do lavrador quanto à utilização adequada do solo.

A incursão do leitor pelas grandes descobertas de nossos ancestrais é irrelevante para o tema em discussão. Ninguém questiona – nem eu – a utilidade ou a inteligência dessas descobertas. Elas foram, de modo geral, um campo fecundo para o uso e o exercício da razão. Mas eles, os antigos, não suprimiram de suas vidas, como função predominante, a fé e a oração. As obras, sem a fé e sem a prece, são como flores artificiais e sem perfume. Reivindico não a supressão da razão, mas que reconheçamos em nós mesmos aquilo que a santifica.

Young India, 14/10/1926, p. 358

20. POR QUE NÃO ACREDITAR NA ORAÇÃO?

(De uma carta)

E por que não acreditar na oração? A fé provém de nosso interior ou é revelada através dele. Deveríamos extraí-la do testemunho dos mestres e profetas de todas as plagas, países e tempos, sem exceção. Uma autêntica prece não é uma mera expressão dos lábios. Nunca deve ser falsa. Ela é um serviço altruísta. Não se deve dizer "não acredito em oração".

Mahadevbhaini Diary, vol. 2, 1949, edição em gujarate, p. 24

21. TER FÉ

(De um debate com um visitante)

Visitante: — Se orarmos a Deus, é possível que Ele intervenha e faça com que Sua lei se coloque a nosso favor?

Gandhiji: — A lei de Deus permanece inalterada, mas desde que ela diz que cada ação tem uma resposta, se alguém reza, sua oração está fadada a produzir um resultado imprevisível, desde que os termos sejam os dessa lei...

— Mas o senhor conhece o Deus a quem ora?

— Não, não conheço.

— A quem devemos orar, então?

— Ao Deus que não conhecemos – nem sempre conhecemos a pessoa em favor da qual rezamos.

— Pode ser, mas essa pessoa é cognoscível.

— Deus também; é porque Ele é cognoscível, que O procuramos. Poderá levar um bilhão de anos até que O encontremos, mas que importa? Afirmo que mesmo sem acreditar devemos continuar a rezar, isto é, a buscar. "Socorre-me em minha descrença" é um verso da *Bíblia* que deve ser lembrado. Mas não é correto fazer tais perguntas. Devemos ter uma paciência infinita e uma sede interior. Essa sede evita que façamos tais perguntas. "Tem fé e serás saciado", diz também a *Bíblia*.

— Quando observo a natureza ao meu redor – disse por fim o respeitável visitante – digo a mim mesmo que deve existir um Criador, um Deus, e que a Ele eu deveria orar.

— Isso também é uma racionalização – retrucou Gandhiji.

— Deus está além da razão. Mas nada tenho a dizer, se sua razão é suficiente para dar-lhe forças.

Mahatma Gandhi – The Last Phase, vol. I, livro 1,1965, p. 59

(Da "Carta a H. B. Tejumal")

Citar as escrituras não o ajudará. A oração de Draupadi é um exemplo célebre. Não tenho a menor dúvida de que alguém que reze com fé possa mover montanhas. A fé e a comprovação são atos contraditórios, portanto as explicações são de pouca valia. A única coisa que importa é orar, não importa que se obtenha uma resposta à prece ou não. A oração jamais deve visar um propósito egoísta.

The Collected Works of Mahatma Gandhi, XXXII, 1969, p. 35

(Da "Carta a C. R. Sangameswaran")

Não lhe posso dar nenhuma ajuda, se o senhor não tem fé em Deus; mas se crer Nele, não precisará de meu auxílio. Assim, eu o aconselharia a ter fé em Deus e também na oração, em consequência. Verá que todos os pensamentos indesejáveis o abandonarão e que a paz crescerá de modo gradativo em sua mente. Desse modo, o senhor se converterá num instrumento adequado a Seu serviço.

The Collected Works of Mahatma Gandhi, XLVII, 1971, p. 326

(Da "Carta a Premabehn Kantak")

Compreendo seu ponto de vista sobre a recitação cerimonial da *Gita*. Poderá discutir essa questão com Kakasaheb até saciar sua alma. Pessoalmente, acho que no fundo de sua objeção à proposta está a aversão às próprias preces ou sua descrença nelas. Se conseguisse fazer prevalecer sua vontade, creio que se restringiria ao *dhun*[15]. Eu o aconselharia a ter fé em todos os elementos das orações. Se possível, concentre a atenção no significado de cada um deles. Se não puder fazer isso, tenha fé na nobreza das palavras que ouve, em que o simples fato de ouvi-las lhe será benéfico e compareça de modo respeitoso às preces. Não conclua disso, por favor, que desejo convertê-lo à proposta de fazer os sete dias de recitação completa. Estou escrevendo para convencê-lo de que há um significado nas preces, e que, atrás deste, estão quinze anos de *tapascharya*[16], realizado com uma fé inabalável por parte de alguns de nós.

The Collected Works of Mahatma Gandhi, XLIV, 1971, p. 333

22. O BÁLSAMO QUE CURA
(De "Sob o céu estrelado", de Pyarelal)

Pergunta – Que conselho o senhor dá aos jovens que travam uma batalha perdida com seus eus inferiores e procuram sua orientação?

Resposta – Que orem, simplesmente. Devemos, com completa humildade, buscar forças que estão além de nós.

P. – E se os jovens se queixam de que suas preces não são ouvidas, que se sentem como se estivessem falando para o nada?

R. – Querer resposta a uma prece é desafiar a Deus. Se ela não consegue proporcionar conforto, é uma prece apenas verbal. Se não nos ajuda, nada mais ajudará. É preciso persistir sem cessar. Essa é minha mensagem à juventude. Ela deve, apesar de si mesma, acreditar no poder absoluto do amor e da verdade.

P. – A dificuldade de nossos jovens é que o estudo da ciência e da moderna filosofia lhes destruíram a fé, deixando-os consumidos pelo fogo da descrença.

R. – Isso se deve ao fato de que para eles a fé é um esforço do intelecto, não uma experiência da alma. O intelecto nos leva adiante na batalha da vida até certo limite, mas, no momento crucial, nos abandona. A crença transcende a razão. Quando o horizonte se mostra mais obscuro e a razão humana é derrotada, a fé brilha com maior intensidade e vem socorrer-nos. É dessa crença que nossa juventude precisa, e ela só se apresenta quando já se dissipou todo o orgulho do intelecto, e nos entregamos inteiramente à Sua vontade.

Young India, 21/3/1929, p. 96

23. A PALAVRA DE DEUS
(Das "Notas")

Meu êxito se apoia em meu esforço contínuo, humilde e sincero. Conheço o caminho. É reto e estreito. É como o fio de uma espada. Rejubilo-me por caminhar sobre ele. Choro quando escorrego. A palavra de Deus é: "Aquele que persiste jamais perece". Tenho uma fé absoluta nessa promessa. Embora erre mil vezes devido à minha fraqueza, não perco a fé, e espero enxergar a Luz quando a carne estiver sob um perfeito domínio, como deverá estar algum dia.

Young India, 17/6/1926, p. 215

24. *NIRBAL KE BALA RAMA*
(Refrão do célebre hino de Surdas:
"Ele é o amparo dos desamparados, a força dos fracos".)

Embora tenha adquirido um razoável conhecimento do hinduísmo e de outras religiões do mundo, eu deveria saber que isso não seria suficiente para me amparar em minhas provações. O homem não possui a mais vaga ideia, muito menos o conhecimento, daquilo que o sustém em suas atribulações, no momento em que as atravessa. Um cético atribuirá sua segurança à sorte. Um crente dirá que Deus o salvou. Concluirá, na medida de seu discernimento, que os estudos religiosos ou a disciplina espiritual foram o esteio de seu estado de graça interior. No momento da salvação, porém, ele não percebe se é essa disciplina espiritual ou algo que a transcende que o salva. Quem, orgulhando-se de sua força espiritual, já não a viu reduzida a pó? O conhecimento religioso, separado da experiência, parece insignificante em tais momentos de provação.

Foi na Inglaterra que descobri, pela primeira vez, a futilidade desse mero conhecimento. Ultrapassa a minha capacidade explicar como pude ser salvo em ocasiões anteriores, quando era ainda muito jovem; mas agora, aos vinte anos, já conquistara alguma experiência, já era marido e pai.

Pelo que me lembro, foi durante o último ano de minha estada na Inglaterra, em 1890, que fui convidado, com um amigo indiano, para uma conferência sobre vegetarianismo em Portsmouth. Essa cidade é um porto marítimo, habitado por uma numerosa população de marinheiros. Possui muitas casas de mulheres de má reputação, que se não são, de fato, prostitutas, não têm, na verdade, muitos escrúpulos morais. Fomos alojados numa dessas casas, não sendo necessário dizer que o comitê de recepção nada sabia a respeito. Seria difícil descobrir, num lugar como Portsmouth, quais eram os bons e os maus alojamentos para viajantes ocasionais como nós.

Voltamos à noite, depois da conferência. Terminado o jantar, sentamo-nos para jogar uma partida de bridge; a dona da casa juntou-se a nós, costume observado na Inglaterra mesmo nas casas respeitáveis. Os participantes faziam brincadeiras inocentes, como é de praxe, mas as de meu companheiro e de nossa anfitriã começaram a tornar-se indecentes. Eu não sabia que meu amigo era um adepto dessa arte. Deixei-me envolver e passei a participar também. No momento em que estava prestes a ultrapassar os limites, a pôr de lado as cartas e o jogo, Deus, através de meu bom companheiro, proferiu o abençoado conselho: – Que diabo deu em você, garoto? Caia fora já!

Senti-me envergonhado. Acatei o conselho e expressei, no íntimo, minha gratidão ao meu amigo. Lembrando a promessa que fizera diante de minha mãe, desapareci de cena. Trêmulo, corri para o quarto com o coração aos pulos como uma caça que se livra do caçador.

Lembro-me dessa ocasião como tendo sido a primeira vez em que uma mulher, além de minha esposa, levou-me à luxúria. Passei aquela noite em claro, afligido por toda a sorte de pensamentos. Deveria deixar aquela casa, fugir daquele lugar? Onde estava? O que me aconteceria se não tivesse sido alertado? Decidi agir com extrema cautela: não apenas sair da casa, mas encontrar um modo de deixar Portsmouth. A conferência ainda se estenderia por mais dois dias; lembro-me de ter deixado a cidade na noite seguinte, ficando meu companheiro por mais algum tempo.

Não conhecia, na época, a essência da religião ou de Deus, e nem sabia como Ele atua em nós. Apenas compreendia, de modo vago, que o Senhor me salvara naquela ocasião. Em todos os momentos de provação Ele o fez. Sei que a frase "Deus me salvou" possui, hoje, um significado mais profundo para mim, e sinto ainda não tê-lo apreendido em sua integralidade. Só uma experiência mais rica pode levar-me a uma compreensão mais completa. Mas em todas as minhas provações – tanto de natureza espiritual como quando advogava, à lesta de instituições, ou atuando na política – posso dizer que Deus me salvou. Quando toda esperança se esgota, "quando aqueles que ajudam falham e o conforto se esvai", vejo que o auxílio vem de algum modo, não sei de onde. Súplicas, adoração e preces não são superstições; são ações mais reais do que comer, beber, sentar-se ou caminhar. Não é exagero dizer que apenas elas são reais e que todo o resto é irreal. Essa adoração ou prece não é um voo de eloquência; não é uma homenagem que se faz da boca para fora. Ela brota do coração. Se, portanto, alcançamos aquela pureza profunda, aquele estado "vazio de tudo que não seja amor", se mantemos todas as cordas afinadas de modo adequado, elas "vibram, transmitindo música inefável". Uma prece não precisa de palavras. Ela é, em si mesma, independente de qualquer esforço sensorial. Não tenho a menor dúvida de que a oração é um meio infalível de purificar o coração das paixões. Ela deve, porém, estar unida à mais absoluta humildade.

An Autobiography, 1969, p. 52-54 (Publicado em português, sob o título *Autobiografia: Minha vida e minhas experiências com a verdade*, São Paulo: Palas Athena Editora, 1ª edição de 1999.)

25. O ÚNICO AMPARO DOS DESAMPARADOS
(De uma fala de Gandhiji no encontro de estudantes em Rangoon e que originalmente recebeu o título "To the students")

Conheço, através de minha correspondência com estudantes de toda a Índia, os danos que sofreram por terem amontoado no cérebro informações vindas de uma montanha de livros. Alguns ficaram confusos, outros desequilibraram-se e alguns levam uma vida de irremediável imaturidade. Meu coração se abre para eles quando dizem que, por mais que tentem, são o que são, pois não podem vencer o espírito das trevas. – Diga-nos – perguntam melancólicos – como nos livrar do espírito das trevas e da impureza que se apossou de nós. – Quando lhes digo para adotarem o *Ramanama*, ajoelharem-se diante de Deus e buscarem Sua ajuda, eles respondem: – Não sabemos onde está Deus. Não sabemos o que é orar. – Esse é o estado ao qual foram reduzidos. Tenho pedido a eles que se mantenham em guarda... Não existe derrota numa causa sagrada; decidam que serão puros e que terão uma resposta de Deus. Porém, o Senhor nunca responde às preces dos arrogantes e dos que procuram barganhar com Ele. Já ouviram a história de Gajendra Moksha[17]? Convido os estudantes birmaneses aqui presentes, que não conhecem esse que é um dos maiores de todos os poemas e que está entre as coisas mais divinas do mundo, a que o aprendam com seus amigos indianos. Há um provérbio tâmil que nunca me sai da memória: diz que Deus é o amparo dos desamparados. Para Lhe pedirem ajuda, deverão ir até Ele em toda sua nudez, aproximando-se sem reservas, sem medo ou dúvidas de como pode Ele ajudar os seres decaídos que somos. Como os abandonaria Aquele que auxiliou milhões de pessoas que para Ele se voltaram? Ele não faz exceção de espécie alguma; descobrirão que cada uma de suas preces será respondida. Mesmo a oração do mais perverso terá resposta. Eu lhes digo isso a partir de minha própria experiência, pois já atravessei o purgatório. "Procurem o Reino dos Céus em primeiro lugar, e tudo o mais lhes será acrescentado."

Young India, 4/4/1929, p. 110

26. A PROMESSA DE DEUS
(Sumário de uma palestra realizada num encontro devocional no Edifício do Congresso de Bombaim; transcrito da "Carta semanal" de M. Desai)

Vocês devem estar imaginando por que concordei com a realização de uma prece coletiva em Bombaim, se até mesmo a existência de Deus é, para muitos, duvidosa. Outros dizem: "Se Deus está dentro do coração de todos, quem deve orar a quem, quem invocará a quem?'". Não estou aqui para resolver essas questões intelectuais. Posso dizer apenas que, desde a infância, a oração tem sido meu conforto e minha força.

[...] Há aqueles subjugados pelas dúvidas e pelo desespero. O nome de Deus é seu socorro. Sua promessa é que qualquer um que para Ele se volte, em fraqueza e desamparo, Ele tornará forte. "Quando estou fraco, então sou forte", assim cantou o poeta Surdas. O divino é a força do fraco, força que não pode ser obtida através das armas ou de meios semelhantes. Será alcançada por aquele que se entregue a Seu nome. Podem dizer Rama, Deus, Alá ou qualquer um de Seus nomes, o importante é que no momento em que não confiarem em nada mais a não ser Nele, serão fortes e toda a decepção desaparecerá.

O hino de Surdas faz alusão à história do senhor dos elefantes que, entre os dentes de um crocodilo, ia afundando nas águas. Tinha apenas a extremidade da tromba acima da superfície, quando invocou o nome de Deus e foi salvo. Trata-se, sem dúvida, de uma alegoria, mas esconde uma verdade. Descobri-a vezes sem conta em minha vida. Mesmo no mais negro desespero, quando parece não haver nenhuma ajuda e nenhum conforto neste vasto mundo, Seu nome inspira-nos força e põe em retirada todas as dúvidas e agruras. Se hoje o céu está repleto de nuvens, basta uma fervorosa oração dirigida a Ele para dissolvê-las. Graças à prece, não conheci decepções.

[...] Oremos para que Ele possa purificar nossos corações da mesquinhez, da vilania e da falsidade, e Ele com certeza atenderá às nossas preces.

Harijan, 1/6/1935, p. 123

27. O SEGREDO DO AUTOCONTROLE

(De "Contribuição da Brahmo Samaj ao hinduísmo")

Recebo uma avalancha de cartas de jovens que escrevem com sinceridade sobre seus maus hábitos e sobre o vazio que a descrença traz às suas vidas. Não há receita que possa aliviá-los. Só posso lhes dizer que não há outro caminho senão a submissão a Deus e a confiança em Sua graça. Utilizemos esta ocasião para dar à religiosidade vivente o lugar que merece ocupar em nossa vida. Como disse Akhobhagat:

Viva como quiser,
Desde que possa vivenciar a Deus.

Young India, 30/8/1928, p. 291

(De uma carta que Gandhiji escreveu na prisão a Sheth Jamnalal Bajaj, e que figurou no artigo "Jamnalalji", de M. Desai)

Moksha é a libertação do pensamento impuro. Sua extinção completa é impossível, sem uma incessante persistência. Há um único caminho para alcançá-la: no momento em que surgir um pensamento impuro, confronte-o com um pensamento puro. Isso só é possível com a graça de Deus, que vem da incessante comunhão e de uma entrega absoluta a Ele. No início, essa comunhão pode ser apenas uma repetição mecânica de Seu nome, mesmo que perturbado por pensamentos impróprios. Mas o que está nos lábios acabará por tomar posse do coração. Ainda há outra coisa a ser observada. A mente pode vagar, mas não permita que os sentidos vaguem com ela. Se os sentidos vaguearem por onde a mente os levar, estaremos perdidos. Aquele que mantém sob controle os sentidos físicos será, algum dia, capaz de controlar os pensamentos impuros... Estes não devem desanimar-nos. Somos monarcas do reino do Esforço. Deus é o único Monarca do reino do Resultado.

... O senhor sabe como proceder para criar uma atmosfera pura a seu redor. Uma dieta frugal, o olhar fixo na terra e uma autovigilância que não vacile em arrancar o próprio olho se este "o ofender".

Harijan, 22/2/1942, p. 47

Para mim, a observância do *brahmacharya*[18], inclusive corporal, foi cheia de dificuldades. Posso dizer que me sinto hoje bastante seguro, mas ainda preciso atingir um domínio completo sobre o pensamento, coisa que é tão essencial. Não que me faltem vontade ou esforço, mas ainda é problemático, para mim, saber de onde vêm os pensamentos indesejáveis com suas insidiosas invasões. Não tenho dúvida de que existe uma chave para trancafiá-los, mas cada um deve encontrá-la por si próprio. Os santos e profetas legaram-nos suas experiências, mas não nos forneceram uma receita infalível e universal. Porque a perfeição ou a libertação do erro vem apenas da graça; aqueles que buscam a Deus deixaram-nos mantras, como o *Ramanama*, que consagraram com a vivência de práticas austeras e com sua pureza. Sem uma entrega irrestrita à Sua graça é impossível obter o domínio completo sobre o pensamento. É esse o ensinamento de todo o grande livro religioso e uma verdade que compreendo a cada momento de minha luta pelo perfeito *brahmacharya*.

An Autobiography, 1969, p. 238

(De "Uma carta")

A oração e o *brahmacharya* não são coisas pertencentes à mesma espécie. Este último é um dos cinco votos cardeais, enquanto a prece é um meio de capacitar-nos para a sua observância. Já falei muito para explicar a necessidade do *brahmacharya*.

Contudo, quando procuro imaginar um modo de poder cumpri-lo, descubro que a oração é um meio poderoso para isso. Para aquele que compreendeu o valor da prece e é capaz de orar com concentração, o *brahmacharya* torna-se bastante fácil de ser observado.

The Collected Works of Mahatma Gandhi, L, 1972, p. 377-378

(De "*Brahmacharya* ou autocontrole")

Há, todavia, uma regra de ouro para a conquista do controle do desejo sexual: é a repetição da palavra divina "Rama" ou de algum outro mantra; o *dwadash*[19] também serve ao mesmo propósito. Cada qual deve escolher um mantra com o coração. Sugeri a palavra "Rama" porque cresci repetindo-a durante toda a minha infância e ela sempre me deu força e alimento. Seja qual for o mantra escolhido, a pessoa deve identificar-se com ele ao repeti-lo. Não tenho a menor dúvida quanto ao êxito final que se segue a essa repetição feita com fé absoluta, mesmo que outros pensamentos distraiam a mente. O mantra será a luz da vida de uma pessoa, mantendo-a afastada de todo o sofrimento. É claro que esses mantras sagrados não devem jamais ser empregados para fins materiais. Se sua utilização for reservada apenas à preservação da conduta moral, os resultados obtidos serão surpreendentes. Por certo que uma simples repetição, à maneira de um papagaio, não terá valor. Deve-se lançar nela a alma inteira. O papagaio repete como uma máquina. Devemos repetir com a intenção de evitar que cheguem pensamentos indesejáveis e com uma fé absoluta na eficiência do mantra para esse propósito.

Young India, 5/6/1924, p. 187

Isso (o verdadeiro autocontrole) não se obtém pela leitura. É obtido somente através de uma percepção definitiva de que Deus está conosco e de que olha por nós como se não tivesse outros cuidados. Como é que isso ocorre, eu não sei. Mas sei que ocorre. Aqueles que têm fé veem ser-lhes removidas dos ombros todas as preocupações. Não se pode ter fé e tensão ao mesmo tempo.

Bapu's Letters to Mira (1924-1948), 1959, p. 255

(De "*Brahmacharya a satyagraha*[20]")

Esse controle só é atingível pela graça de Deus. Há um trecho no segundo capítulo da *Gita* que diz – em tradução livre: Os objetos dos sentidos permanecem em estado latente enquanto se jejua ou quando um sentido particular é submetido a jejum; o anseio, porém, só cessa quando se contempla a Deus face a face.

Harijan, 23/7/1938, p. 192

28. UMA EXORTAÇÃO AO ARREPENDIMENTO
(De "A semana sagrada", de Pyarelal)

Errar é humano. Confessando-os, convertemos nossos erros em degraus do nosso desenvolvimento. Por outro lado, ao tentar ocultá-los, a pessoa transforma-se numa mentira ambulante e naufraga. O homem não é nem bruto nem Deus, e sim uma criatura de Deus que luta para autorrealizar sua divindade. O arrependimento e a autopurificação são os meios para isso. No momento em que nos arrependemos e pedimos perdão a Ele por nossas faltas, somos purgados do erro e uma nova vida tem início. O arrependimento verdadeiro é um pré-requisito essencial da oração.

A prece não é só uma atuação dos lábios. Ela deve expressar-se através da ação.

Harijan, 21/4/1946, p. 94

Deus não deixa de perdoar nem mesmo àqueles que expiam suas faltas nos últimos momentos da vida. Devemos ter no coração o bem-estar de todo ser vivo existente sobre a terra, grande ou pequeno. Para alimentar esse espírito devemos dirigir nossas preces ao Altíssimo todos os dias, pela manhã e à noite. Os votos pelo bem-estar de todos envolvem também nosso próprio bem-estar.

My Memorable Moments with Bapu, 1960, cap. 25, p. 46

29. PROVAÇÕES
(Título original: "Oremos")

Um homem, quando cai, ora a Deus para que o erga. Ele é o amparo dos desamparados, diz um provérbio tâmil. A terrível catástrofe de Quetta[21] é paralisante, frustrando todas as tentativas de reconstrução. É uma calamidade que talvez jamais venha a ser conhecida em sua realidade completa. Os mortos não podem ser ressuscitados.

O esforço humano deve estar sempre presente. Aqueles que foram atingidos têm que receber ajuda. A reconstrução será realizada, sem dúvida, na medida do possível. Essa e muitas outras realizações semelhantes jamais poderão substituir a oração.

Mas por que orar, apesar de tudo isso? Será que Deus, se é que Ele existe, não sabe o que acontece? Será que precisa de orações que lhe possibilitem cumprir sua tarefa?

Não, Deus não precisa que O lembremos de nada. Ele está dentro de todos nós. Nada ocorre sem Sua permissão. A prece é uma busca feita com o coração. Faz com que nos lembremos de que, sem Seu apoio, estamos ao desamparo. Nenhum esforço é completo sem a oração – sem o reconhecimento definitivo de que o melhor esforço humano não tem nenhum efeito se não contar com a bênção de Deus para apoiá-lo. A prece é uma exortação à humildade, à autopurificação, à busca interior.

Devo repetir o que disse por ocasião da catástrofe de Bihar: existe um propósito divino por trás de cada calamidade material.

É bem possível que algum dia a ciência, ao aperfeiçoar-se, seja capaz de prever a ocorrência de terremotos, tal como hoje prediz os eclipses. Será uma nova vitória da mente humana. Tais triunfos, porém, ainda que multiplicados ao infinito, não podem suscitar uma purificação da alma, sem a qual nada tem valor.

Esqueceremos, por certo, a calamidade de Quetta, como esquecemos a de Bihar. Peço àqueles que reconhecem a necessidade da purificação interior que unam suas preces para que possamos entender o propósito divino subjacente a essas provações; que elas possam fazer-nos humildes, preparando-nos para encarar nosso Criador no momento em que soar o chamado, e que possamos estar sempre prontos a compartilhar o sofrimento de nossos semelhantes, sejam eles quem forem.

Harijan, 8/6/1935, p. 132

(Publicado originalmente sob o título
"Consequências da oração")

As breves linhas que escrevi exortando à oração e ao arrependimento quando da catástrofe de Quetta fizeram com que eu recebesse algumas cartas. Numa delas, faz-se esta pergunta:

> Na época do terremoto de Bihar o senhor não hesitou um instante em dizer que ele deveria ser encarado pelos hindus *savarnas*[22] como uma punição pelo pecado da "intocabilidade". Qual seria agora o pecado que provocou o terremoto de Quetta, terremoto que foi mais terrível que o anterior?

O missivista tem o direito de formular tal pergunta. O que falei sobre Bihar foi dito com a mesma ponderação com que escrevi sobre Quetta.

Essa exortação à prece responde a um anseio definitivo da alma. A oração é um sinal de arrependimento, e de nosso desejo de nos tornarmos melhores e mais puros. Um homem que reza encara as chamadas calamidades materiais como punições divinas. Caem tanto sobre os indivíduos como sobre as nações. Essas punições não afetam a todos da mesma forma. Algumas afetam apenas as pessoas, e outras atingem, com mais brandura, grupos ou nações. Catástrofes como a de Quetta deixam-nos atordoados. A familiaridade com as calamidades comuns de todos os dias faz com que as toleremos. Se os terremotos fossem acontecimentos diários passariam despercebidos. O de Quetta já não nos perturbou tanto como o de Bihar.

Trata-se, porém, de uma experiência universal: as calamidades fazem com que um homem sensível se prosterne. Imaginando que sejam respostas de Deus a suas faltas, ele crê que deve conduzir-se melhor a partir de então. Seus erros o deixam frágil, desamparado, e em sua fraqueza ele clama a Deus por socorro. É assim que milhões de seres humanos fazem de suas calamidades pessoais um autoaprimoramento. Sabe-se de países que invocaram o auxílio de Deus ao serem atingidos por catástrofes. Curvaram-se diante Dele e devotaram-se, durante alguns dias, à austeridade, à prece e à penitência.

Não sugeri nada de novo ou original. Em nossos dias de elegante descrença é preciso uma certa coragem para exortar homens e mulheres ao arrependimento. Não posso qualificar-me como corajoso. Minhas fraquezas ou peculiaridades são bastante conhecidas. Se tivesse com Quetta a proximidade que tenho com Bihar e seus habitantes, teria com certeza destacado os erros da primeira, embora estes pudessem não ser tão evidentes como a "intocabilidade" que caracterizava Bihar.

Todos nós, porém – governantes e governados –, sabemos de nossos muitos pecados, pessoais e nacionais, pelos quais devemos responder. A exortação é para que nos arrependamos deles, rezando e penitenciando-nos. A verdadeira prece não é um prelúdio à inação. É um estímulo à ação incessante e altruísta. A purificação não é um recurso do preguiçoso e do egoísta; ela é o instrumento do generoso e do diligente.

Harijan, 15/6/1935, p. 140

(De "Carta semanal", de C. S.)

Nossos avós e nossas mães ensinaram-nos a pensar que, quando uma calamidade se abate sobre nós, vem em decorrência de nosso demérito pessoal. Se não chove, embora seja tempo chuvoso, fazemos sacrifícios e pedimos a Deus para que repare nossos erros. Isso não ocorre apenas aqui; vi, na Inglaterra e na África do Sul, quando os gafanhotos invadem os campos ou acontece coisa semelhante, destinarem-se alguns dias a penitências, preces e jejum, para que findem as provações.

Harijan, 2/2/1934, p. 5

30. ORIENTAÇÃO DIVINA
(De "A segunda visita do dr. Mott[23]", de M. Desai)

Dr. Mott: O que foi que lhe proporcionou a mais profunda satisfação de alma nos momentos de dificuldade, dúvida e questionamento?

Gandhiji: Uma fé viva em Deus.

Dr. Mott: Quando foi que o senhor sentiu, nas experiências de sua vida, a manifestação indubitável de Deus?

Gandhiji: Observei e acredito que Deus jamais Se manifesta em pessoa, e sim através da ação, e que esta pode concorrer para nossa salvação nas horas das trevas mais densas.

Dr. Mott: O senhor quer dizer que sucedem coisas que não poderiam acontecer sem Deus?

Gandhiji: Exato. Elas acontecem de modo repentino e inesperado. Há uma experiência presente de maneira especial em minha memória. Está relacionada com meu jejum de 21 dias pela extinção da intocabilidade. Ao dormir na noite anterior, eu não tinha a menor ideia de que seria necessário anunciar um jejum na manhã seguinte. Por volta de meia-noite algo me despertou de súbito e uma voz – não posso dizer se era interna ou externa – sussurrou-me: – Deves iniciar um jejum. – De quantos dias? – indaguei. A voz falou de novo: – Vinte e um dias. – Quando devo começar? – perguntei. – Começarás amanhã. Adormeci com serenidade, após tomar a decisão. Não disse nada a meus companheiros até depois da oração matinal. Passei às mãos deles um pedaço de papel; nele anunciava minha decisão e solicitava que não a questionassem, pois ela era irrevogável.

Os médicos achavam que eu não sobreviveria ao jejum, mas algo dentro de mim dizia o contrário, e que eu deveria seguir adiante. Esse tipo de experiência jamais acontecera antes desse dia em minha vida, nem voltou a acontecer.

Dr. Mott: Bem, e não seria possível atribuir a essa voz uma origem maligna?

Gandhiji: Claro que não. Nunca achei que tivesse sido um erro. Se já houve um jejum espiritual em minha vida, foi esse. Há algo muito peculiar na negação da satisfação do corpo. Não é possível contemplar a Deus face a face, a não ser que se crucifique a carne. Uma coisa é dar a ela o que lhe pertence enquanto templo de Deus, e outra é negar-lhe o que lhe pertence enquanto matéria e carne.

Harijan, 10/12/1939, p. 373

(A um estudante)

Na frase "enxergar a Deus face a face" não se deve tomar a expressão "face a face" de modo literal. É uma questão de sentimento definido. Deus não tem forma. Portanto, pode ser contemplado apenas pela visão espiritual.

Makadevbhaini Diary, vol. 1,1948, edição em gujarate, p. 52

31. ORIENTAÇÃO

(De "Uma palavra para os Grupos de Oxford", por M. Desai)

Escrevi há algumas semanas, nesta coluna, uma nota sobre o Grupo de Oxford e seus métodos de trabalho. Ele parece ter atraído certa atenção, em especial depois de um retiro em Srinagar de que participaram alguns de seus membros. Assim que estourou a guerra, Gandhiji recebeu um telegrama de participantes do grupo encabeçados pelo Revmo. Bispo Metropolitano de Calcutá, solicitando-lhe uma entrevista.

"Não vale a pena para o Bispo vir até Wardha", respondeu Gandhiji, "mas os jovens poderão vir: não tenha pena deles."

Em consequência, alguns amigos vieram a Wardha no dia 23 do mês passado: um advogado e sua mulher, um jornalista norte-americano, um europeu, funcionário de uma ferrovia, e uma talentosa senhora, filha de um ex-oficial do exército, que visitava a Índia e que "permaneceu no país para reparar os erros de seu país, que nada dera à Índia pelo que dela tomara" – foi assim que a descreveu um outro membro do grupo.

A missão deste pode ser descrita, em linguagem comum e de acordo com o que dizem seus participantes, como uma "comunhão espiritual". — Todos têm algo de bom – disse um dos participantes – e existem diferentes maneiras de descobri-lo. Para nós é a comunhão. Toda manhã eu me sento para descobrir o que Deus quer de mim e para saber se estou pronto a obedecer à Sua vontade. Se puder ser absolutamente obediente, Ele atuará através de mim. Outro membro disse: — O senhor sempre ouviu a Deus. Sentimos que a solução dos problemas pelos quais o senhor trabalhou seria alcançada se todos os milhões de indianos passassem a ouvi-lo. Sentimos que podemos colaborar com esse objetivo e, portanto, foi com alegria que viemos até o senhor.

Alguns membros descreveram as experiências de homens e mulheres cujas vidas se transformaram por terem "escutado".

Como é possível esperar que o problema seja tão simples como imaginam essas pessoas bondosas? A era moderna trouxe seus novos termos técnicos – científicos e psicológicos. Onde antes se dizia "orar", diz-se hoje "escutar". É perfeito, para aqueles que não passam privações, dizer com tranquilidade: "nós escutaremos", mas seria necessária alguma desfaçatez para dizer a alguém para quem conseguir uma refeição decente por dia é um problema permanente: "Escute, e conseguirá seu pão". A era moderna acentuou o abismo entre os que têm e os que não têm, entre exploradores e explorados. Como é que os primeiros poderão dizer aos segundos: "Tratem de escutar a Deus, e toda a sua penúria terá fim?"

Houve um debate, durante o qual Gandhiji expôs suas ideias. — Como eu gostaria de ter o mesmo entusiasmo que os inflama! – disse ele. — É claro que tenho a experiência de ouvir e não apenas de tentar ouvir. Quanto mais ouço, mais descubro que ainda estou muito distante de Deus. Se, por um lado, ainda posso estabelecer regras cuja observância é essencial à escuta adequada, por outro, a realidade ainda me escapa. Quando dizemos que escutamos a Deus e que obtemos respostas, embora falemos com sinceridade, corremos o grande risco de estarmos nos iludindo. Não sei se estou livre da autoilusão. Às vezes me perguntam se não estou enganado e respondo: sim, é provável, o que estou dizendo pode ser apenas um retrato do meu eu exposto diante de vocês.

Vejamos então como é que alguém pode dizer-se guiado por Deus ao adotar uma determinada linha de ação, enquanto outro diz o mesmo e adota uma linha de ação oposta. Vou-lhes dar um bom exemplo: penso que Rajaji[24], a quem os senhores conhecem ao menos de nome, é inquestionável em termos de piedade e devoção. Quando empreendi, como penitência, o jejum de 21 dias na prisão de Yeravda, em 1933, e declarei tê-lo feito em resposta a um chamado de Deus, Rajagopalachari deu-se ao trabalho de vir de Madras a fim de dissuadir-me. Estava seguro de que eu me iludia, que era provável que eu morresse ou enlouquecesse. Bem, como veem, ainda estou vivo e tenho a mente sã. Talvez Rajaji ainda pense que fui presa de uma ilusão e que me salvei por obra do acaso, mas continuo acreditando que fiz o jejum em resposta à silenciosa voz interior.

Digo isso para alertá-los quanto à imprudência de acreditarem que estão *sempre* escutando a Deus. Não sou, em absoluto, contrário a esse esforço, mas advirto-os contra a ideia de que ele seja uma espécie de "abre-te Sésamo" que precisa ser mostrado às multidões. Ninguém me contradirá se eu disser que fiz o máximo possível para que a Índia me escutasse a respeito de qual é o caminho de Deus. Obtive algum êxito, mas é uma meta que ainda está longe de ser atingida. Quando ouço os testemunhos que os senhores deram, acautelo-me e sinto até desconfiança. Na África do Sul houve um pregador que, após o sermão, fazia com que os presentes assinassem um acordo registrado num livro, comprometendo-se a não beber. Bem, fui testemunha da quebra de muitas dessas promessas. Não se pode culpar essas pessoas. Elas assinavam o compromisso sob a influência temporária da persuasiva eloquência do pregador.

Sei que nem tudo o que reluz é ouro e sei também que, se um homem ouviu de fato a voz de Deus, não há retrocesso possível, tal como alguém que aprende a nadar jamais se esquece. A escuta deve tornar a vida cotidiana das pessoas cada vez mais rica.

Não quero lhes arrefecer o entusiasmo; mas para que este se afirme sobre um alicerce sólido, a escuta deve também firmar-se num fundamento sólido.

A escuta pressupõe uma aptidão para escutar, e esta é conseguida após um esforço constante e paciente, e pela espera de Deus. Shankaracharya comparou o processo à tentativa de esvaziar o mar com uma taça tão pequena como a ponta de uma folha de relva. E um processo infindável, que prossegue através de uma sucessão de nascimentos. Esse esforço deve ser também tão natural como a respiração ou o piscar dos olhos, que ocorrem sem nos darmos conta. Um empenho que coincide com o caminhar da vida. Recomendo-lhes essa perseverança: é uma eterna luta, a única que pode colocar-nos face a face com Deus.

O grupo retornou no dia seguinte, após ter meditado sobre essa mensagem durante a noite. Era, como disseram, um desafio a maiores "mudanças de vida" ou, colocando de novo em linguagem comum, mais uma autopurificação. Porém o homem torna-se, com frequência, prisioneiro de sua própria criação; esses bons amigos adotaram outra palavra que exigia o mesmo rigor de definição e esforço espiritual que a anterior "escuta": a nova palavra era "arrependimento". "O arrependimento é o fundamento da paz. É a onda cuja sintonia atingirá todos os corações, em todos os países". Um dos membros, um poeta, deixou para Gandhiji esta mensagem em versos:

> Deus! Que possa fluir por toda a terra
> O arrependimento, com sua força torrencial,
> Limpando a percepção e purificando as intenções,
> Rompendo através de todas as facções, de todos os corações
> Sem exceção, pois que todos pecaram.

É bem verdade que muitos pecam, em maior ou menor grau. Mas enquanto os pobres e desprovidos pecam, se posso dizer assim, contra Deus, os providos ou exploradores atentam não só contra Deus mas também contra o homem. Gandhiji indagou:

— O que deve fazer a Índia, como nação, nesta conjuntura? O que gostariam que ela fizesse? Como poderá mostrar seu arrependimento? A Índia pode alegar que cometeu muitos pecados pelos quais está sofrendo e que rezaria para que lhe fosse dada a força necessária para purgá-los. Ocorre-lhes algo mais à mente? Não houve nenhuma resposta satisfatória. — Deveríamos começar escutando a Deus como um todo – é a resposta de que me lembro. É assim que fugimos à conclusão de nossas próprias premissas. Falando com clareza, os explorados devem orar e os exploradores devem se arrepender – não sendo, a oração ou o arrependimento, atitudes mentais abstratas, mas sim expressas na ação. O *harijan*[25] pode orar pelos pecados que fizeram dele um intocável, mas é preciso que o hindu *savarna* que o manteve nessa condição se arrependa, começando por considerá-lo um amigo e, em poucas palavras, que lute para colocá-lo num nível igual ao seu, através de um firme processo de autopurificação e autossacrifício. Afinal, as palavras "desprovidos" e "providos" nada mais são do que sinônimos de "não *harijans*" e "*harijans*", "exploradores" e "explorados", "devedores" e "credores". Não cabe ao devedor dizer que não pagará, até que o credor ore ou se purifique. Seu dever de arrependimento e retribuição vem em primeiro lugar, e não lhe é dado sequer pensar no dever do credor.

Harijan, 7/10/1939, p. 299

32. VISÕES

(De "Notas fronteiriças – III", de Pyarelal)

Um professor do colégio Islâmia, de Peshawar, que visitou Gandhiji durante a viagem deste àquela província fronteiriça, perguntou-lhe se ele possuía o que costuma ser chamado de visão profética. Gandhiji respondeu-lhe o seguinte:

Não sei o que o senhor chama de "visão" e de "profético". Mas permita que eu conte uma experiência de minha vida. Quando anunciei o jejum de 21 dias na prisão, não o havia planejado. Ao ir para a cama na noite anterior, não tinha a menor noção de que na manhã seguinte o anunciaria. No meio da noite, porém, uma voz me despertou dizendo: — Faça jejum. — Por quanto tempo? – perguntei. — Vinte e um dias – foi a resposta. Afirmo-lhe que minha mente não estava preparada ou inclinada para isso. Mas a determinação me veio da maneira mais clara possível. Permita-me terminar contando mais uma coisa: tudo de surpreendente que fiz na vida jamais foi motivado pela razão e sim pelo instinto – por Deus, eu diria. Veja a Marcha do Sal de Dandi, em 1930. Não tinha a mínima ideia de qual seria o resultado da violação da lei do sal. Motilalji e outros amigos estavam irritados e não sabiam o que eu faria; não podia dizer-lhes coisa alguma, já que não sabia nada a respeito. Mas a ideia chegou como um clarão e, como sabem, conseguiu sacudir o país de ponta a ponta. Uma última coisa: até a véspera eu nada sabia sobre o 6 de abril de 1919, anunciado como dia do jejum e oração. Mas sonhei com isso – não houve uma voz ou uma visão, como em 1930 – e senti que era o que tinha que ser feito. Contei a C. R. pela manhã, anunciei ao país, e, como o senhor sabe, o efeito foi maravilhoso e espontâneo.

Harijan, 14/5/1938, p. 109

33. "VOZ INTERIOR"
(Da "Carta a Premabehn Kantak")

A "voz interior" é algo que não pode ser descrito em palavras. Algumas vezes, contudo, temos um sentimento positivo de que algo nos impulsiona a fazer determinada coisa. Posso dizer que aprendi a reconhecer essa voz na época em que comecei a orar com regularidade, isto é, por volta de 1906. Vasculhei minha memória para responder à sua pergunta. Na verdade, não aconteceu um momento repentino em que eu sentisse estar tendo alguma experiência nova. Acho que minha vida espiritual desenvolveu-se sem que eu tivesse consciência disso, tal como não temos consciência do crescimento de nosso cabelo.

The Collected Works of Mahatma Gandhi, L, 1972, p. 326

(De uma palestra na sessão de agosto de 1942 – A.I.C.C.)

Há algo dentro de mim que me impele a clamar minha aflição. Tenho sabido exatamente como agir. Aquele algo que nunca me engana diz-me: — Você deve se colocar contra o mundo todo, mesmo que possa ficar sozinho. Deve encarar o mundo de frente, embora ele possa fitá-lo com olhos mortíferos. Não tema. Confie naquele pequenino habitante de seu coração quando ele diz: "Renuncie aos amigos, à sua mulher, a tudo; mas testemunhe em nome daquilo por que você vive e pelo qual é preciso morrer".

United Asia, fevereiro de 1955. *Homage to the Departed*, 1958, p. 202

(De "Os cinco enigmas", em "Notas")

Pergunta: Essa "voz interior" significa a "mensagem de Deus"?

Resposta: A voz interior pode referir-se a uma mensagem de Deus ou do demônio, pois ambos lutam no coração do homem. Os atos determinam a natureza da voz.

Young India, 13/2/1930, p. 56

(Da "Seção de perguntas")

Pergunta: Como é que um homem comum pode distinguir entre a vontade de Deus e a sua própria?

Resposta: Não considerando coisa alguma como vontade de Deus, até que tenha uma prova positiva do contrário. Nem todos podem conhecer-Lhe a vontade. É necessário um treinamento adequado para que se possa conhecê-la.

Harijan, 27/4/1940, p. 101

(De "Acerca do jejum")

Não realizo ato algum sem orar. O homem é um ser falível. Nunca pode ter certeza a respeito de seus passos. Pode considerar como uma resposta às suas preces um possível eco de seu orgulho. Para uma orientação infalível, o homem deve possuir um coração perfeitamente inocente e incapaz de praticar o mal. Não posso afirmar isso a meu respeito. Minha alma luta, esforça-se, comete erros, é imperfeita. Mas só posso crescer com a experiência vivenciada em mim mesmo e observando o próximo.

Young India, 25/9/1924, p. 313

II. FORMAS E MÉTODOS DE ORAÇÃO

A oração proporciona uma paz, uma força e um consolo que nada mais pode proporcionar. Mas deve ser feita com o coração. Se não, é como o bater de um tambor, ou como o efeito meramente vocal dos sons que saem da garganta. Quando é ofertada com o coração, tem o poder de dissolver montanhas de aflições. Bem-vindos aqueles que quiserem experimentar seu poder.

* * *

Eu advertiria a geração atual para que não encarasse o jejum e a prece com ceticismo e desconfiança. Os maiores mestres do mundo hauriram poderes extraordinários para o bem da humanidade e adquiriram claridade de visão através do jejum e da oração. Converte-se, porém, numa prática vã quando, ao invés de vir do coração, reduz-se a um efeito teatral.

34. YAJNA[26]

Orar é bastante fácil. Porém as preces não serão ouvidas, a menos que sejam ofertadas por um coração puro e contrito. Permitam-me dizer-lhes que o *yajna* tem um significado mais profundo do que a oferenda de manteiga de búfala e outras dádivas colocadas sobre o fogo sacrificial. O *yajna* é o sacrifício integral de alguém pelo bem da humanidade; para mim, as oferendas materiais têm um significado simbólico. Devemos oferecer nossas fraquezas, nossas paixões e limitações ao fogo purificador, de modo que possamos nos tornar limpos. Só então nossas preces serão ouvidas.

Desejo falar-lhes de outro aspecto da oração. Vocês reuniram-se aqui para que seus desejos se cumpram, e o *yajna* é realizado com esse propósito. Mas os desejos podem ser bons ou maus e nem sempre sabemos quais são uns e quais outros. Aquele que governa nossos pensamentos e ações é quem sabe; portanto, sempre oro a Deus para que realize apenas meus desejos bons e puros e rejeite todas as minhas preces contaminadas por egoísmo ou grosseria. Convido-os para que hoje se juntem a mim numa prece orientada nesse sentido. Uma última coisa: a oração pela paz é considerada por todos como uma oração pura; nestes tempos de severos embates e cruel derramamento de sangue, é bom que a realizemos. Há uma grande oração védica que eu gostaria de proferir neste momento e estou seguro de que todos me acompanharão:

यदिह घोरं यदिह क्रूरं यदिह पापं ।
तच्छान्तं तच्छिवं सर्वमेव शमस्तु न : ॥

(Que tudo o que existe de atroz, cruel e pecaminoso possa ser apaziguado / que tudo possa ser, para nós, bom e pacífico.)

Harijan, 3/5/1942, p. 139

35. COMO ESTABELEÇO UMA COMUNHÃO COM DEUS
(Do sumário efetuado por M. Desai, do discurso com que Gandhiji encerrou o encontro Gandhi Seva Sangh, e que foi publicado sob o título "Discurso de encerramento")

Não sei se sou um carma-iogue ou qualquer outro tipo de iogue. Sei que não posso viver sem trabalhar. Anseio por morrer com as mãos pousadas na roca de fiar. Se alguém pretende, de algum modo, estabelecer uma comunhão com Deus, por que não através da roca? "Aquele que Me adora", diz o Senhor na *Gita*, "será por Mim guiado pelo caminho correto e terá suas necessidades atendidas." Meu Deus possui uma miríade de formas e embora possa vê-Lo, por vezes, na roca de fiar, em outras encontro-O na unidade comunal, depois, de novo, na extinção da intocabilidade; é assim que estabeleço uma comunhão com Ele, enquanto Espírito que me anima.

Harijan, 8/5/1937, p. 99

36. A FORMA DE MINHA ORAÇÃO
(De "Não violência e crise mundial", de Pyarelal)

Um missionário que visitou Gandhiji em seu retiro em Segaon perguntou-lhe: — Qual é o seu método de devoção?

Gandhiji respondeu: — Temos cultos coletivos matinais e noturnos, às 4h20 da manhã e às 7 da noite. Assim tem sido há anos. Recitamos versos da *Gita* e de outros livros religiosos que adotamos e também hinos santos, com ou sem música. A devoção individual não pode ser descrita em palavras. Ela se processa de modo contínuo e até inconsciente. Não há um só momento em que eu não sinta a presença de uma "testemunha" a cujo olhar nada escapa e com a qual luto por me manter em harmonia. Não rezo da mesma forma que meus amigos cristãos. Não por considerá-la errada, mas porque as palavras não me tocam. Creio que é uma questão de hábito.

Missionário: A súplica desempenha algum papel em suas preces?
Gandhiji: Sim e não. Deus conhece e antecipa nossos desejos. A Divindade não precisa de minha súplica, mas eu, um ser bastante imperfeito, preciso de Sua proteção, como uma criança precisa da proteção do pai. Sei ainda que nada do que faça modificará Seus desígnios. Pode me chamar de fatalista, se quiser.
Missionário: O senhor já recebeu alguma resposta às suas preces?
Gandhiji: Considero-me um homem feliz, sob esse aspecto. Ele nunca deixou de me responder. Já O encontrei perto de mim, a meu alcance, quando o horizonte parecia mais sombrio – como nas provações que sofri na prisão, quando as coisas não eram muito fáceis. Não consigo lembrar-me de um único momento de minha vida em que tivesse experimentado a sensação de ter sido abandonado por Deus.

Harijan, 24/12/1938, p. 395

(Da "Carta a V. M. Tarkunde")

1. Quando oro não peço nada, apenas penso em alguns dos versos ou hinos que tenho em mente na ocasião.
2. A relação entre Deus e mim não se limita apenas ao momento da prece, mas compreende todos os demais; é como o laço eterno que une senhor e servo.
3. Para mim, a prece é o intenso anseio da alma por mergulhar no Mestre. Se um homem não reza, é evidente que ele não sente esse anseio; não experimenta um sentimento de desamparo e, quando não há desamparo, não há necessidade de apoio.

The Collected Works of Mahatma Gandhi, XXXI, 1969, p. 542

37. SERVIR É ORAR

Quando fui inteiramente absorvido pelo serviço à comunidade, o motivo subjacente era meu desejo de autorrealização. Estar a serviço tornou-se minha religião, quando senti que só assim poderia alcançar a Deus. E servir, para mim, significava servir à Índia, coisa que veio ao meu encontro sem que a tivesse buscado, e sim porque estava apto. Eu tinha ido para a África do Sul para fugir às intrigas de Kathiawad[27] e ter meu próprio ganha-pão. Mas, como disse, vi-me à procura de Deus e lutando pela autorrealização.

An Autobiography, 1969, p. 118

O que pretendo alcançar – aquilo por que tenho lutado e me esforçado por alcançar nestes trinta anos – é uma autorrealização: enxergar a Deus face a face, atingir *moksha*[28]. Vivo, movimento-me e tenho o meu ser voltado para a busca desse objetivo. Tudo o que faço, através da fala e da escrita, além de minhas incursões na área política, está dirigido para o mesmo fim.

Ibid., Introdução, p. X

(De "Alguns esclarecimentos")

Nunca pedi àqueles que me ouvem que substituíssem a roca pelo rosário. Apenas sugeri que é possível fiar e ao mesmo tempo pronunciar o nome de Narayana[29]. Vendo que hoje o país inteiro está em chamas, creio que compete a todos nós encher os recipientes da roca com a água da fiação, extinguindo o fogo com o nome de Narayana nos lábios.

* * *

Narasimha Mehta canta, também, em louvor ao rosário, louvor muito difundido, pois em muitos lugares o cantam. O mesmo Narasimha, porém, cantou:

> Qual é o valor da *tilak*[30] e do *tulsi*[31], do rosário e da murmuração do Nome; a que aproveita a interpretação gramatical dos *Vedas*, de que vale ser um mestre literário? São estratagemas para encher o estômago, e de nada valem se não ajudarem no entendimento do Inefável.

O muçulmano desfia as contas de seu *tasbih*[32] e o cristão as do rosário. Ambos, porém, se considerariam excluídos da religião, se o *tasbih* ou o rosário os impedisse de socorrer alguém que tivesse, por exemplo, sido picado por uma cobra. O simples conhecimento dos *Vedas* não pode fazer de nossos brâmanes preceptores espirituais; se isso fosse possível, Max Müller teria se tornado um deles. O brâmane que compreendeu a religião de nossos dias colocará, por certo, o aprendizado dos *Vedas* em lugar secundário, propagará a religião da roca de fiar, aliviará a fome de seus milhões de compatriotas; só então, e não antes disso, mergulhará nos estudos védicos.

Considerei, é claro, que essa tecedura é superior à prática das religiões confessionais. Mas isso não significa que se deva abdicar destas. Quero apenas dizer que o darma a ser cumprido pelos seguidores de todos os credos transcende a este. Afirmo, portanto, que um brâmane será um brâmane melhor, um muçulmano um melhor muçulmano, um devoto de Vishnu um melhor devoto, se girar a roca com o espírito de quem se coloca a serviço.

Por certo eu não repeti a palavra divina "Rama" nem desfiei as contas por acreditar que meu fim se aproximava.

Quando fraco demais para tecer, desfio o rosário, pois isso me ajuda a concentrar-me em Rama. Quando, porém, atinjo um nível de concentração em que o rosário torna-se mais empecilho que ajuda, eu o deixo de lado. Se fosse possível tecer quando na cama, sentindo que com isso ajudaria minha mente a concentrar-se em Deus, deixaria o rosário e giraria a roca. Se estiver forte o bastante para girá-la, e se tiver que optar por ela ou por desfiar as contas, por certo me decidirei pela roca, fazendo dela o meu rosário, principalmente depois da fome e da pobreza que vi espalhadas pelo país. Espero que venha um tempo em que até mesmo a repetição do nome de Rama se torne um obstáculo. Quando estiver consciente de que Rama transcende até mesmo a fala, não terei mais necessidade de repetir seu nome. A roca de fiar, o rosário e a repetição do nome Rama são idênticos para mim. Estão a serviço do mesmo fim, ensinando-me a religião do servir.

Young India, 14/8/1924, p. 267

(Da "Carta a Shevakram Karamchand")

Em minha opinião, o nome de Deus e Sua obra caminham juntos. Não se trata de preferir um deles, pois ambos são inseparáveis. Uma repetição mecânica do nome é mais do que inútil; o serviço ou a ação, desprovidos da consciência de estarem sendo realizados em nome de Deus e para Ele, também não têm valor; se, por vezes, ocupamos nosso tempo apenas repetindo o nome da divindade, trata-se tão só de um preparo para a autorrealização, ou seja, para o serviço em intenção Dele e em Seu nome e, quando estamos totalmente harmonizados, o serviço contínuo feito com esse espírito torna-se, em si, equivalente à repetição do nome da divindade. Na grande maioria dos casos, todavia, destinar uma parte de nosso tempo à oração é uma necessidade vital.

The Collected Works of Mahatma Gandhi, XXIII, 1967, p. 289

(De uma carta)

A dedicação ao dever é em si uma oração. Rezamos a fim de nos qualificarmos para a realização de um serviço genuíno. Mas, quando se está empenhado na real prática do dever, a oração se confunde com a execução deste. Se uma pessoa profundamente imersa na prece ouvir o grito de alguém que está sendo atacado por um escorpião, seu dever é interromper a oração e correr para prestar auxílio. A prece se concretiza na ajuda aos aflitos.

Bapu's Letters to the Ashram Sisters, 1960, p. 79

(De uma carta)

A verdadeira prece do coração traz consigo o trabalho autêntico. Por fim, o próprio trabalho torna-se prece.

Mahadevbhaini Diary, vol. 2,1949, edição em gujarate, p. 161

(De uma carta)

O verdadeiro modo de orar ao senhor Krishna é prestar algum serviço em Seu nome, por pequeno que seja, àqueles menos afortunados que nós.

Ibid., p. 243

(Da "Carta a Gangabehn Vaidya")

Não comparecendo à prece para ajudar a apagar o incêndio, as mulheres realizaram uma prece concreta. Este é um exemplo de não ação na ação. Foi cumprido o verdadeiro propósito da oração. Além disso, é possível repetir o nome da divindade para si mesmo, enquanto se corre ao local do incêndio e se ajuda a apagá-lo.

Por fim, aquele cuja vida é dedicada a servir e que eliminou o egoísmo atravessa a existência no espírito da oração. Rezamos pela manhã e à noite a fim de sermos capazes de viver dessa maneira; portanto, quando irrompe um incêndio ou em circunstâncias similares, podemos dispensar as preces. Porém tais ocasiões são raras.

(Traduzido do gujarate: *Bapuna Patro-6*: G. S. *Gangabehnne*, p. 48) *The Collected Works of Mahatma Gandhi*, XLIV, 1971, p. 367

(De "Carta semanal", de Pyarelal)

Não existe adoração mais pura ou mais aprazível a Deus do que o serviço desinteressado aos pobres. O rico, em sua arrogância e em seu orgulho intelectual, esquece a Deus com frequência, chegando mesmo a questionar-Lhe a existência. Contudo, o Senhor habita entre os pobres, quando estes a Ele se agarram como único refúgio e abrigo. Servir aos pobres é, portanto, servir a Deus.

Young India, 14/2/1929, p. 51

(Da "Seção de perguntas")

Pergunta: Não seria melhor que se dedicasse o tempo gasto no culto a Deus servindo aos pobres? E será que um serviço verdadeiro não tornaria desnecessária a prática do culto devocional?

Resposta: Considero que, sob esse aspecto, a apatia mental é também um agnosticismo. O maior carma-iogue nunca abdica do canto ou da adoração devota. Pode-se dizer, de modo idealista, que o autêntico serviço ao próximo é, em si, um culto, e que esses devotos não precisam perder tempo com canções, etc. Na verdade, as canções devocionais, etc. contribuem para o verdadeiro serviço e mantêm viva a lembrança de Deus no coração do devoto.

Harijan, 13/10/1946, p. 357

Pergunta: A meditação e a adoração não são deveres sagrados exclusivos demais?

Resposta: A meditação e a adoração não são coisas exclusivas, como joias a serem trancadas num cofre. Elas devem ser visíveis em cada um de nossos atos.

Harijan, 20/4/1935, p. 74

38. "SEJA FEITA A VOSSA VONTADE"

Orei pelo restabelecimento de Manilal. Contudo, isso não foi um sinal de sabedoria, mas de amor paterno. Existe, na verdade, uma única oração que podemos fazer: "Seja feita a vossa vontade". Alguém poderá perguntar sobre o sentido de se oferecer tal prece. A resposta é: a oração não deve ser entendida *grosso modo*. Estamos atentos à presença de Deus em nosso coração e, para combater o apego, pensamos, por um momento, que Ele é diferente de nós e a Ele oramos. Isto é, desejando ir, não para onde nosso capricho nos levar, e sim para onde o Senhor nos conduzir. Não sabemos se é bom viver ou morrer. Assim, não devemos nos regalar com a vida nem tremer ao pensar na morte. Devemos ser equânimes diante de ambas. Esse é o ideal. Pode demorar muito para que o alcancemos e apenas alguns dentre nós conseguirão atingi-lo. Ainda assim, devemos tê-lo sempre em mente e, quanto mais difícil acharmos alcançá-lo, maior deverá ser o esforço por nós dispendido.

The Diary of Mahadev Desai, vol. 1, 1953, p. 118-119)

(De Kakasaheb Kalelkar)

Foi quando Bapu[33] estava traduzindo o *Ashram Bhajanavali* (coletânea de canções devocionais entoadas durante as orações no *ashram*) para o inglês, para que Mirabehn (srta. Slade) o entendesse, que reservou um pouco de seu tempo todos os dias após as orações, e logo a tradução ficou pronta.[34] Há um verso que diz: *Jaya jaya karunabdhe, Shri Mahadeva Shambho!* (Vitória, vitória a Ti, ó Shri Mahadeva Shambho, Oceano de Piedade!) Já li e fiz a tradução para o inglês de versos em sânscrito. *Jaya, jaya* significa apenas "vitória, vitória". Bapu, contudo, traduziu por: "Seja feita a vossa vontade". – Por que, Bapu? – perguntei. Ele me respondeu: – O Senhor é sempre vitorioso em toda a Sua criação. Oramos para que a luxúria, a raiva, etc., que sempre foram vitoriosas em nosso coração, possam ser vencidas e se tornem impotentes: para que possam ser afastadas. Em outras palavras, oramos para que nos tornemos capazes de fazer tudo de acordo com a vontade de Deus. Para um cristão, a melhor expressão disso só pode ser "venha a nós o vosso Reino" ou "seja feita a vossa vontade". Para que, afinal, oramos? Não será simplesmente para que Deus seja sempre vitorioso em nossos corações?

Stray Glimpses of Bapu, 1960, p. 159

39. SUBMISSÃO À SUA VONTADE
(De uma carta)

É possível fazer uma prece tendo em mente alguma pessoa ou coisa e sermos, quem sabe, atendidos. Mas, se a oração for feita sem uma finalidade pessoal, ela outorgará um benefício maior ao mundo e a nós mesmos. A prece exerce influência sobre nós; nossa alma se torna mais vigilante e, quanto maior essa vigilância, maior será seu raio de influência.

A prece é uma função do coração. Falamos em voz alta a fim de despertá-lo. O Poder que impregna o universo também está presente no coração do homem. O corpo não constitui obstáculo algum. O obstáculo é criado por nós mesmos, sendo removido pela prece. Nunca podemos saber se uma prece atinge ou não o resultado desejado. Posso orar para o alívio da dor de Narmada; mesmo que depois disso sua dor seja mitigada, não posso avaliar se tal coisa se deu devido às minhas preces. A oração nunca é infrutífera; mas não podemos saber qual é seu fruto. Não podemos sequer imaginar que a obtenção do resultado almejado seja algo de positivo. Podemos orar por algo e, contudo, permanecer livres do apego. Podemos rezar pela *mukti* (salvação) de alguém, mas não nos devemos preocupar se essa pessoa alcança ou não o que desejamos para ela. Mesmo que o resultado seja o oposto do que pedimos, não há motivos para concluirmos que a oração foi infrutífera.

The Diary of Mahadev Desai, vol. 1, 1953, p. 233

(De "Carta semanal", de Pyarelal)

Começando pela alegoria de *Gajendra* e de *Graha*, o rei elefante e o crocodilo que adorna o *Bhagavata Purana*[35], Gandhiji observou:

> A moral da história é que Deus nunca falha a seus devotos nos momentos de provação. A condição é uma viva fé e a mais completa confiança Nele. Daremos prova de nossa fé se, tendo cumprido nosso dever, estivermos preparados para acolher tudo o que Ele nos enviar – alegria ou sofrimento, boa ou má sorte.
> Um homem de oração será poupado em primeiro lugar do infortúnio, pela Providência sempre misericordiosa; porém, se o infortúnio chegar, não lamentará sua sorte, aceitando-a com uma imperturbável paz de espírito e uma alegre entrega à Sua vontade.

Harijan, 7/7/1946, p. 216

Deus é o mais exigente feitor que existe; Ele nos põe à prova sempre e sempre. Ao verificarmos que nossa fé não nos socorre e que estamos afundando, Ele vem em nosso auxílio de uma forma ou de outra, provando-nos que não devemos perder a fé e que Ele está sempre pronto a atender ao nosso chamado – em Seus termos porém, não nos nossos. Foi o que descobri. Não posso lembrar-me de uma única ocasião em que, na undécima hora, Ele me tivesse abandonado.

Speeches and Writings of Mahatma Gandhi, G. A. Natesan & Co., 4ª edição, p. 1066

40. COMO E A QUEM ORAR?
(No original, "Prece")

"O senhor pede com frequência que adoremos a Deus e oremos, mas nunca nos diz como e a quem devemos orar. Poderia ter a bondade de esclarecer-me?", indagou um leitor *do Navajivan*.

Adorar a Deus é cantar em Seu louvor. A oração é uma confissão de nossa falta de merecimento e de nossa fraqueza. Deus tem milhares de nomes, ou melhor, Ele é Inominado. Podemos adorá-Lo ou orar chamando-O por qualquer nome que nos agrade. Alguns O chamam de Rama, outros de Krishna ou de Rahim, e outros, ainda, de Deus. Todos adoram ao mesmo espírito, mas, da mesma forma como os alimentos não podem agradar a todos indistintamente, tais nomes não cativam de modo indistinto. Cada um escolhe um nome segundo suas próprias associações, e Ele, que é o Habitante Interno, o Todo-Poderoso e Onisciente, conhece nossos sentimentos mais profundos e nos responde segundo nosso merecimento.

A adoração ou a prece não devem ser feitas com os lábios, mas com o coração. E por isso que tanto o mudo como o gago, tanto o ignorante como o idiota, podem rezar. Além disso, as orações daqueles cuja língua é doce como o néctar mas têm o coração cheio de veneno jamais serão ouvidas.

Aquele que quiser orar a Deus deve ter o coração limpo. Rama não estava apenas nos lábios de Hanuman[36]. Estava entronizado em seu coração e concedeu-lhe uma força inexaurível. Com Sua força, Hanuman pôde levantar a montanha e atravessar o oceano. É a fé que nos conduz através do mar revolto; a fé move montanhas e ultrapassa, num salto, o oceano. Essa fé nada mais é do que a consciência interna de Deus, consciência vivente e bem desperta. Aquele que a alcançou não almeja mais nada. Mesmo quando o corpo está enfermo, tem o espírito saudável; por estar fisicamente puro, cresce em riqueza espiritual.

Mas como poderá o coração ser purificado a esse ponto? – perguntarão. É fácil ensinar a linguagem dos lábios, mas quem poderá ensinar a linguagem do coração? Apenas o devoto, o verdadeiro devoto, a conhece e pode ensiná-la. A *Gita* define três vezes o devoto e fala nele todo o tempo. Contudo, saber definir um deles é insuficiente como orientação. Existem poucos neste mundo. Tenho sugerido, pois, como caminho, a Religião do Servir. O próprio Deus procura abrigar-Se no coração daqueles que servem a seus semelhantes. É por isso que Narasimha Mehta, que "via e sabia", cantou: "Verdadeiro é o devoto de Vishnu que sabe sentir como sua a dor de outrem". Assim fez Abu Ben Adhem. Por servir a seus semelhantes seu nome encabeça a lista dos que serviram a Deus.

Mas quem são os sofredores e os infortunados? São os oprimidos e os atingidos pela pobreza. Aquele que almeja ser um devoto, portanto, deve servi-los com seu corpo, alma e mente. Como poderá aquele que considera as classes "oprimidas" como intocáveis, servi-las com o corpo? Aquele que nem sequer condescende em oferecer o corpo para fiar em benefício dos pobres, escusando-se com desculpas esfarrapadas, não conhece o significado da palavra "servir". Alguém que sofre a miséria e é fisicamente apto não merece esmolas, e sim que o estimulem a trabalhar pelo seu pão. As esmolas o aviltam. Quem tece diante dos pobres convidando-os a fazer o mesmo serve a Deus como ninguém. "Aquele que Me oferece uma ninharia que seja – uma fruta, uma flor, até mesmo uma folha – com o espírito de devoção, é meu servo", diz o Senhor na *Bhagavad Gita*. Ele tem como Seu escabelo o lugar onde vivem "os humildes, os mais fracos e os perdidos"; portanto, fiar é a maior oração, o maior louvor, o maior sacrifício. A prece pode ser dirigida a qualquer nome. Um coração devoto é o veículo, e servir torna devoto o coração. Os hinduístas que em nossos tempos servem aos intocáveis com sinceridade em verdade estão rezando; os hinduístas e todos aqueles que tecem com devoção para os pobres e indigentes estão orando de maneira genuína.

Young India, 24/9/1925, p. 331

(No original: "Como pensar em Deus")

Um leitor me escreve:

O senhor diz que deveria ser uma regra, durante as orações, todos se sentarem com os olhos fechados, sem pensar em nada a não ser em Deus. A pergunta é: como e de que forma devemos pensar em Deus?

A verdadeira meditação consiste em fecharmos os olhos e os ouvidos da mente a tudo, exceto ao objeto de nossa devoção. Por isso, cerrar os olhos durante a prece é um auxílio a essa concentração. A concepção humana de Deus é naturalmente limitada. Cada um deve, portanto, pensar Nele da forma que sentir ser a melhor, contanto que a concepção seja pura e edificante.

Harijan, 18/8/1946, p. 265

(De "Carta semanal", de M. Desai)

A oração traz uma paz, uma força e um conforto que nada mais pode proporcionar. Mas ela deve ser feita com o coração. Quando não, é como o bater de um tambor ou o simples efeito sonoro das cordas vocais. Quando é feita com o coração, tem o poder de dissolver montanhas de aflições. Benvindos sejam aqueles que quiserem experimentar seu poder.

Young India, 29/12/1927, p. 444

(De uma carta)

Devemos abandonar toda a impureza espiritual no momento da oração. Tal como nos envergonhamos de fazer algo indigno sob o olhar alheio, o mesmo deve ocorrer em presença de Deus. Mas Deus conhece cada um de nossos atos e pensamentos. Não podemos, nem por um único momento, pensar algo ou praticar qualquer ação sem que Ele o saiba. Aquele que ora do fundo do coração se tornará, com o tempo, pleno do espírito de Deus, e ficará isento de aflições.

The Diary of Mahadev Desai, vol. 1, 1953, p. 232-233

41. PONTUALIDADE NAS ORAÇÕES
(Por Kakasaheb Kalelkar)

O episódio deve ter ocorrido durante a viagem de Gandhiji a Bharat do Sul, em setembro de 1927. A viagem a Tamilnad terminara e percorríamos Andhra de carro. Chegamos a Chikakol por volta das dez da noite e descobrimos que os trabalhadores locais haviam organizado um concurso entre as melhores fiandeiras do lugar, em homenagem a Gandhiji. (Chikakol Khadi é famosa em toda a Índia por seu notável requinte e beleza). Estávamos mortos de cansaço, depois de viajar de carro dia e noite, sem a menor disposição para quaisquer programas ou concursos. Mahadevbhai e eu pensamos: "O pobre Gandhiji não pode se livrar deste concurso, mas por que nós não poderíamos? Não fará a menor diferença para ninguém se formos ou não. O melhor é tirar uma soneca, quando se pode!'". Assim, Mahadevbhai e eu fomos para o local que havia sido reservado para nós e caímos em sono profundo. A cama de Gandhiji tinha sido preparada para ele – nunca soubemos quando chegou ou como dormiu.

Levantamo-nos às quatro da manhã para as orações. Lavamos o rosto e apenas iniciáramos as preces quando Gandhiji indagou: – Vocês fizeram suas orações antes de dormir, na noite passada? Respondi: – Estava tão cansado, ao deitar, que dormi no mesmo instante e esqueci-me por completo de rezar. Só me lembrei disso agora, quando o senhor me perguntou.

Mahadevbhai disse: – O mesmo ocorreu comigo, mas quando estava quase dormindo lembrei-me de que não tinha orado; então, sentei-me na cama e corrigi o esquecimento.

Gandhiji falou então, com um sofrimento indescritível: – Fiquei sentado por uma hora ou mais no concurso; quando voltei estava tão cansado que esqueci por completo de orar e dormi. Por volta de duas horas acordei e, num lampejo, lembrei-me de que não havia feito minhas preces noturnas. Senti tal agonia que um tremor tomou-me o corpo e fiquei completamente encharcado de suor. Sentei-me na cama, açoitado por um remorso impossível de descrever. Como pude esquecer Aquele por cuja graça eu vivo, que me dá força para tudo que faço? Como pude esquecer do Senhor? Não consegui aceitar minha negligência. Não pude pregar olhos depois disso. Passei a noite inteira sentado na cama, arrependendo-me de meu erro e implorando Seu perdão.

Falou e então ficou em silêncio; pode-se imaginar o sentimento com que fizemos nossas orações matinais nesse dia. Mahadevbhai entoou um hino. Gandhiji disse: – Mesmo quando viajamos, devemos marcar uma hora para as nossas preces noturnas. É um erro deixarmos as orações para quando terminamos todo o trabalho e nos preparamos para dormir. De hoje em diante rezaremos pontualmente às sete da noite, não importa o lugar onde possamos estar.

Continuamos viajando de automóvel. A cada noite, às sete horas, parávamos o carro e, fosse numa floresta ou numa cidade, fazíamos nossas orações, sem falta, na hora determinada.

Stray Glimpses of Bapu, 1960, p. 112-114

42. O TEMPO DIVINO NUNCA SE DETÉM
(De "Carta semanal", de Pyarelal)

Deveria ser regra geral que ninguém, na face da Terra, atrasasse suas preces. O tempo de Deus nunca se detém. Na verdade, não há início para Ele ou para o Seu tempo. [...] Como pode alguém permitir a si mesmo perder a oportunidade de dirigir-Lhe orações, a Ele, cujo relógio nunca para?

Harijan, 16/6/1946, p. 183

(Dito a caminho do local de orações,
na noite fatal de 30 de janeiro de 1948[37])

Não gosto de atrasar-me para as orações... Um único minuto de atraso nas preces causa-me um grande mal-estar.

The End of an Epoch, 1962, p. 41

43. NUNCA FALTE ÀS PRECES
(Extraído de cartas)

São cinco para as sete. Portanto, você deve estar a caminho do local de oração. É preciso respeitar a hora marcada. Creio que todos aqueles que se comprometeram a frequentar as orações continuam respeitando esse compromisso, exceto por razões que fogem ao seu controle.

Bapu's Letters to Ashram Sisters, 1960, p. 3

São exatamente 6h55, ou seja, é hora das preces matinais. Pode-se faltar a tudo o mais, menos às orações. Elas mantêm nossa união: mútua, e com Deus. É um verdadeiro banho purificador. Tal como nosso corpo se suja quando não o lavamos, também a alma pura parece impura, a menos que nossos corações sejam purificados pelas preces. Portanto, nunca faltem a elas. Além disso, a prece das quatro da manhã dá a oportunidade às Irmãs de se encontrarem. Se nem todas podem comparecer a ela, podem reunir-se, na outra, às sete horas. Todas têm a possibilidade de estar presentes. O contato mútuo entre as mulheres do *ashram* é essencial. Pensem mais detidamente na questão da oração. Acho que não devem faltar à reunião das sete horas. Assumiram o dever especial de dar vida a esses encontros. Por hora é tudo o que posso sugerir. Aquelas que tiverem desejo e disposição de frequentar as preces das quatro da manhã podem decidir-se a isso sem entrar em discussões desnecessárias a respeito do que as outras devem fazer e manter esse propósito, a despeito de qualquer dificuldade, na medida em que a saúde o permitir.

Ibid., p. 48

(Da "Carta a Madhavlal")

As orações não deveriam ser interrompidas. Não importa se (são feitas) com atraso. Seria melhor que não. Mesmo assim, não se deveria deixar (em absoluto) de fazê-las. Pode-se abrir mão da alimentação, mas não das preces.

The Collected Works of Mahatma Gandhi, L, 1972, p. 133-134

(Das "Prédicas sobre a *Gita*")

Vi, certa vez, uma bela pintura numa igreja católica romana, obra de um talentoso pintor. Representa a hora da oração. Mulheres estão trabalhando no campo, enxadas nas mãos. Uma delas está prestes a dar um golpe de enxada, quando toca o sino chamando para a prece; a enxada cai-lhe das mãos, e ela, curvando-se como se fosse ajoelhar-se para rezar, começa sua prece. O poeta – porque o pintor é um poeta – imaginou a mulher fazendo seu trabalho maquinalmente. Para essas mulheres, porém, o trabalho é um culto. Há um ditado em latim que diz que o trabalho braçal é uma forma de devoção. Qualquer pessoa que creia nisso se ajoelhará imediatamente na hora da prece. Alguém que decida levantar-se às quatro saltará da cama quando o relógio der quatro badaladas. Se essa pessoa perder o horário da oração, se sentirá fraca, aflita e será incapaz de concentrar-se em qualquer tarefa.

The Collected Works of Mahatma Gandhi, XXXII, 1969, p. 201

(Da "Carta a Shivabhai G. Patel")

Recebi sua carta. Nunca devemos nos esquecer de rezar. Da mesma forma que o corpo anseia por alimento quando está faminto e não se esquece da fome, a alma deve ansiar pela oração. A prece pode consistir apenas no *Ramanama*, mas nunca devemos esquecê-la, em nenhuma circunstância. Ela será eventualmente esquecida na medida em que significar uma exterioridade para nós. A prece deve tornar-se parte tão íntima de um ser que cada uma de suas respirações venha a ser, por fim, acompanhada pelo *Ramanama*. Da mesma forma que a pálpebra prossegue em sua função, a pessoa, a cada respiração, vai repetindo o nome de Rama.

The Collected Works of Mahatma Gandhi, XLIX, 1972, p. 71

44. O COMPARECIMENTO ÀS PRECES
(Da "Carta a Chhaganlal Joshi")

Ouvi dizer que o comparecimento às orações tem diminuído de novo. Não deveria ser necessário que eu explicasse, a esta altura, que ninguém deve esperar que outra pessoa lhe estimule o interesse pela oração. O interesse deve vir de dentro. Da mesma forma como o corpo precisa de alimento e sente fome, a alma precisa e tem fome de oração. Esta é a única forma de comunicação com Deus. Enquanto nossa necessidade de estar presente às preces não for equivalente à de comparecer às refeições, coisa para a qual não precisamos de estímulos, nossa fé em Deus será fraca; se, embora aceitemos as regras do *ashram*, não as observamos, seremos infiéis a ele e violaremos o juramento de sermos verdadeiros. Quem quer que compreenda isso não faltará às orações – pela manhã e à noite – sem algum motivo forte.

(Traduzido do gujarate: *Bapuna Patro-7: Shri Chhaganlal Joshine*, p. 24-26) *The Collected Works of Mahatma Gandhi*, XXXVIII, 1970, p. 197)

(Da "Carta a Narandas Gandhi")

Se lutamos pela verdade, não nos contentaremos com a mera frequência às orações: procuraremos concentrar nossa atenção nelas. Procuraremos acompanhar os cânticos e as prédicas, ser pontuais no comparecimento e responder às preces como a uma experiência sempre nova a cada dia. Essa renovação não consiste na variedade de canções devocionais e outros recitativos; deve nascer de uma crescente pureza de coração. Devemos sentir-nos cada dia mais satisfeitos e com maior paz de espírito. Se não tivermos essa experiência, o problema não estará na qualidade das orações, mas na nossa insinceridade. Se frequentarmos as preces movidos por uma sincera devoção à verdade, vivenciaremos a paz, nada mais. O devoto autêntico, ao entrar num templo, não observa a falta de asseio nem atenta para a hipocrisia do sacerdote. Não vê na imagem uma pedra. Sente paz em meio ao burburinho e volta do templo com o coração purificado. Uma pessoa como eu, que se sente oprimido pelo barulho do lugar e vê na imagem apenas um pedaço de pedra, jamais deveria visitar um templo. Deus apresenta-se a nós sob a forma como O adoramos. Ele não está em nosso exterior. Está em cada oração. Se compreendermos essa verdade, nossas menores ações, mesmo as mais simples, nos iluminarão, auxiliando-nos a enxergá-Lo. Para que possamos aprender isso, as preces, a fiação e outras tarefas diárias são como um farol; ou como um ângulo reto, que é o padrão de medida.

The Collected Works of Mahatma Gandhi, XLV, 1971, p. 21-22

(De "Prédicas sobre a *Gita*")

É preciso que todos se levantem a tempo e compareçam diariamente às preces. Podem deixar de cumprir outros deveres, mas o da oração, nunca. Devem cultivar, por meia hora, um estado mental no qual apenas um pensamento seja mantido, e nenhum outro. Todos nós devemos destinar algum tempo a essa espécie de reflexão. Ela proporciona a oportunidade de nos sentirmos unos com todas as criaturas viventes.

The Collected Works of Mahatma Gandhi, XXXII, 1969, p. 220

(De uma carta a Esther Faering)

Conforme eu já disse, a senhora não veio ao *ashram* para abandonar sua cristandade, mas para aperfeiçoá-la.

Se não sente a presença de Deus nas reuniões de oração, lembre-se, então, de que nelas os nomes de Rama e Krishna significam o mesmo que o nome de Jesus significa para a senhora.

Decididamente, a senhora deveria deixar de frequentar essas reuniões. Deveria rezar em particular, em seu quarto. As reuniões de oração não pretendem obrigar ninguém a adotar determinadas atitudes. Pretende-se que sejam frequentadas por pessoas livres. Crianças não devem frequentá-las. Aqueles que faltam apenas por preguiça deveriam comparecer. Quanto à senhora, porém, ninguém poderá interpretar mal a sua ausência. Faça, por favor, aquilo que lhe proporcionar mais paz. O *ashram* nada será, se não fizer com que se compreenda a Deus com maior plenitude, a cada dia que passa. Se aos domingos ou em qualquer outro dia, a senhora quiser ir à igreja, deve ir, sem dúvida.

My Dear Child, 1959, p. 45-46

45. O VALOR ESPIRITUAL DO SILÊNCIO
(De "Aos missionários")

Sempre me ocorreu que aquele que busca a verdade deve permanecer silencioso. Conheço a maravilhosa eficácia do silêncio. Visitei um mosteiro trapista na África do Sul. Era um belo lugar. Muitos dos que ali viviam estavam sob voto de silêncio. Indaguei ao sacerdote qual a razão disso e ele me disse que era bem clara: "Somos frágeis seres humanos. Com muita frequência não sabemos o que dizemos. Se quisermos escutar a Voz ainda débil que fala, sempre e sempre, em nosso interior, não a ouviremos, se falarmos sem cessar." Compreendi a preciosa lição. Conheço o segredo do silêncio.

Young India, 6/8/1925, p. 274-275

A experiência ensinou-me que o silêncio é parte da disciplina espiritual de um devoto da verdade. A predisposição para exagerar, suprimir ou modificar a verdade, de modo deliberado ou não, é uma fraqueza natural do homem, e o silêncio é necessário para sobrepujá-la. É raro que um homem de poucas palavras seja insensato ao falar: ele mede cada palavra. Encontramos muita gente que tem ansiedade de falar. Não há um só dirigente de reunião que não seja assediado por papeizinhos enviados por pessoas pedindo a palavra. E sempre que a permissão é dada, o orador costuma exceder seu limite de tempo; solicita mais, e continua falando sem permissão. É duvidoso que toda essa eloquência possa ser considerada benéfica para o mundo. É um grande desperdício de tempo.

An Autobiography, 1969, p. 46

(De "Notas")

Quando alguém começa a pensar nisso, não consegue deixar de sentir que talvez metade das aflições do mundo desaparecesse se nós, ansiosos mortais, conhecêssemos a virtude do silêncio. Antes do advento da civilização moderna, de seis a oito horas diárias eram dedicadas ao silêncio. A civilização atual ensinou-nos a converter a noite em dia e a transformar o precioso silêncio em tumulto e ruído. Como seria bom, para nossas vidas agitadas, se pudéssemos recolher-nos dentro de nós mesmos todos os dias, pelo menos por algumas horas, preparando nossas mentes para ouvir a Voz do Grande Silêncio. A emissora da divindade está sempre transmitindo seus cânticos, bastando que nos ponhamos em disponibilidade para ouvi-La, coisa que é, porém, impossível, se não silenciamos. Santa Tereza usou de uma imagem encantadora para evocar o doce resultado do silêncio:

> De súbito, perceberão que todos os sentidos se unem, como abelhas que retornam à colmeia e nela se recolhem para trabalhar na elaboração do mel; e isso acontecerá sem esforço ou cuidado de sua parte. É assim que Deus recompensa a violência que uma alma pratica consigo própria, conferindo-lhe tal domínio sobre os sentidos que um sinal é suficiente, quando ela deseja recolher-se, para que eles a obedeçam e se reúnam. Retornam, cada vez com maior rapidez, ao

primeiro chamado da vontade. Por fim, depois de muitos e muitos desses exercícios, Deus os coloca em estado de absoluto repouso e perfeita contemplação.

Harijan, 24/9/1938, p. 267

O silêncio é um grande auxílio aos que, como eu, buscam a Verdade. Na atitude silenciosa a alma encontra seu caminho sob uma luz mais clara, e o que é falso e ilusório transforma-se em cristalina claridade. Nossa vida é uma longa e árdua busca da Verdade, e a alma necessita de um repouso interior para elevar-se em total plenitude.

Truth is God, 1959, p. 53

A observância do silêncio é igualmente importante, pois através dele oramos para que o Altíssimo nos mantenha sempre atentos às nossas responsabilidades.

Bapu – My Mother, 1955, p. 46

(De "A segunda visita do dr. Mott", por M. Desai)

O dr. Mott concluiu sua visita, em 1936, com uma pergunta sobre o silêncio. Já a fizera durante uma breve visita a Ahmedabad em 1928, e agora perguntava se Gandhiji continuava considerando o silêncio necessário à sua busca espiritual.

Gandhiji: Posso dizer que hoje sou um homem sempre silente. Há pouco tempo atrás permaneci em completo silêncio por mais ou menos dois meses, e o encanto dessa quietude ainda não se quebrou. Rompi-a hoje, com sua chegada. Atualmente, fico em silêncio desde a hora das preces noturnas, e só o interrompo para atender aos visitantes, às duas da tarde. Hoje, quebrei-o quando o senhor chegou. Silenciar tornou-se uma necessidade física e espiritual para mim. De início, isso atuava como um alívio para a tensão. Eu precisava de tempo para escrever, na época. Porém, depois de um período de prática, pude avaliar o valor espiritual do silêncio. De súbito, num lampejo, tive a compreensão de que aqueles eram os melhores momentos para comunhão com Deus. Agora, sinto como se possuísse uma constituição natural para o silêncio. Posso dizer-lhe, é claro, que desde a infância era possível ver isso: na escola e em meus tempos de Londres os amigos tinham-me por um silencioso incorrigível.

Dr. Mott: O senhor me faz lembrar, a propósito, dois textos da Bíblia:

"Que minha alma seja silêncio em Deus."

"Fala, Senhor, que o Teu servo escutará."

Harijan, 10/12/1938, p. 373

46. *TAMASI TAPAS*
(De "Centelhas do Fogo Sagrado – VII", por M. Desai)

Um caro amigo, que procura a verdade com dedicação, passou por diversos jejuns e está há tempos em peregrinação e busca, tendo encontros com homens santos e mortificando a carne. Escreveu contando que iniciou um silêncio de doze anos; não satisfeito, pretende costurar os lábios com um fino arame e faz frequentes jejuns de duas semanas, vivendo hoje praticamente de uma papa de farinha de trigo crua e água. Eis a resposta de Gandhiji:

Fiquei muito feliz em receber sua carta depois destes meses, mas estou também penalizado. Creio que os meios que vem adotando para sua autorrealização não são corretos. O silêncio de lábios costurados não é silêncio. Pode-se alcançar o mesmo resultado arrancando-se a língua, mas tampouco isso seria silêncio. Silencioso de verdade é aquele que, dispondo da capacidade de falar, não profere nenhuma palavra vã. Sua penitência é *tamasi tapas* – penitência cega –, que a *Gita* descreve. Comer farinha crua contraria todas as normas dietéticas e por certo não encontra apoio na religião. Se é preciso alimentar-se de comida crua, poderá viver de frutas e nozes. Pode acrescentar leite e terá uma dieta ideal. Gostaria que se libertasse dessa autoflagelação. Pondere a respeito desse cântico de Kabir[38]:

"Oh, bom homem! Melhor é a comunhão natural. Desde que foi alcançada, através da Graça de Deus, ela vem crescendo. Meus passos formam um círculo em torno da divindade, e o que quer que eu faça é uma celebração; cada vez que me deito para repousar, prostro-me diante Dele. Em cada palavra, digo o Seu nome – não adoro a nenhum outro Deus – e tudo o que ouço O traz à minha lembrança. Comer e beber são atos de devoção e viver numa casa ou num ermo são o mesmo para mim. Não fecho os olhos nem tapo os ouvidos; não inflijo a mim mesmo nenhuma tortura. Abro meus olhos e nada encontro além de Sua bela manifestação em toda parte, a me saudar e a me alegrar. Minha mente sempre anseia por Ele; todo pensamento corrupto me abandonou; sinto-me tão absorvido contemplando-O que não há em mim lugar para mais nada". Diz ainda Kabir: "Este é um estado a ser desfrutado em silêncio, mas ousei cantá-lo. É um estado que transcende a dor e a bem-aventurança e nele estou mergulhado."

Harijan, 24/6/1933, p. 5

47. A COMUNHÃO SILENCIOSA

(De um artigo de Pyarelal, publicado sob esse título)

Na semana passada falei sobre a reunião dominical de oração silenciosa dos *quakers*, à qual Gandhiji compareceu. Ele a frequentava todos os domingos, desde que chegou aqui.

Os *quakers* acreditam que "quando nos reunimos, em espera silenciosa, Deus nos fala e conseguimos compreender a Sua vontade nas coisas comuns da vida". Conforme explicou Shri Ranjit M. Chetsingh no início do serviço da semana passada, citando um antigo *quaker*, "A alma que está em constante agitação expulsa a voz de Deus. Permanece silencioso e tranquilo dentro do teu próprio ser". Disse George Fox: "O silêncio de uma devoção religiosa e espiritual não consiste num estado mental de torpor, isento de pensamentos, mas em afastar da mente todos os objetos visíveis e pensamentos vãos".

Fazendo da reunião *quaker*, à qual comparecera, o tema de suas palavras durante o encontro noturno de oração, Gandhiji descreveu a medida em que sua experiência pessoal correspondia à dos *quakers*. "Esvaziar a mente de todo processo consciente do pensamento e preenchê-la com o espírito de Deus não manifestado traz uma paz inefável e harmoniza a alma com o Infinito". A questão a ser levantada, contudo, é: não deveria a vida inteira de uma pessoa ser um ininterrupto hino de louvor e uma oração ao Criador? Por que ter, então, um tempo especificamente destinado à prece? O irmão Lawrence testemunhou que "com ele os momentos reservados para a oração não eram diferentes de outros momentos; recolhia-se para orar, segundo as determinações de seu superior, mas não desejava tal recolhimento, nem o solicitava, pois nem seus maiores afazeres tiravam sua atenção de Deus". Gandhiji não questiona essa visão. "Concordo", observou em sua prédica, "que se um homem pudesse praticar a presença de Deus 24 horas por dia, não haveria necessidade de um momento destinado à oração". A maioria das pessoas, porém, considera isso impossível. O sórdido mundo cotidiano as absorve demais. A prática de abandonar por completo, mentalmente, as coisas externas, mesmo que apenas por alguns minutos diários, seria para elas um imenso benefício. A comunhão silenciosa as ajudaria a experimentar uma paz imperturbada em meio ao tumulto, a dominar a cólera e a cultivar a paciência. "Quando a mente está de todo plena de Seu espírito, não se pode abrigar má vontade ou ódio contra ninguém; o inimigo abandonará a inimizade, tornando-se amigo. Não estou afirmando que tenha tido êxito em converter inimigos em amigos, mas constatei, em muitos casos, que quando a mente está repleta de Sua paz todo o ódio tem fim. Uma sucessão constante de mestres em todo o mundo, desde o início dos tempos, testemunhou o mesmo. Não reivindico nenhum mérito por isso. Sei que tal coisa se deve inteiramente à graça de Deus. Procuremos, pois, durante a Semana Santa, a Sua graça através da comunhão do silêncio, e talvez a experiência permaneça conosco para sempre a partir de então."

Harijan, 28/4/1946, p. 109

48. ORAÇÕES SILENCIOSAS
(De "*Rangila Rasul*")

Acredito que uma oração silenciosa tenha sempre uma atuação mais poderosa sobre meu desamparo do que qualquer ato manifesto. Minha reza é sempre acompanhada pela crença de que a prece de um coração sem mácula nunca fica sem resposta. Procuro ainda, com todas as minhas forças, converter-me num instrumento puro para que minha prece seja aceita.

Young India, 22/9/1927, p. 321

(De "Carta a Premabehn Kantak")

Eram dois os meus objetivos, ao praticar a oração silenciosa. Claro que o primeiro era proporcionar descanso à mente. Mas era difícil para ela interiorizar-se, a não ser através da prece.

The Collected Works of Mahatma Gandhi, XLIX, 1972, p. 455

(De "A missão especial da mulher")

Cresce a minha fé na oração silenciosa. Ela é, em si, uma arte – talvez a arte suprema, e a que exige a mais refinada perseverança.

Harijan, 5/11/1938, p. 317

(De uma prédica sobre oração, em 7 de abril de 1946)

Admiro muito essas orações silenciosas. Precisamos dedicar-lhes parte de nosso tempo. Elas proporcionam paz de espírito. Experimento essa paz em minha própria vida. Apesar de minhas muitas atividades, dedico tanto tempo quanto possível à prece.

Food for the Soul, 1957, p. 55

Uma prece silenciosa é, com frequência, mais efetiva do que a palavra enunciada de modo consciente.

The Collected Works of Mahatma Gandhi, XXXVIII, 1970, p. 281

(De "Prédicas sobre a oração", de Pyarelal)

Se a paz e a ordem são necessárias em todas as reuniões, o são mais ainda nas orações coletivas. As pessoas se juntam para rezar a fim de alcançarem a paz, ouvirem o nome de Deus e pronunciá-lo. Assim, aqueles que se reúnem já devem estar harmonizados quando saírem de suas casas. Que fiquem em silêncio e que seus pensamentos estejam na prece, enquanto caminham. Ou o comparecimento à oração será inútil.

Harijan, 19/5/1946, p. 135

49. SILÊNCIO DURANTE A ORAÇÃO
(De uma carta)

Sugeri que se mantivesse um silêncio de cinco minutos durante a oração noturna. Bom seria ter um período igual de silêncio também pela manhã. Se a congregação tiver o coração voltado para esse propósito, todo ruído deve cessar em pouco tempo. Até mesmo as crianças aprenderiam a cooperar. Já participei de reuniões na Inglaterra em que todos silenciavam durante meia hora. O silêncio é considerado muito importante por nossa gente. *Samadhi* significa silêncio. *Muni* (sábio) e *mauna* (sabedoria, silêncio) são derivações da mesma raiz. É verdade que, quando começamos a praticar essa quietude, muitos pensamentos nos penetram a mente e podemos até sentir sono. O próprio silêncio é a solução adequada para esses obstáculos. Estamos habituados a falar muito e a ouvir sons ruidosos. Assim, o silêncio parece difícil. Um pouco de prática, contudo, nos dá a possibilidade de desfrutá-lo e, quando o desfrutamos, ele nos proporciona uma sensação de paz inefável. Somos seres que buscam a verdade. Devemos, portanto, compreender o significado do silêncio e observá-lo de modo adequado. Podemos estar com o *Ramanama* durante o silêncio. O fato é que devemos preparar nossa mente para ele. Reconheceremos seu valor se pensarmos um pouco a respeito.

Será que é impossível sentar-se em quietude na congregação durante cinco minutos? Já assistiram a uma encenação teatral? Em muitos teatros é proibido conversar. Os entusiastas – como eu – chegam uma hora antes de o espetáculo começar. Em seu entusiasmo, eles não se importam de guardar silêncio durante esse espaço de tempo. Mas isso não é tudo. A peça dura de quatro a cinco horas, durante as quais o espectador deve manter-se quieto. Não obstante, ele acha isso agradável. O silêncio não lhe pesa, pois sua mente está em sintonia com o evento. Por que, então, não podemos permanecer silenciosos por cinco minutos, em nome de Deus? Se há alguma falha em meu argumento, espero que a mostrem. Mas se está correto, empenhem-se em favor do silêncio, defendendo-o junto àqueles que se opõem a ele.

The Diary of Mahadev Desai, vol. I, 1953, p. 312-313

(De "Prédicas sobre a oração", de Pyarelal)

"A prática autêntica exige que haja uma paz absoluta no local da oração no momento da prece." Deveria haver uma atmosfera solene, como numa igreja, numa mesquita ou num templo. Ele (Gandhiji) sabia que muitos templos eram ruidosos. Isso o desgostava profundamente.

Vamos ao templo para cultuar não a imagem em pedra ou metal, mas a Deus, que nela reside. A imagem torna-se aquilo em que o homem a torna. Não tem nenhum poder independente da santidade de que é investida pelo devoto. Portanto, todos, incluindo as crianças, deveriam observar um silêncio absoluto no momento da oração.

Harijan, 28/4/1946, p. 112

50. COMO INTRODUZI A ORAÇÃO COLETIVA
(De "*Satyagraha* – A arte da vida e da morte", de Pyarelal)

Introduzi a prática da oração coletiva pouco tempo antes do início da luta na África do Sul. Lá, a comunidade indiana defrontava-se com um grave perigo. Fizemos tudo o que era humanamente possível. Foram tentados todos os métodos de reparar os danos, movimentou-se a imprensa, fizeram-se comícios, petições e delegações, mas sem nenhum resultado. O que representava a comunidade indiana, constituída por meia dúzia de trabalhadores temporários analfabetos e por uns poucos pequenos comerciantes e vendedores ambulantes, em meio a uma avassaladora maioria de negros e brancos? Os brancos estavam muito bem armados. Estava claro que se os indianos quisessem subsistir precisariam forjar outra espécie de arma, superior à força que os colonizadores brancos detinham em tão larga escala. Foi então que estabeleci a prece coletiva em Phoenix e Tolstoy Farm, para treinar o uso dessa arma: a *satyagraha*, ou força espiritual.

O cântico do *Ramadhun*[39] é a parte mais importante da oração coletiva. Milhões de pessoas podem achar difícil recitar de modo correto os versos da *Gita* ou as preces árabes ou as do *Zend-Avesta*, mas todos podem participar do canto do *Ramanama*, ou nome de Deus. É tão simples quanto eficaz. Apenas deve vir do coração. Em sua simplicidade encontramos a grandeza e o segredo da universalidade. Tudo aquilo que pode ser feito por milhões de pessoas unidas torna-se carregado de uma força extraordinária.

Cumprimento-os pelo êxito com que conseguiram cantar juntos o *Ramadhun*, sem prática anterior. Mas é possível melhorar ainda mais. Deveriam praticar em suas casas. Estou aqui para testemunhar que, quando cantamos afinados com o acompanhamento do *tal*[40], a tríplice harmonia da voz, do acompanhamento e do pensamento cria uma atmosfera de doçura e força inefável, que palavra nenhuma consegue descrever.

Harijan, 7/4/1946, p. 73

51. ORAÇÃO COLETIVA
(De "Carta semanal", de Pyarelal)

Cabe ao homem lembrar-se de seu Criador durante as 24 horas do dia. Caso isso não seja possível, devemos ao menos reunir-nos no momento da oração a fim de renovar nosso pacto com Deus. Quer sejamos hinduístas, muçulmanos, parses, cristãos ou *sikhs*, todos adoramos ao mesmo Deus. A oração coletiva é um meio de estabelecer a essencial universalidade humana através do culto comum. O canto coletivo do *Ramadhun* e o bater do *tal* são sua expressão externa. Se não forem apenas uma atuação mecânica, mas sim o eco de um uníssono interior, como deveriam ser, gerarão uma força e uma atmosfera de doçura e fragrância perceptíveis ao primeiro contato.

Harijan, 3/3/1946, p. 25-26

(De "A partida", de M. Desai; trata-se de um discurso proferido por Gandhiji na última oração coletiva que antecedeu sua partida de Bangalore)

Para mim (a oração) tem sido uma alegria e um privilégio, na medida em que percebo sua crescente influência. Peço-lhes que mantenham sua prática. Mesmo que não conheçam os versos, não saibam sânscrito nem os hinos, o *Ramanama* está aí para todos; é uma herança transmitida pelos tempos. Digo-lhes por que estou pedindo para continuarem essa oração coletiva: o homem é, a um só tempo, um ser individual e social. Ele pode, enquanto indivíduo, orar durante todas as horas de vigília, mas deve, enquanto membro da sociedade, juntar-se à prece coletiva. Posso dizer-lhes apenas que, embora reze quando estou sozinho, sinto-me muito solitário sem uma congregação com a qual possa compartilhar minha prece. Conheço apenas alguns de vocês, mas orarmos juntos à noite foi o suficiente para mim. Dentre as várias lembranças que guardarei em meu coração quando deixar Bangalore, as mais importantes serão as das reuniões de oração. Terei, contudo, minha congregação no próximo local onde chegar, e esquecerei a dor da separação. Pois aquele que aceita a fraternidade humana e a paternidade de Deus encontrará uma congregação onde quer que vá, e não poderá apegar-se ou abrigar sentimentos de perda ou separação. Assim, perseverem, por favor, na prática da prece. Podem formar suas próprias congregações nos lugares onde viverem; em última instância, a família pode muito bem tornar-se a congregação de uma pessoa. Não deixem de reunir-se todas as noites a esta hora, aprendam alguns hinos, aprendam a *Gita*, façam tudo o que puderem, da melhor maneira, pelo objetivo da autopurificação.

Young India, 8/9/1927, p. 295

(De "Oração coletiva")

Pergunta: O senhor acredita na oração coletiva. O culto congregacional que se pratica hoje em dia é de fato uma oração? Em minha opinião, é algo degradante e, portanto, perigoso. Jesus disse: "Quando orardes não sereis como os hipócritas, mas entrareis no recolhimento de vosso quarto e, tendo fechado as portas, orareis ao Pai, o que será feito em segredo". A maioria das pessoas de uma multidão é desatenta e incapaz de concentrar-se. A oração torna-se, assim, hipocrisia. O iogue está atento para isso. Não deveria ser ensinado às massas, então, que se autoconhecessem, pois essa é a verdadeira oração?

Resposta: Reafirmo que um culto coletivo é uma oração verdadeira para as pessoas presentes. O congregado é um fiel, não um hipócrita. Caso contrário, a prece estaria maculada na fonte. Os homens e mulheres que o frequentam não têm a intenção de atingir nenhum objetivo mundano. Os contatos recíprocos, para a maioria deles, restringem-se à oração coletiva. Presume-se, pois, que não compareçam para exibir-se. Reúnem-se porque acreditam que, de uma forma ou de outra, adquirem mérito por fazerem uma prece em comum. É verdade que a maioria, ou alguns, são desatentos ou incapazes de concentrar-se. Isso apenas mostra que são principiantes. Nem a desatenção nem a inabilidade para concentrar-se são provas de hipocrisia ou falsidade. Seriam, caso essas pessoas fingissem estar atentas quando não estão. Pelo contrário, é frequente que me perguntem o que devem fazer quando não conseguem concentrar-se.

A fala de Jesus citada na pergunta é totalmente inaplicável. Jesus referia-se à oração individual e a uma hipocrisia a ela subjacente. No versículo citado não há nada contra a oração coletiva. Tenho observado amiúde que sem a oração individual a oração coletiva não tem muita razão de ser. Afirmo que a primeira é um prelúdio à segunda, do mesmo modo que esta, quando efetiva, deve conduzir à oração individual. Em outras palavras, quando um homem atingiu o estágio da prece do coração, ele sempre está rezando, seja em recolhimento, seja numa multidão. Não sei o que o iogue, mencionado por quem fez a pergunta, faz ou deixa de fazer. Sei que as massas, quando harmonizadas com o Infinito, passam, de modo natural, à autoinvestigação. Esse deve ser o objetivo de toda oração verdadeira.

Harijan, 22/9/1946, p. 319

52. ORAÇÃO SOLIDÁRIA
(De uma prédica sobre a oração, em 27 de junho de 1945)

O objetivo da frequência às preces é a comunhão com Deus, para iluminar nosso interior, de modo que, com o auxílio divino, possamos vencer nossas fraquezas.

Acredito que, quando em companhia de pessoas bondosas, ficamos impregnados de pensamentos bondosos. Mesmo que haja um único homem bom presente, os demais serão afetados pela sua bondade. A condição é que frequentemos as preces com essa intenção; de outro modo, nossa presença não terá sentido.

Vou mais longe e afirmo: mesmo que todos tivéssemos nossas fraquezas mas viéssemos à reunião (de preces) com a intenção de erradicá-las, esse esforço coletivo, realizado dia após dia, aceleraria o processo de regeneração. Se no campo econômico ou político a cooperação é necessária, no plano moral tal necessidade é muito maior. Esse é o significado das reuniões de oração que venho realizando desde que retornei à Índia.

Apelo, portanto, para que se sentem em absoluto silêncio, com os olhos fechados, como que cerrando a si mesmos a todo pensamento externo. Essa oração coletiva não precisa de jejuns e nem de ser anunciada. Deve ser isenta de hipocrisia.

Food for the Soul, 1957, p. 63-64

53. MINHA FÉ NA ORAÇÃO PÚBLICA
(De uma prédica sobre a oração, em 12 de abril de 1945)

Quanto a mim, tenho a dizer que posso passar, e muitas vezes passei, sem alimento por dias a fio, mas não posso ficar um único dia sem rezar. Claro que existe a opção da oração individual, mas ninguém deveria constranger-se numa oração coletiva. O homem é um ser social. Se homens e mulheres podem alimentar-se, divertir-se e trabalhar juntos, por que não orar unidos? Por que é tido como uma necessidade rezar longe dos olhos alheios? Existirá algo de pecaminoso ou vergonhoso numa oração que a impeça de ser feita em público?

As multidões comparecem às minhas preces

Minha crença na oração pública data de quase cinquenta anos. Desde meus distantes dias na África do Sul, tive como companheiros e colaboradores homens e mulheres de todas as religiões – hinduístas, muçulmanos, cristãos e parses – que costumavam acompanhar-me nas preces. Na Índia, multidões comparecem às minhas orações, onde quer que eu vá. Disseram-me que um dos motivos prováveis do desinteresse por preces comunitárias pode ser que o propósito dos frequentadores talvez não seja o de orar; viriam apenas receber meu *darshan*[41]. Mesmo assim, se acorrem é porque desejam aproximar-se de mim – de um homem de oração.

Food for the Soul, 1957, p. 61-62

54. ORAÇÃO INDIVIDUAL

Embora já tenha escrito sobre esse tema, sinto que devo escrever de novo, pois é importante. Parece-me que não nos damos conta da necessidade da oração individual. A ideia das preces comunitárias surgiu da necessidade que os indivíduos têm de rezar. Se não a sentirem, como a comunidade poderá senti-la?

As orações comunitárias visam também o benefício de cada um. Auxiliam as pessoas em seu esforço por obter o conhecimento do ser, a autopurificação. É preciso, portanto, que todos compreendam a importância da prece individual. Tão logo a criança comece a entender as coisas, sua mãe deve ensiná-la a rezar. Essa é uma prática comum a todas as religiões.

Há pelo menos dois momentos óbvios para a oração: devemos voltar nossa mente para o Senhor logo que acordamos e ao deitar. Durante o resto do dia, cada pessoa espiritualmente desperta pensará em Deus; não importa o que esteja fazendo, e sim que, ao fazê-lo, tome a Deus por testemunha. Agindo de tal modo, ela nunca fará nada de ruim; virá o tempo em que cada um de seus pensamentos terá a Deus por testemunha ou mestre. Neste estado, ter-se-á reduzido a nada. Alguém assim, que tem uma fé constante na visão de Deus, sentirá, todo o tempo, a presença de Deus em seu coração.

Essas preces não necessitam de mantras ou cantos devocionais especiais. Embora se entoe um mantra no início e no fim de cada ato religioso, isso não é necessário de modo algum. Precisamos apenas voltar nossos pensamentos para Deus, não importa o nome pelo qual O chamemos, o método que sigamos ou nossas condições. Muito poucos adquirem esse hábito. Se a maioria das pessoas o praticasse, haveria menos maldade neste mundo e as relações interpessoais seriam puras. A fim de alcançarmos tal estado de pureza, deveríamos orar pelo menos nas duas ocasiões que mencionei. Cada um pode acrescentar outros momentos, segundo sua conveniência, aumentando a frequência de modo gradativo, até que por fim cada respiração seja acompanhada do nome de Deus.

Essa oração individual não toma tempo algum. Só é necessário que se esteja desperto. Da mesma forma como não sentimos que o piscar dos olhos consome tempo, não o sentimos com nossa prece interior. Sabemos que as pálpebras cumprem sua tarefa; do mesmo modo, a prece deveria estar, de maneira contínua, presente em nosso coração. Quem quer que deseje orar assim precisa saber que não poderá fazê-lo com um coração impuro. Deve-se, portanto, banir toda a impureza do coração ao rezar. Se alguém se sente envergonhado por fazer algo de ruim sob o olhar alheio, deveria sentir-se igualmente envergonhado por agir mal à vista de Deus. Ele observa cada ação e conhece cada um de nossos pensamentos. Não existe um único momento em que possamos fazer ou pensar seja lá o que for, sem que Ele nos observe. Todo aquele que ora a Deus de coração estará, por fim, pleno Dele, libertando-se das ofensas.

The Collected Works of Mahatma Gandhi, L, 1972, p. 245-246

(Da "Carta a Manibehn Patel")

É fácil compreender sua preferência pelas orações em grupo, desde que foi dessa forma que iniciou sua prática. Porém, precisamos também orar sozinhos, mesmo que por um minuto apenas. Nosso ideal deve ser atingir a capacidade de repetir contínua e silenciosamente o nome de Deus em nosso coração, o que é impossível, a menos que desenvolvamos o hábito de orar a sós. Podemos fazer isso mesmo deitados na cama, no banho, comendo ou realizando qualquer atividade. Assim, a oração nunca será um peso. Pelo contrário, ela nos iluminará o coração – é preciso que o faça. Se tal não ocorrer, saberá que sua prece não vem do coração.

(Traduzido do gujarate: *Bapuna Patro-4*: *Manibehn Patelne*, p. 84-85)
Ibid., p. 136

(Da "Carta a Ramnath 'Suman' ")

Apenas a oração individual pode servir de base à oração coletiva. Minha insistência nesta última não significa, em absoluto, que lhe atribua uma importância maior. Como não estamos habituados à prece coletiva, tenho procurado demonstrar sua necessidade. O que podemos vivenciar a sós será, por certo, difícil, se não impossível, de ser vivenciado em grupo. Percebi também que algumas pessoas não conseguem orar, exceto quando reunidas. Para estas, a prece individual é essencial. Admito também que se possa dispensar a oração coletiva, mas não a prece individual, certamente.

The Collected Works of Mahatma Gandhi, LI, 1972, p. 304

55. A CONCENTRAÇÃO DURANTE AS ORAÇÕES
(Da "Carta a Premabehn Kantak")

Acredito que tenho algum poder de concentração, o qual, porém, não me satisfaz. É com fervor que procuro cultivá-lo, sem perder, por isso, a paciência.

The Collected Works of Mahatma Gandhi, XLIX, 1972, p. 455

(De "Notas")

Pergunta: Será possível, aos milhares de pessoas que comparecem às suas reuniões de oração, concentrar-se mentalmente no que quer que seja?

Resposta: Só posso responder que sim. Caso não acreditasse em orações em massa, deixaria de realizá-las. Minha experiência confirma essa crença. O êxito depende da pureza daquele que as preside e da fé dos participantes. Conheço exemplos em que estes tinham fé e o dirigente era um impostor. Tais casos continuarão a ocorrer. Porém a verdade brilha como o Sol, em meio às trevas da mentira. É provável que o resultado, neste caso, só venha a ser conhecido depois de minha morte.

(De "Uma carta")

Mesmo que sua mente vagueie durante a prece, é preciso continuar a prática. Recolha-se a um local isolado, sente-se na posição correta e procure manter afastados todos os pensamentos. Mesmo que estes continuem afluindo, não interrompa a oração. De modo gradual, a mente será controlada. A *Gita* diz que a mente é incansável, mas afirma que, com esforço e paciência, podemos dominá-la. "Jamais aceitaremos de bom grado a derrota, embora percamos nossa vida na luta."

The Collected Works of Mahatma Gandhi, XLIX, 1972, p. 446

56. ORAÇÃO OBRIGATÓRIA
(Da "Seção de perguntas")

Pergunta: Sou um trabalhador do setor de Rajasthan do A.I.S.A. Creio na oração, ao contrário de alguns de meus colegas. Mesmo assim, eles têm de participar das preces, atendendo às regras do *Sanstha*[42]. Têm medo de perder o emprego, se se recusarem. Em minha opinião, o salário pago pelo *Sanstha* refere-se às oito horas de trabalho apenas. Com que direito insiste em incluir no contrato a participação obrigatória do operário nas orações?

Resposta: Não existe oração obrigatória. A prece, para ser prece, deve ser voluntária. Hoje em dia, porém, as pessoas cultivam ideias curiosas sobre obrigatoriedade. Assim, se as regras de sua instituição exigem de cada residente – pago ou não – a frequência à oração comunal, você, em minha opinião, deverá cumprir essa exigência do mesmo modo como cumpre os outros deveres. Seu ingresso na instituição foi um ato voluntário. Você a conhecia, ou deveria conhecer as regras. Portanto, consideraria seu comparecimento à prece um ato voluntário, tanto quanto às outras atividades contratuais. Se ingressou na instituição apenas pelo salário oferecido, deveria ter esclarecido ao superintendente que não poderia frequentar as preces. Se ingressou nela apesar de sua objeção e sem declará-la, agiu mal e deverá corrigir isso. Há duas maneiras de fazê-lo: participar da prece com o coração presente, ou demitir-se, indenizando, como for necessário, as perdas causadas por sua demissão repentina. Todos aqueles que ingressam numa instituição devem obedecer às regras estabelecidas pela direção, as quais são alteradas de tempos em tempos. Quando alguma nova determinação é considerada insatisfatória, é facultado aos descontentes deixar a instituição, cumprindo as cláusulas referentes às demissões. Contudo, não se poderá desobedecê-las enquanto se fizer parte da instituição.

Harijan, 13/7/1940, p. 194.

57. A DOENÇA DA INTOLERÂNCIA
(De "Outro interlúdio em Délhi")

A prece coletiva começou hoje como de costume. Quando estavam sendo recitados os versículos do *Alcorão*, um dos participantes protestou. Foi preso pelo policial, mas Gandhiji interrompeu a oração no mesmo instante e pediu ao policial que o libertasse.

Falou que se envergonharia de rezar num lugar onde um homem tivesse sido preso por fazer o que aquele fizera. Ele iria embora, disse, tão logo os *mehtars*[43] solicitassem. Não esperaria para consultar os organizadores, já que estes eram, afinal, representantes dos *mehtars*.

Shri G.L. Thatte, Secretário-Geral da Frente Antipaquistanesa, foi detido hoje do lado de fora do templo Valmiki, pouco antes de Gandhiji comparecer às orações noturnas.

Mais cedo, no mesmo dia, Shri Thatte enviara uma carta a Gandhiji, informando-o de que pretendia opor-se à recitação de versículos do *Alcorão* durante as preces.

Outra pessoa foi detida um pouco mais tarde, ao protestar contra a recitação desses versículos, gritando *"Hindu dharmaki jay"*[44]. Gandhiji suspendeu o culto. Pediu à polícia que libertasse o homem, pois o envergonharia que alguém fosse preso por protestar contra algo que ele, Gandhiji, fizera. Deplorava essa estreiteza mental do povo. Dizia que bradar palavras de ordem, simplesmente, não levaria o hinduísmo a parte alguma. Ficou desolado ao compreender por que certos hinduístas opunham-se à leitura dos versículos do *Alcorão* nas preces. Se em certos lugares os muçulmanos não haviam se comportado como deveriam, isso não significava que os hinduístas devessem vingar-se assim, opondo-se à leitura do *Alcorão*.

O versículo do *Alcorão* que estava sendo recitado por Gandhiji era uma magnífica oração em louvor a Deus. Que prejuízo traria à religião hinduísta o fato de a oração ser recitada em árabe? Quem pensasse dessa forma não saberia coisa alguma sobre religião nem sobre dever. Aquela oração também poderia ser dita num templo hinduísta.

Um amigo contou-lhe que havia uma prece com significado idêntico no *Yajurveda*[45]. Aqueles que conheciam as escrituras hinduístas sabiam que um dos 108 *Upanixades* se chamava *Allopanixade*. Será que o homem que o escreveu desconhecia a própria religião? Nesse texto afirma-se que o próprio Guru Nanak havia ido à Arábia em busca da verdade, durante suas peregrinações religiosas.

Nenhuma crença do mundo, prosseguiu Gandhiji, poderia prescindir de penitências autoimpostas. A fé só ganha força quando as pessoas se dispõem a dar a vida por ela. A árvore da vida tem de ser regada com o sangue dos mártires, que morreram sem matar seus adversários nem lhes desejar mal algum. Era essa a raiz do hinduísmo e de todas as demais religiões.

Harijan, 11/5/1947, p. 147

58. UMA PALAVRA AOS OPOSITORES
(Das "Prédicas de Gandhiji depois das orações")

Como um dos participantes protestasse contra a recitação do *Al-fatiha*[46], não houve orações no gramado de Birla House. Porém, Gandhiji fez uma prédica. Disse que não contradiria o oponente. Percebeu que a ira fervia no coração das pessoas. A atmosfera estava tão carregada que achou prudente acatar o ponto de vista do opositor, embora isso não significasse, de modo algum, que estivesse abdicando de Deus ou deixando de louvá-Lo no coração. A prece exigia uma atmosfera de pureza. Um ensinamento que todos deveriam extrair de tais confrontos era que aqueles que têm ânsia de servir devem ter uma paciência e uma tolerância infinitas. Nunca se deve impor ao próximo nossa própria visão.

* * *

Embora acredite ter agido com prudência, cedendo a um único oponente e interrompendo a oração pública, é conveniente examinar o ocorrido de modo um pouco mais abrangente. A prece era pública apenas no sentido de que nenhum dos presentes foi impedido de assistir a ela. Realizava-se numa propriedade particular. Segundo o bom-senso, só deveriam ter vindo aqueles que acreditassem na prece – e nos versículos do *Alcorão* – com toda a sinceridade. O mesmo deveria ser observado nas orações realizadas em lugares públicos. Uma prece coletiva não é um fórum de debates. É possível promover encontros devocionais de várias comunidades num mesmo pedaço de terra. Seria mais digno se aqueles que se opõem a orações específicas se abstivessem de comparecer àquelas de que discordam. Caso contrário, qualquer cerimônia seria marcada por perturbações. A liberdade de culto e mesmo de expressão pública seria uma farsa, se a interferência se tornasse a ordem do dia. Numa sociedade digna, o exercício desse direito elementar não precisaria ser garantido por baionetas. Deveria ser objeto de uma aceitação universal.

Harijan, 5/10/1947, p. 353

59. OPOSITORES MAL INFORMADOS
(De "Prédicas de Gandhiji depois das orações")

Esta noite, como de costume antes da oração coletiva, perguntou-se aos participantes se alguém se opunha à recitação de versículos do *Alcorão* durante o culto. Uma pessoa ergueu a voz e declarou, de modo persistente, sua objeção. Gandhiji deixara claro que, se isso acontecesse, não realizaria nem a oração pública e nem a prédica posterior que, por via de regra, abordava acontecimentos do momento. Assim, mandou dizer que não haveria prece coletiva nem prédica. As pessoas, porém, não se dispersaram, esperando vê-lo. Então, dirigindo-se ao púlpito, Gandhiji falou algumas palavras referentes ao motivo do cancelamento e ao modo como entendia o *ahimsa*. Disse que não era razoável uma pessoa opor-se à prece, especialmente se esta fosse realizada num espaço privado. Contudo, o *ahimsa* o alertava quanto a desconsiderar um único oponente que fosse, se uma avassaladora maioria pretendesse silenciar este através da intimidação. Seria diferente, no caso de todos os participantes se oporem. Teria, então, o dever de realizar a oração, mesmo com risco de ser hostilizado. Havia também a considerar o fato de que não se deveria decepcionar a maioria por causa de um único opositor. A solução era simples. Se a maioria se contivesse e não se enraivecesse nem alimentasse nenhum propósito agressivo quanto ao único opositor, seu dever seria realizar a prece. Era possível também que, se a natureza dos participantes fosse não violenta em intenção e ação, o oponente se contivesse. Era desse modo, afirmou, que atuava a não violência.

Shri Brij Krishnaji informou que o público era bem mais numeroso do que o habitual. Havia cerca de dez pessoas que se opunham à recitação do *Alcorão*... Estas eram bastante controladas e polidas. Gandhiji ficou sabendo também que havia uma oposição não declarada por parte de um número bem maior de pessoas. Antes de proceder à oração, falou aos participantes. Disse estar contente pelo fato de serem eles sinceros o bastante a ponto de expressarem sua discordância. Não gostava de imaginar que tivessem vindo, em vez de para compartilhar o culto a Deus, para vê-lo e ouvi-lo, seja porque o chamassem de *Mahatma* ou por seu prolongado serviço à Nação. A oração era inteiramente inclusiva. Deus era conhecido por diversos nomes. Em última análise, tantos eram Seus nomes quantos os seres humanos. Já se disse, com acerto, que mesmo os animais, os pássaros e as pedras adoram a Deus. No próprio *Bhajanavali*[47] encontrariam um hino onde um santo muçulmano afirma que o cantar dos pássaros, pela manhã e ao entardecer, significava que estavam adorando a seu Criador. Não tinha sentido recusar qualquer trecho de uma prece por ter sido extraída do *Alcorão* ou de qualquer outra escritura. Independentemente das imperfeições de alguns ou de muitos muçulmanos, não se poderia fazer objeção a toda uma comunidade, ao seu Profeta – ou a qualquer outro Profeta – e à sua mensagem. Ele próprio, que lhes falava, lera o *Alcorão*, na íntegra. Este o enriquecera, sem empobrecê-lo. Sentia-se um hindu melhor com a leitura dos livros sacros de outros credos. Sabia que existiam críticos hostis ao *Alcorão*. Um colega de Bombaim, que tinha muitos amigos muçulmanos, propôs-lhe uma charada: Qual era o ensinamento do Profeta sobre os cafires[48]? Os cafires hinduístas seguiam o *Alcorão*? Há muito, o meu amigo concluirá que não. Conversara, porém, com amigos muçulmanos sobre o assunto. Eles lhe falaram com conhecimento. Asseguraram que, segundo o *Alcorão*, cafir significa descrente, coisa que não podia ser aplicada aos hinduístas porque acreditavam na existência de um Deus. Assim, se seguissem o que as críticas hostis afirmavam, condenariam o *Alcorão* e o Profeta, da mesma forma como rejeitariam Krishna, retratado como um ser dissoluto que possuía mil e seiscentas *gopis*[49]. Silenciou os críticos dizendo que seu Krishna era imaculado. Jamais inclinaria a cabeça diante de um devasso. O Senhor que adoravam, todos juntos, a cada noite, estava dentro de cada um e era todo-poderoso. Portanto, não podiam ter inimigo algum nem temer alguém: Deus estava neles e era por eles a cada momento. Sendo essa a natureza do culto coletivo, preferia não realizá-lo se não pudessem participar dele com todo o coração, sem reservas. Se o conseguissem, descobririam que a cada dia somavam forças para dissipar as trevas que os rodeavam. Quando Gandhi pediu aos participantes que expressassem sua opinião com franqueza e destemor, eles responderam-lhe, decididos, que desejavam que a prece fosse realizada e que, se houvesse alguma interrupção, isso não lhes suscitaria ódio ou negativismo para com o oponente. A oração transcorreria, assim, da maneira usual.

Harijan, 9/11/1947, p. 406-407

60. JEJUM E ORAÇÃO
(De "Jejum")

O jejum é uma prática tão antiga quanto Adão. Foi instituído para a autopurificação; se algumas de suas finalidades eram nobres, outras eram ignóbeis. Buda, Jesus e Maomé jejuaram para contemplar a Deus face a face. Ramachandra jejuou para que o mar desse passagem ao seu exército de macacos, e Parvati, para conseguir que o próprio Mahadeva fosse seu Mestre e Senhor.

Em meus jejuns, segui apenas esses grandes exemplos, embora meus fins fossem, sem dúvida, bem menos nobres.

* * *

A simples capacidade para realizá-lo não qualifica o jejum. Sem uma viva fé em Deus, ele não faz sentido. Jamais deve ser um esforço mecânico ou uma mera imitação. Deve nascer do fundo da alma.

Harijan, 18/3/1939, p. 56

(De "Com Gandhiji em Burma", por M. Desai)

Em nossos *Shastras*[50], sempre que as coisas andam mal, é hábito dos bons e sábios praticarem *tapasya*, que também chamamos de ascetismo. O próprio Buda, ao perceber que a opressão, a injustiça e a morte o rodeavam, e ao ver-se cercado de trevas, retirou-se para o ermo e ali permaneceu, jejuando e orando em busca de luz. Se tal penitência foi necessária a ele, infinitamente maior do que todos nós juntos, não será muito mais necessária para nós?

Young India, 18/4/1929, p. 126

(De "Notas")

Minha religião ensinou-me que sempre que há uma aflição impossível de ser evitada, deve-se jejuar e orar.

Young India, 25/9/1924, p. 319

(De "Tudo sobre o jejum")

Agora, mais do que nunca, sei que não há oração sem jejum, por mais brando que este seja. É um jejum que não se refere apenas ao paladar, mas a todos os sentidos e órgãos. A total absorção na prece deve significar uma completa exclusão das atividades físicas, até que a oração tome conta de todo o nosso ser e, elevando-nos, nos afaste de vez de todas as funções corporais. Esse estado só pode ser atingido por uma restrição continua e voluntária das funções físicas. Assim, se o jejum for um ato voluntário, constituir-se-á numa oração intensa ou numa preparação para ela. É um anseio da alma por mergulhar na essência divina.

Harijan, 8/7/1933, p. 4

(De "Maravilhoso quando verdadeiro")

A prece não é uma repetição vazia, nem o jejum uma mera inanição. A prece deve vir do coração que, através de Deus, conhece a fé; o jejum deve consistir em abstermo-nos do mal ou de pensamentos, atitudes e alimentos perniciosos. A inanição, quando a mente se ocupa de uma fartura de pratos, é mais do que inútil.

Harijan, 10/4/1937, p. 68

(Ao conclamar o povo para jejuar e orar durante a Semana Nacional, Gandhiji escreveu:)

Esta é uma prática venerável. Um jejum autêntico purifica o corpo, a mente e a alma. Disciplina o corpo e, à medida que o faz, liberta a alma. Uma oração sincera pode operar maravilhas. Ela é um anseio interno da alma por uma pureza ainda maior. Esta, quando assim conquistada e dirigida para um nobre propósito, torna-se uma prece. A utilização mundana do *Gayatri* e sua repetição com o propósito de curar doentes ilustra o significado que atribuímos à oração. Quando o mesmo *Gayatri* é realizado com mente humilde e concentrada, de modo inteligente, torna-se, em épocas de dificuldades e calamidades nacionais, um instrumento dos mais poderosos para afastar o perigo. Não pode haver engano maior do que supor que a recitação de um mantra ou uma prece seja superstição de ingênuos ou ignorantes. O jejum e a oração constituem-se num poderoso método de purificação, e aquilo que purifica permite, necessariamente, que cumpramos com as nossas responsabilidades e alcancemos os nossos objetivos. Se o jejum e a oração parecem às vezes não obter resposta, isso não se deve a eles, intrinsecamente, e sim a não terem como alicerce o espírito correto.

Obviamente, um homem que, como tantos, jejua e passa o dia do *Janmashtami*[51] jogando, não alcançará uma pureza maior; ao contrário, esse jejum dissoluto o degradará. Um jejum autêntico deve ser acompanhado pela disposição de receber pensamentos puros e pela determinação de resistir às tentações maléficas. Do mesmo modo, uma oração, para ser verdadeira, deve ser inteligível e definida. A pessoa deve identificar-se com ela. Desfiar contas tendo nos lábios o nome de Alá enquanto a mente vagueia por todas as direções é mais do que inútil.

Young India, 24/3/1920, p. 1

(De "Carta a V. S. Srinivasa Sastri")

A oração expressa o anseio da alma; o jejum a liberta para uma oração eficaz.

* * *

Apelo às gerações modernas para que não encarem o jejum e a oração com ceticismo e desconfiança. Os maiores mestres do mundo adquiriram os poderes extraordinários que empregaram em prol da humanidade, e também sua clareza de visão, através do jejum e da prece. Põe-se a perder grande parte dessa prática quando ela, em vez de provir do coração, é reduzida a um efeito teatral.

The Collected Works of Mahatma Gandhi, XVI, 1965, p. 207

(De "Jejum e oração")

Estou convicto, e minha experiência o confirma: quando o jejum e a prece são feitos com sinceridade de coração e devoção de espírito, podem-se obter resultados maravilhosos. Não existe nada mais purificador do que um jejum, mas este sem a oração é estéril; pode significar tanto a cura de um doente como o sofrimento desnecessário de uma pessoa saudável. Um jejum feito por pura ostentação ou para infligir sofrimento a outros é um pecado irremissível. Portanto, somente um jejum devoto, realizado por penitência e cujos efeitos atingem a si próprio pode ser chamado de jejum religioso. A prece não significa suplicar a Deus a felicidade na esfera mundana ou coisas que façam prosperar nossos interesses; é o grito sincero de uma alma angustiada. Não pode deixar de influir no mundo todo, nem deixar de ser ouvida na corte divina. Quando um indivíduo ou uma nação sofrem os efeitos de uma grande calamidade, a verdadeira consciência desse sofrimento é a oração; com a presença de tal conhecimento purificador, funções físicas como comer, etc. tornam-se menos urgentes. Uma mãe sofre quando seu único filho morre. Ela não tem o menor desejo de alimentar-se. Nasce uma nação, no momento em que todos sentem a mesma dor diante do sofrimento de qualquer pessoa do povo; essa nação merece a imortalidade. Estamos bem atentos ao fato de que um número bastante grande de nossos irmãos da Índia vive em grande sofrimento; falando com sinceridade, deparamo-nos, a cada passo, com a oportunidade de realizar jejuns devotos. Nossa vida nacional, porém, não atingiu um grau de pureza tão intenso. Mesmo assim, apresentam-se situações em que sofremos de modo bem agudo.

* * *

A paz e o bem que se fazem sentir quando voltamos nossos pensamentos a Deus numa época de sofrimento não se conquistam de nenhuma outra forma.

(Traduzido do gujarate: *Navajivan*, 12/10/1919)
Ibid., p. 230-231

61. A MAIS AUTÊNTICA PRECE
(De "Pensando em voz alta")

As restrições impostas voluntariamente ao corpo têm sido praticadas no mundo todo como uma condição para o progresso espiritual. Não existe oração sem jejum, se este for tomado em seu sentido mais amplo. Um jejum completo é uma total e literal negação do ego. É a mais verdadeira das preces. "Toma minha vida e deixa-a ser, sempre, somente para Ti", não é, ou não deveria ser, uma expressão apenas verbal ou figurativa. Deve ser uma doação íntegra e feliz, sem a mínima reserva. A abstenção de alimento, e mesmo de água, nada mais é que o início e a menor parte dessa entrega.

Enquanto ordenava meus pensamentos para este artigo chegou-me às mãos um panfleto escrito por cristãos, no qual havia um capítulo acerca da maior necessidade de exemplos que de preces. É citado o terceiro capítulo de Jonas. O profeta previra que Nínive, a grande cidade, seria destruída depois do quarto dia de sua chegada:

> Assim, o povo de Nínive, que acreditava em Deus, decretou jejum e vestiu-se de estopa, desde o mais alto ao mais humilde. O rei, ao ouvir falar disso, ergueu-se do trono, retirou sua túnica, cobriu-se de estopa e sentou-se sobre cinzas. Fez também com que fosse proclamado e publicado em Nínive um decreto no qual rei e nobres diziam: "Que ninguém, homem ou animal, manada ou rebanho, prove nada; que não comam nem bebam água. Que homem e animal cubram-se de estopa e clamem, altissonantes, a Deus; sim, que todos se desviem do mau caminho e da violência em que têm as mãos. Quem sabe, Deus

mude de ideia e se arrependa, abandonando Sua ferrenha ira de modo que não pereçamos?" E Deus viu o que faziam, viu que se desviavam do mau caminho; e Deus arrependeu-se do castigo que pretendia destinar a eles e não o enviou.

Este foi um "jejum até a morte". Mas nem todo o jejum até a morte é um suicídio. Esse do rei e do povo de Nínive foi uma grande e humilde oração implorando a piedade de Deus. Seria a Sua piedade ou a morte. Esse capítulo do livro de Jonas assemelha-se a uma passagem do *Ramayana*.

Harijan, 15/4/1933, p. 4

("Perdeu-se a fé?")

Os *Shastras* nos dizem que, quando os aflitos oravam a Deus por alívio e Ele parecia ter Seu coração endurecido, decretavam "jejum até a morte" e Deus lhes ouvia as preces. A história religiosa nos conta daqueles que sobreviveram ao jejum porque Ele os escutou, mas nada nos diz sobre os que pereceram, silenciosa e heroicamente, na tentativa de obter a resposta de um Deus ensurdecido. Estou certo de que muitos morreram dessa maneira heroica, sem que sua fé Nele e na não violência sofresse o mínimo abalo. Deus nem sempre responde às nossas preces da maneira como desejamos. Para Ele, a vida e a morte são a mesma coisa. Quem poderá negar que tudo o que há de puro e bom no mundo subsiste graças à morte silenciosa de centenas de heróis e heroínas desconhecidos?

Harijan, 4/3/1933, p. 8

(De "Implicações")

Acredito que não exista prece sem jejum, nem jejum verdadeiro sem prece.

Harijan, 11/2/1933, p. 2

62. SIGNIFICADO INTERIOR DO JEJUM

Minha religião diz que somente aquele que está preparado para o sofrimento pode orar a Deus. Jejum e prece são injunções comuns em minha religião. Sei, porém, que são penitências existentes até no Islã. Li, na vida do Profeta, que este jejuava e orava com frequência, proibindo aos demais que o imitassem. Alguém perguntou-lhe por que não permitia aos outros fazerem o que ele mesmo fazia. "Porque vivo do alimento divino", respondeu. Alcançou a maior parte de suas grandiosas conquistas jejuando e orando.

Aprendi com ele que só pode jejuar quem possuir uma inexaurível fé em Deus. O Profeta tinha revelações em momentos tranquilos ou exuberantes da vida. Jejuava e orava, mantinha-se desperto, permanecendo de pé por noites a fio, enquanto recebia as revelações. Mesmo assim, a imagem que tenho do Profeta é de alguém que, em tais momentos, estava em jejum e oração. Tenho a firme crença de que a força da alma cresce à medida que limitamos os impulsos do corpo.

Young India, 23/10/1924, p. 354

Sob certas circunstâncias, (o jejum) é o único instrumento que Deus nos concedeu para as épocas de extremo desamparo. Não lhe conhecemos a utilidade e iludimo-nos imaginando que ele começa e termina com a mera privação do alimento físico. Nada disso. A abstinência de alimento é um aspecto indispensável, mas não o mais significativo. O mais importante é a oração – a comunhão com Deus. Ela substitui, de modo mais do que adequado, o alimento físico.

Bapu's Letters to Mira (1924-1948), 1959, p. 251

(De uma carta a Devdas Gandhi)

Apenas ao esgotar todos os meus recursos em termos de esforço humano, percebendo meu total desamparo, deitei minha cabeça no regaço de Deus. Esse é o significado e o sentido interior de meu jejum. Seria bom que lesse e meditasse sobre o Gajendra *moksha*, que considero o maior dos poemas devocionais. Talvez só então você seja capaz de avaliar o passo que dei.

The End of an Epoch, 1962, p. 25

63. *GITA* – A MÃE

A *Gita* é a Mãe universal. Ela não rejeita ninguém. Sua porta está aberta a qualquer pessoa que bata. Um verdadeiro devoto da *Gita* não conhece a decepção, habita sempre a alegria e a paz perenes que acompanham a compreensão. Porém, essa paz e alegria não alcançam o cético ou aquele que se orgulha de seu intelecto e conhecimento. Estão reservadas apenas para o humilde de espírito que une à sua devoção pela *Gita* uma fé absoluta e uma inquebrantável simplicidade mental. Nunca houve alguém que a tivesse venerado com esse espírito e se decepcionasse.

Nossos estudantes têm a tendência de se abalar por ninharias. Algo trivial como serem reprovados num exame lança-os no mais sombrio desespero. A *Gita* inculca-lhes o dever da perseverança em face do aparente insucesso. Ensina-nos que nos cabe apenas agir, mas não temos direito ao fruto da ação, e que êxito e fracasso são, no fundo, a mesma coisa. Ela nos concita a uma dedicação de corpo, mente e alma ao dever puro, e a não nos tornarmos sibaritas mentais, à mercê de todos os desejos casuais e impulsos indisciplinados. Posso afirmar, como *satyagrahi*[52], que a *Gita* está sempre a presentear-me com lições renovadas. Se alguém me disser que isso é uma ilusão, minha resposta será: abraçarei essa ilusão como se fosse meu mais precioso tesouro.

Aconselharia os estudantes a iniciarem seu dia com uma recitação matinal da *Gita*. Sou um amante e um devoto de Tulsidas[53]. Venero o grande espírito que deu a um mundo sofredor o mantra do *Ramanama*, esse bálsamo para todas as dores. Porém, não estou aqui para lhes falar de Tulsidas, mas para pedir-lhes que se dediquem ao estudo da *Gita*, não com espírito queixoso ou crítico, e sim com reverência e devoção. Abordada dessa maneira, ela lhes atenderá todas as aspirações. Não é fácil, admito, saber de cor todos os dezoito capítulos, mas vale a pena tentar. Uma vez que experimentarem seu doce néctar, a ligação com ela crescerá dia após dia. A recitação dos versos os apoiará em suas provações e os consolará nas aflições, mesmo na solidão da prisão mais escura. E se com esses versos nos lábios receberem o último chamado e liberarem o espírito, alcançarão o Nirvana – a Liberação final. Deixo aos estudiosos *acharyas*[54] a explicação de quão abençoado é esse estado.

Harijan, 24/8/1934, p. 222

64. A MEDITAÇÃO DA MÃE *GITA*
(18 de junho, 1932)

Numa carta Gandhiji deu instruções detalhadas sobre *dhyana* (meditação): Não há nada de errado em desenhar um quadro com a própria imaginação e meditar sobre ele. Mas nada se iguala à paz jubilosa gerada pela meditação na Mãe *Gita*. Pode-se realizá-la pensando-se em uma mãe já falecida como símbolo da *Gita*, ou desenhando um quadro mental imaginário. A mãe vaca, por exemplo, serviria ao segundo propósito. Deve-se preferir este último método, quando possível. Podemos meditar sobre qualquer verso da *Gita*, ou mesmo sobre uma única palavra sua. Cada uma de suas palavras é um ornamento, e pensar num adorno do objeto de nosso amor é tão bom quanto pensar nele mesmo. Alguém poderá, contudo, idear uma terceira maneira de meditar e deve sentir-se livre para praticá-la. Cada cérebro trabalha de um modo diferente de todos os outros cérebros. Não há duas pessoas que pensem do mesmo modo sobre a mesma coisa. É natural que haja diferenças entre o que descrevem e entre as criações de sua imaginação.

Conforme assegura o sexto capítulo, nem sequer o menor *sadhana* (esforço espiritual) é desperdiçado. Aquele que busca seguirá adiante em sua próxima encarnação, apoiado nesse alicerce. De modo semelhante, se alguém tem a vontade mas não a capacidade de realizar um progresso espiritual, o ambiente de seu próximo nascimento fortalecerá esse propósito. Porém, isso não pode desculpar uma negligência atual. Se ocorrer, quer dizer que seu propósito é apenas intelectual, e que não vem do coração. A disposição somente intelectual não serve a nenhum objetivo útil, já que não perdura após a morte. Se a aspiração é autêntica, deve manifestar-se através do esforço. Mas é bem possível que uma debilidade física ou que o ambiente se interponham. Mesmo assim, quando a alma deixa o corpo leva consigo sua boa vontade, que frutifica nos feitos do nascimento seguinte, no qual as circunstâncias serão mais favoráveis. Portanto, aquele que faz o bem terá, com certeza, uma caminhada frutífera.

Jnaneshvar[55] pode ter meditado sobre *Nivritti*[56] durante toda a sua vida. Contudo, não devemos seguir-lhe o exemplo. Aquele em quem meditamos deve ser um indivíduo perfeito. Atribuir tal perfeição a uma pessoa vivente é incorreto e desnecessário. É possível que Jnaneshvar tenha meditado sobre *Nivritti* não do modo como este de fato era, mas sim como o concebia. Tal refinamento, porém, não é para pessoas como nós. Quando levantamos a questão sobre uma meditação apoiada numa pessoa vivente, não há lugar para uma imagem mental dela. Se a questão for resolvida com o apoio dessa imagem, isso só poderá precipitar em confusão mental aquele que busca.

The Diary of Mahadev Desai, vol. I, 1953, p. 170-172

65. O USO DE IMAGENS NA ORAÇÃO

Não proíbo a utilização de imagens na oração. Apenas prefiro a devoção Sem Forma. Talvez essa preferência não seja correta. Certas coisas são adequadas a alguns; outras, a outros, e ambas não podem ser comparadas de maneira justa. Não se pode avaliar qual é o melhor, Shankara ou Ramanuja. A experiência espiritual tem maior influência do que o ambiente. Aquele que busca a verdade não deveria ser afetado pelas coisas que o rodeiam, e sim elevar-se acima delas. Visões baseadas no meio onde se vive normalmente se mostram errôneas. Tome-se, por exemplo, o caso do corpo e da alma. A alma, mantendo no presente um estreito contato com o corpo, não pode ser percebida, de imediato, como distinta de sua vestimenta física. Portanto, grande de fato foi o homem que se ergueu acima de seu meio e disse: "Ela (a alma) não é isso (o corpo)". A linguagem dos santos como Tukaram[57] não deveria ser tomada em sentido literal. Sugiro que leia seu *abhang, kela maticha pshupati*, etc. Moral: devemos perceber a ideia subjacente às palavras dos santos. É bem possível que eles adorassem ao Sem Forma, mesmo que imaginassem a Deus sob alguma forma particular. Isso é impossível aos mortais comuns como nós e, portanto, deveríamos nos sentir constrangidos por não penetrarmos com um pouco mais de profundidade nas implicações de suas afirmativas.

The Diary of Mahadev Desai, vol. I, 1953, p. 168-169

(Do "Discurso XII")

O homem mortal pode apenas *imaginar* o Não Manifestado, o Impessoal e, na medida em que sua linguagem é insuficiente, ele sempre O descreve pela negação, como *neti neti* ("não é isto, não é aquilo"). Assim, nem os iconoclastas são, no fundo, melhores do que os adoradores de ídolos. Cultuar um livro, ir a uma igreja ou orar com o rosto voltado numa direção particular são maneiras de cultuar o Sem Forma através de uma imagem ou ídolo. Ainda assim, nem o iconoclasta nem o adorador de ídolos podem perder de vista o fato de que existe algo que transcende toda a forma, e que é inconcebível, informe, impessoal e imutável. O objetivo maior do devoto é tornar-se uno com o objeto de sua devoção. O devoto extingue-se e mergulha no Senhor, convertendo-se Nele. Esse estado pode ser atingido de um modo melhor através da devoção a alguma forma, e é por esse motivo que se diz que o atalho para o Não Manifestado é, na verdade, o mais longo e difícil.

The Gita According to Gandhi, 1956, p. 308-309

66. ADORAÇÃO DE ÍDOLOS
(De "Hinduísmo")

Não descreio da idolatria. Um ídolo não me desperta nenhum sentimento de devoção. Penso, porém, que cultuar ídolos faz parte da natureza humana. Ansiamos por simbolismo. Por que deveríamos ficar mais compenetrados numa igreja do que em outro lugar qualquer? As imagens são um apoio à devoção... Não considero pecado a idolatria.

Young India, 6/10/1921, p. 318

(De "Mais animal do que humano")

Comprova-se de maneira crescente que a devoção a Deus, por mais primária que seja, é o que distingue o homem do bruto. É a posse desse atributo que nos confere tão grande domínio sobre a criação divina. É totalmente irrelevante mostrar que milhões de pessoas educadas jamais entram numa igreja, numa mesquita ou num templo. Essa frequência não é natural nem indispensável à veneração de Deus. Mesmo aqueles que curvam a cabeça diante de troncos e pedras, que acreditam em encantamentos e fantasmas, reconhecem um poder acima e além de si mesmos. É verdade que se trata de um tipo de culto primitivo e bastante simples; todavia, é uma veneração a Deus. O ouro continua sendo ouro, mesmo em seu estado mais elementar. Está, simplesmente, à espera de refino, sendo então tratado, até pelo ignorante, como o metal precioso que é. Não há grau de refino capaz de transformar o ferro em ouro. Uma adoração aprimorada é, sem dúvida, resultado do esforço humano. O culto primário é tão antigo quanto Adão, sendo tão natural ao homem primitivo como comer e beber, se não mais. Um homem pode viver sem comer por alguns dias a fio, mas não vive sem devoção nem por um minuto. Ele pode não ter conhecimento disso, do mesmo modo que um ignorante pode não saber que tem pulmões ou desconhecer o fenômeno da circulação do sangue.

Young India, 8/7/1926, p. 245

67. IDOLATRIA
(De "Carta semanal", de M. Desai)

Gandhiji: Quanto à adoração de ídolos, não se pode prescindir dela, de uma forma ou de outra. Por que um muçulmano dá a vida em defesa de uma mesquita que diz ser a casa de Deus? Por que um cristão vai à igreja e, ao fazer um voto, jura pela *Bíblia*! Não que eu faça qualquer objeção a isso. O que mais, senão a idolatria, leva à doação de riquezas sem conta para a edificação de mesquitas e túmulos? O que fazem os católicos romanos, ajoelhados diante da Virgem Maria ou dos santos – figuras bastante imaginárias, feitas de pedra ou pintadas sobre tela ou vidro?

Padre cristão: Guardo uma fotografia de minha mãe e beijo-a com veneração, mas não a cultuo, nem adoro santos. Quando adoro a Deus, reconheço-O como o Criador, superior a qualquer ser humano.

Gandhiji: Ainda assim, não é a pedra que veneramos, mas sim a Deus, em imagens feitas de pedra ou metal, não importa quão primárias possam ser.

Padre cristão: Mas os aldeões cultuam pedras como se fossem Deus.

Gandhiji: Afirmo-lhe que eles adoram a Deus, e nada menos do que a Ele. Quando o senhor se ajoelha diante da Virgem Maria e pede sua intercessão, o que está fazendo? Está pedindo para estabelecer contato com Deus por intermédio dela. Da mesma forma, um hinduísta procura estabelecer contato com Deus através de uma imagem de pedra. Posso compreender seu pedido de intercessão à Virgem. Por que os muçulmanos se enchem de reverência e exultação quando entram numa mesquita? Não será o universo inteiro uma mesquita? E que dizer do magnífico baldaquino celestial que se estende sobre o senhor? Será menor do que uma mesquita? Porém, compreendo os muçulmanos, compartilho seus sentimentos. Por esse caminho, aproximam-se de Deus. Os hinduístas têm seus próprios caminhos para se aproximarem do mesmo ser eterno. Nossos meios de aproximação são diferentes, mas isso não O torna diferente.

Padre cristão: Os católicos acreditam que Deus lhes revela a senda verdadeira.

Gandhiji: Por que afirmam, porém, que a vontade de Deus está expressa num único livro, a *Bíblia*, e não em outros? Por que delimitar o poder divino?

Padre cristão: Mas Jesus provou, através de seus milagres, ter recebido a palavra de Deus.

Gandhiji: Essa é também a afirmação de Maomé. Se o senhor aceita o testemunho cristão, deve aceitar o testemunho muçulmano e também o hinduísta.

Padre cristão: Porém Maomé afirmou que não podia realizar milagres.

Gandhiji: Não, ele não pretendia provar a existência de Deus através de milagres. Mas afirmou que recebia Suas mensagens.

Quando se pensa a respeito, como parece primário e ingênuo o fanatismo do homem! "A tentativa de elaborar uma religião própria, que domine todo o tempo e espaço, parece natural às pessoas que se entregam ao sectarismo", disse Rabindranath Tagore no Parlamento das Religiões, em Calcutá. "Isso faz com que considerem uma ofensa alguém dizer-lhes que Deus é generoso ao repartir Seu amor, e que Seus meios de comunicação com os homens não se restringem a um beco sem saída abruptamente interrompido num ponto estreito da história. Se a humanidade alguma vez chegar a ser assolada pelo dilúvio universal de um exclusivismo fanático, Deus terá de fazer com que uma nova arca de Noé salve Suas criaturas da catástrofe da devastação espiritual."

Harijan, 13/3/1937, p. 39

68. IDOLATRIA *VERSUS* ADORAÇÃO DE ÍDOLOS
(De "Seção de perguntas")

Pergunta: Sou um estudante hinduísta. Fui muito amigo de um muçulmano, mas nos desentendemos devido à questão da adoração de ídolos. Encontro conforto cultuando-os, mas não consigo argumentar com meu amigo muçulmano de modo convincente. Pode me dizer algo a respeito no *Harijan*?

Resposta: Manifesto minha simpatia a você e ao seu amigo muçulmano. Sugiro que leia o que escrevi sobre o assunto no *Young India* e, caso lhe pareça satisfatório, peça a seu amigo que leia também. Se ele lhe tem afeto sincero, vencerá o preconceito contra o culto de imagens. Uma amizade baseada numa exata conformidade de opinião e conduta não vale muita coisa. Amigos devem aceitar mutuamente o estilo de vida e as ideias um do outro, ainda que sejam diferentes, a não ser que se trate de uma diferença fundamental. Talvez seu amigo tenha chegado à conclusão de que é pecaminoso dar-se com você, considerando-o um idólatra. A idolatria é que é nociva, não o culto aos ídolos. Um idólatra faz de seu ídolo um fetiche. Aquele que cultua os ídolos enxerga a Deus mesmo numa pedra e, assim, toma os ídolos como apoio para estabelecer sua união com Ele. Todas as crianças hinduístas sabem que a pedra no famoso templo de Benares não é Kashi Vishwanath[58], mas acreditam que o Senhor do Universo reside naquela pedra em particular. Esse jogo da imaginação é aceitável e sadio. Os exemplares da *Gita* no balcão de uma livraria não possuem a santidade que atribuo ao meu. A lógica me diz que não há mais santidade em meu exemplar do que em qualquer outro, que ela é fruto de minha imaginação. Mas esta propicia maravilhosos resultados concretos, ela muda a vida dos homens. Sou de opinião que, admitindo ou não, somos todos cultores de ídolos – ou idólatras, se não estabelecermos a distinção que fiz. Um livro, um edifício, um quadro, uma escultura são, por certo, imagens habitadas por Deus, mas não são Deus. Aquele que afirma o contrário está enganado.

Harijan, 9/3/1940, p. 30

69. CULTO EM TEMPLOS
(De "Miscelânea de perguntas")

Pergunta: O senhor parece defender o início da construção de templos para os *panchamas*[59] como um passo na direção de seu aprimoramento. Não é verdade que a mente hindu, confinada durante gerações – a templos, inclusive –, perdeu, de modo geral, a capacidade de ter uma visão mais ampla de Deus? Quando o senhor procura suprimir a intocabilidade, quando busca elevar os "intocáveis" e garantir-lhes um lugar livre e digno na sociedade, será preciso, para isso, encorajá-los a imitarem as atuais castas hindus, mesmos nos vícios, pecados e superstições? Enquanto tratamos da questão dos "intocáveis", não poderíamos, também, reestruturar a comunidade hindu como um todo, ao menos no que diz respeito ao culto dos deuses em templos? Não poderíamos, enquanto tentamos libertar as classes oprimidas de suas atuais amarras sociais, procurar também libertar-lhes a mente e o pensamento, permitindo que as reformas sociais instaurem um horizonte religioso e intelectual mais amplo?

Resposta: Não acho que os templos sejam pecado ou superstição. A existência de alguma forma de culto coletivo e de um lugar comum de devoção parece ser uma necessidade humana. O fato de existirem imagens ou não nos templos é uma questão de gosto ou temperamento. Não considero um local de culto hinduísta ou católico romano que abrigue imagens necessariamente ruim ou supersticioso, nem acho que uma mesquita, ou um templo protestante, sejam bons ou isentos de superstição apenas porque neles não há imagens. Um símbolo como uma cruz ou um livro pode converter-se, com facilidade, em ídolo e, portanto, em superstição. E a adoração das imagens do infante Krishna ou da Virgem Maria pode tornar-se enobrecedora e isenta de qualquer superstição. Depende da atitude de alma do fiel.

Young India, 5/11/1925, p. 378

70. OS TEMPLOS SÃO NECESSÁRIOS?

Um correspondente norte-americano escreve:

> Minha visão da história da religião é que todo o grande avanço religioso deu-se à distância de um credo formal e organizado. As grandes verdades das crenças, que os profetas da religião captaram e proclamaram, sempre se perderam quando seus discípulos tentaram localizá-las no sacerdócio e em templos. A Verdade é por demais universal para ser confinada e sectarizada. Portanto, considero os templos, mesquitas e igrejas como uma prostituição da religião. Testemunhamos, em cada nação, a degradação da Verdade e da integridade nos

templos; em minha opinião, a própria concepção de uma crença organizada garante que essas coisas se deem como consequência natural. Quando a religião é transformada em monopólio de sacerdotes, os templos tornam-se interesses paramentados e a grande massa da humanidade se isola da Verdade até surgir algum novo profeta que rompa as amarras da ortodoxia, libertando os espíritos humanos de sua dependência dos sacerdotes e templos.

Buda e Jesus, Chaitanya e Kabir compreenderam e ensinaram a Verdade, cujo caráter é universal e dá ajuda aos homens de todo o mundo; porém os "ismos" acrescidos a seus nomes são excludentes, divisórios e, portanto, prejudiciais àqueles que aceitam as interpretações clericais desses ensinamentos. A religião perde seu caráter humano e merece a reputação que a levou a ser chamada de "ópio".

Assim, não consigo ver o que há de vantajoso em os "intocáveis" obterem permissão para entrar nos templos. Sei que a justiça requer que se tenha liberdade, mesmo para agir errado. Mas é preciso que aprendam as lições de autorrespeito que lhes permitirão igualar-se, na evolução de nossa civilização, às pessoas pertencentes às castas; penso que para isso deveriam cultivar sua independência de quaisquer sacerdotes e templos. Devem alcançar aquela autorrealização que depende mais das forças interiores que das exteriores. Nesse processo, é de esperar-se que ocorra algum excesso, gerado por desafio ou rancor, antes que encontrem de fato a si mesmos. Quando o senhor disse, na Europa, que "antes considerava que Deus é a Verdade, mas que agora compreendia que a Verdade é Deus", tocou numa corda sensível dos corações de todos nós, quaisquer que sejam as nossas tradições. Mas ao transformar-se em defensor da fé do hinduísmo professado nos templos, ainda que depurado, sentimos que dissipou-se a universalidade de sua mensagem, a qual vinha, sim, de um hinduísta, mas de um hinduísta integrante do grande número de compatriotas preocupados com a espiritualidade, e que não buscam em templos o alimento espiritual de suas vidas. Não acredito que estes últimos estejam distantes das melhores tradições do hinduísmo, mas sim que pertençam à linhagem dos criadores do espírito religioso que fez da espiritualidade da Índia sua maior contribuição à humanidade.

Não creio, tampouco, que esse hinduísmo mais elevado seja elevado demais para os "intocáveis", cuja intuição espiritual nunca foi embotada pelo nosso padrão moderno de educação. Buda, Chaitanya e Kabir exerceram grande influência sobre essa classe e os ensinamentos de Jesus foram mais valorizados não pelos ricos e poderosos, mas pelos publicanos e pescadores, que estavam fora dos círculos respeitáveis da sociedade. Se o senhor exigisse dos "intocáveis" que se mantivessem, como antes, do lado de fora dos templos, e que se recusassem a aceitar um *status* social inferior, desafiando os líderes de castas, encorajando-os a desenvolver suas forças interiores, creio que teria o apoio de uma comunidade hindu tão vasta quanto aquela que apoia seu programa atual.

Essa respeitável opinião, endossada por um grande número de pessoas em todo o mundo, merece que a abordemos com ponderação. Não é a primeira vez que deparo com esse ponto de vista. Já tive o privilégio e a oportunidade de discutir o assunto com diversos amigos, sob este mesmo prisma. Mesmo reconhecendo como válida boa parte da argumentação, permito-me considerá-la inconclusiva, por suas omissões. Alguns sacerdotes são perniciosos. Templos, igrejas e mesquitas abrigam, com muita frequência, a corrupção e, mais frequentemente ainda, a deterioração. Seria impossível, todavia, provar que todos os sacerdotes são maus ou que o tenham sido, e que todas as igrejas, templos e mesquitas sejam ninhos de corrupção e superstição. O argumento ignora, também, o fato fundamental de que nenhuma fé se manteve sem um domicílio; vou mais longe, afirmando que a própria natureza do homem determina que seja assim, enquanto ele continuar sendo o que é. Seu próprio corpo foi corretamente denominado de templo do Espírito Santo, embora inúmeros desses templos sejam morada e receptáculo de corrupção e se voltem para fins espúrios. Presumo, ainda, que se aceitará como resposta conclusiva à sugestão radical de que todos os corpos devam ser destruídos em virtude da corrupção de muitos, a demonstração de que há alguns que são templos dignos do Espírito Santo. A causa da corrupção de inúmeros deles deverá ser procurada alhures. Templos de pedra e argamassa não são mais que uma extensão natural desses templos humanos e, embora tenham sido, sem dúvida, concebidos como habitações de Deus, tal como os templos humanos, estavam submetidos à mesma lei de decadência.

Não conheço nenhuma religião ou seita que tenha existido ou exista sem uma casa de Deus, que pode ser designada de muitas maneiras: templo, mesquita, igreja, sinagoga ou *agiari*. Tampouco é certo que qualquer um dos grandes reformadores, inclusive Jesus, tenha destruído ou renegado os templos de modo geral. Procuravam, sim, extirpar, deles e da sociedade, a corrupção. Parece que alguns, senão todos, pregaram em tais domicílios sagrados. Deixei de ir a templos durante anos, mas não considero que tenha me tornado, por isso, uma pessoa melhor do que antes. Minha mãe nunca deixava de frequentá-los, quando tinha condições. É provável que sua fé fosse bem maior que a minha, que não os frequento. Há milhões de pessoas cuja crença é alimentada por templos, igrejas e mesquitas. Não são cegos adeptos de uma superstição, nem tampouco fanáticos. A superstição e o fanatismo não são monopólio deles. Tais vícios têm sua raiz em nossos corações e mentes.

Considero minha defesa da frequência aos templos perfeitamente condizente com a declaração que fiz diversas vezes na Europa de que a Verdade é Deus. É essa crença que torna possível, mesmo com o risco da perda de amizades, popularidade e prestígio, advogar que os "intocáveis" os frequentem. A Verdade que conheço ou creio conhecer exige-me essa atitude. O hinduísmo perde o direito a uma compreensão sem fronteiras, se lhes interditar seus santuários.

Devemos admitir que o templo e o culto que abrigam necessitam de uma reforma e de um aprimoramento radical. Mas qualquer reformulação, sem a permissão desse acesso, pactuará com um equívoco. Sei que a objeção do amigo norte-americano não se refere à corrupção ou à impureza dos locais de culto. É uma objeção bem mais radical. Ele não acredita nesses locais, em absoluto. Esforcei-me para demonstrar que sua posição é indefensável se forem considerados fatos constatáveis na vida diária. Rejeitar a necessidade de templos é rejeitar a necessidade de Deus, da religião e da existência terrena.

Harijan, 11/3/1933, p. 4

71. OS LOCAIS DE DEVOÇÃO SÃO UMA SUPERSTIÇÃO?

(Publicado originalmente sob o título "Literalismo")

Um leitor nos escreveu de maneira apaixonada:

> Temo que haja algumas contradições em sua esplêndida defesa (no *Young India* de 23 de setembro)[60] da prática da oração divina, especialmente da prece coletiva. No final do artigo, ao referir-se a igrejas, templos e mesquitas, o senhor diz que "esses lugares de devoção não são uma mera superstição inútil, a ser descartada na primeira oportunidade. Até hoje, sobreviveram a todos os ataques e deverão perdurar até o fim dos tempos."
>
> Ao ler, indaguei a mim mesmo: De quem vieram esses ataques? Com certeza não foram desfechados por ateus, zombadores ou farsantes; ao menos, não na mesma medida em que algumas seitas integradas por crentes agridem mutuamente seus locais de devoção. Na verdade, a maioria, senão todas as agressões de que o senhor fala, foi perpetrada por fanáticos "piedosos", *em nome e pela glória do Deus de cada um*. Seria um insulto a seu conhecimento da história universal citar exemplos.
>
> Em segundo lugar, indaguei a mim mesmo: será verdade, será estritamente correto afirmar que esses locais devocionais sobreviveram a todas as investidas? De novo a resposta é: claro que não. Veja em Kashi (ou Benares), onde se ergueu por séculos, desde muito antes da época do Senhor Buda, o templo de Vishwanath, e onde hoje se ergue, dominando a "Cidade Santa", uma mesquita construída sobre as ruínas do antigo templo profanado por ordem do "Santo Vivo" (Zinda Pir), do "Rei Asceta" (Sultão Auliya), do "Imperador Puritano" – Aurangazeb. Outra vez não foram os "infiéis" britânicos, mas o terrível "fiel" Ibn Saud e seu exército wahabita[61], os responsáveis pela recente demolição e profanação de muitos locais de culto no Hedjaz (a "Terra Santa" muçulmana). Sobre suas ruínas os indianos muçulmanos ainda hoje erguem seus lamentos, e o governador de Hyderabad – o único entre todos os governantes muçulmanos do mundo a fazê-lo – tentou, em vão, reconstruir Hedjaz com seus próprios recursos.
>
> Esses fatos nada significam para o senhor, Mahatmaji?

Esses fatos significam muito para mim. São, sem dúvida, uma demonstração da barbárie humana. Mas eles me corrigem. Advertem-me para que eu não me torne intolerante. Fazem com que eu tolere até mesmo o intolerante. Mostram a absoluta insignificância do homem, conduzindo-o, assim, à oração, caso não tenha sido levado a isso. A história, afinal, não registra exemplos de orgulho convertido em humildade, a ajoelhar-se diante do Altíssimo, lavando-Lhe os pés com lágrimas de sangue e suplicando para ser reduzido a pó sob Seus calcanhares? Na verdade, "a letra matou, e o espírito deu vida".

O leitor, um dos mais regulares e assíduos do *Young India*, deveria saber, a esta altura, que para mim os locais de culto não significam meramente tijolo e argamassa. São uma sombra da Realidade. Para cada igreja ou mesquita destruída, foram erguidas centenas de outras. É totalmente irrelevante discorrer sobre a necessidade da oração, dizer que os chamados fiéis desmentiram suas crenças e que muitos e renomados lugares sagrados foram arrasados. Afirmo ser suficiente – e, para minha argumentação, o é – contar com a possibilidade de comprovar que existiram homens no mundo, e que os há hoje em dia, para os quais a oração é positivamente o pão da vida. Recomendo ao leitor que vá, incógnito e sem ideias preconcebidas, a mesquitas, templos e igrejas; descobrirá, como eu descobri, que há neles algo que fala ao coração e que transforma aqueles que os frequentam – não por ostentação, vergonha ou medo, mas por simples devoção. É algo que desafia a análise. As pessoas de mente pura que procuram os atuais locais de peregrinação, não obstante estes tenham se tornado ninhos de erros, superstição e até de imoralidade, retomam mais puras, devido ao ato de devoção. Daí procede a significativa promessa da *Bhagavad Gita*: "Minha retribuição se faz conforme o espírito com que os homens Me adoram".

O que o leitor escreveu mostra, sem dúvida, nossas limitações presentes, das quais devemos procurar nos livrar o quanto antes. É um apelo à purificação de todas as religiões, à ampliação de horizontes. Essa reformulação tão necessária está a caminho. Há uma palavra mais adequada: consciência; permitam-me dizer que, mesmo quanto à reformulação que todos nós almejamos, é necessário que oremos com intensidade, para que ela propicie uma purificação mais profunda do ser. Pois sem uma purificação mais profunda da humanidade, a tolerância e a boa vontade mútuas serão impossíveis.

Young India, 4/11/1926, p. 386

72. POR QUE NÃO HÁ TEMPLO NO *ASHRAM*?
(Da "Carta a Narayan M. Khare")

O senhor fez bem em escrever-me sobre o templo. Se tiver ainda algo mais a dizer, volte a escrever-me. Não vou insistir, é claro, numa tentativa de fazer prevalecer minha visão. Contudo, tenho um ponto de vista estabelecido a respeito. Já falei, referindo-me a mim mesmo, que sou um adorador de imagens e um iconoclasta. O Deus concebido por um ser humano será necessariamente limitado por uma forma, ainda que se trate apenas de uma imagem mental. Nesse sentido, sou um adorador de imagens. Mas nunca experimentei a inclinação de adorar nenhuma delas como se fosse Deus. Perante formas e imagens, sinto-me *neti neti* ("não é isto, não é aquilo"). Neste aspecto considero-me um iconoclasta. Por ser essa a minha atitude, sempre acreditei que não deveria haver templos no *ashram*. Foi por isso que decidimos não construir um lugar para orar. Sentamo-nos ao ar livre, tendo o alto céu por teto e os quatro pontos cardeais por paredes. Se desejamos manter uma atitude de equanimidade para com todas as religiões, é assim que devemos viver. Tenho procurado, nestes últimos dias, ler um pouco os *Vedas* e outros livros sacros. Nenhum deles menciona, em parte alguma, o culto de imagens. O hinduísmo, não obstante, abriga essa devoção. Não deveríamos, portanto, nos opor a ela; não se trata, porém, de um culto obrigatório. Ele é voluntário. Sinto que seria melhor se, como instituição, nos mantivéssemos afastados dessa prática. Se aquilo que sempre acreditei ser um *samadhi* é realmente um templo, não devemos fazer dele um local de adoração pública. Quando o proprietário da terra quis demolir a edificação e retirar os tijolos, paguei-lhe uma importância em dinheiro superior ao valor estimado e salvei a construção. Mas não pretendo transformá-la num templo.

The Collected Works of Mahatma Gandhi, LI, 1972, p. 10

(Da "Carta a Nirmala H. Desai")

Sim, a adoração de uma fotografia é também uma adoração de imagem. Mas há, por certo, uma diferença entre meditar sobre uma fotografia em dias especiais e construir um templo no qual se instala uma imagem. Não deveríamos introduzir o culto de imagens no *ashram*. Este deve abrigar, de forma equânime, todas as religiões.

Ibid., p. 89

73. UM TEMPLO-MODELO

Mencionei recentemente o início de um projeto para um templo-modelo em Rajkot. Diversos leitores pediram-me que defendesse a presença dos "intocáveis" nos templos, sem aludir à necessidade de reformá-los, coisa que, sem dúvida, é uma medida necessária. Também nisso, contudo, é preciso ter cautela. Alguns acham possível substituir todos os templos existentes por novos. Não compartilho essa opinião. Os santuários nunca serão iguais. Sempre variarão, tal como no passado, de acordo com as mutáveis necessidades humanas. A preocupação de quem empreender a reforma deveria voltar-se, antes de mais nada, para uma mudança radical do espírito interior; depois, para a forma externa. Se o primeiro se transformar, a segunda cuidará de si mesma. Se o primeiro permanecer inalterado, a segunda, não importa quão radical tenha sido a alteração, será como um sepulcro caiado. Um mausoléu, por mais belo que seja, é um túmulo e não uma mesquita, ao passo que um pedaço de chão consagrado pode ser um verdadeiro templo do Senhor.

Assim, o primeiro desiderato diz respeito ao sacerdote. Meu sacerdote ideal deve ser um homem de Deus. Um sincero servidor do povo. Deve ter, para aqueles entre os quais exerce sua função de oficiante, os atributos do orientador, do amigo e do filósofo. A sua deve ser uma dedicação exclusiva, com o mínimo possível de necessidades e vínculos pessoais. É preciso que seja versado nas escrituras. Toda a sua preocupação deve ser a busca do bem-estar de sua gente. Não elaborei um quadro fantasioso. É quase fiel à vida. Baseia-se nas reminiscências de minha infância. O sacerdote que estou recordando era olhado com reverência pelo príncipe e pelo povo. Todos se aglomeravam à sua volta em busca de conselhos e orientação, nos momentos de necessidade.

Se o cético disser que é difícil encontrar um sacerdote assim hoje em dia, estará certo, em parte. Mas eu pediria a quem efetuasse as reformas que esperasse para construir o seu templo ideal, até encontrar tal sacerdote.

Enquanto isso, esperamos que cultive em si mesmo as virtudes possuídas pelo sacerdote de sua imaginação e que as busque naqueles que oficiam nos templos atuais. Em outras palavras, esperamos que, através de sua conduta gentil e correta, seja solidário com as necessidades dos que o rodeiam e que tenha fé em que seu pensamento, impregnado por sua própria correção de conduta, atuará com mais força do que o maior dos dínamos. Que não se impaciente, querendo ver resultados num dia apenas. Um pensamento pode necessitar de anos de conduta adequada para desenvolver a força necessária. O que são anos ou gerações, no evoluir de uma grande reforma?

Talvez agora o leitor possa acompanhar minha visão de um templo-modelo. Não posso oferecer-lhe nenhum projeto ou especificações arquitetônicas. O momento ainda não é oportuno. Mas isso não deve desencorajar o reformador. Ele pode escolher o local de seu futuro santuário. Este deve ser bastante acessível. Não é preciso que esteja no coração de uma aldeia ou de uma cidade, mas deverá ser de fácil acesso aos "intocáveis" e aos demais pobres, desde que o local não seja insalubre. Deverá, se possível, localizar-se no ponto mais elevado dos arredores. De qualquer modo, eu procuraria erguer a base da construção tão alto quanto fosse possível. E elegeria esse local como o lugar de minha devoção diária.

Em torno dele haverá uma escola, um dispensário, uma biblioteca secular e religiosa. A escola poderá servir também de salão de reuniões e debates. Sugiro que haja um *dharmashala*, ou casa de hóspedes, ligada ao templo. Cada uma dessas construções será uma instituição separada porém subordinada ao templo; podem ser erguidas simultaneamente ou uma após outra, conforme as circunstâncias e os recursos permitirem. As construções podem ser ou não definitivas. Se o trabalho for voluntário, como é possível que seja, pode-se começar sem demora, com barro e palha.

O santuário ainda não está construído, mas fizeram-se as fundações; depois que se conseguiu o terreno, o material para o templo foi escolhido e realizou-se a primeira oração. Pois, como diz a *Bhagavad Gita*, "Onde quer que se reúnam as gentes e se pronuncie o Seu nome com o coração, ali habita Deus; ali é o Seu templo". A construção, a divinização e a consagração são incumbências do sacerdote. Quando este for encontrado terá início o seu trabalho, mas o templo começa a existir quando se faz a primeira prece. Se esta for dita por homens e mulheres sinceros, a atividade do santuário será perene e ininterrupta.

Digo o mesmo a respeito dos futuros santuários. O leitor interessado em estudar a planta de Rajkot descobrirá que a forma do meu templo-modelo corresponde ao que se vê nesse esquema. A propósito, nada há de novo em minhas ideias ou na planta de Rajkot. Sugeri que fossem incorporadas quase todas as caraterísticas dos antigos templos de aldeia.

Devemos, porém, atuar com os santuários que já existem. Eles podem tornar-se dentro em pouco autênticas casas de Deus, se os fiéis se empenharem para que os sacerdotes encarnem o ideal que propus.

Harijan, 29/4/1933, p. 6

74. TEMPLOS PARA A ADORAÇÃO DA NATUREZA
(Publicado originalmente sob o título "Templos de Deus")

Aqui no Ceilão, de onde escrevo para o *Young India*, num ambiente em que uma natureza generosa derramou seus mais ricos tesouros, lembrei-me de uma carta escrita por um amigo dotado de inclinações poéticas, num cenário semelhante. Compartilharei com o leitor alguns de seus parágrafos:

> Que adorável manhã! Fria, nublada, com um sol modorrento cujos raios têm a suavidade do veludo. E uma manhã estranhamente tranquila – há um rumor como que de oração pairando sobre ela. As brumas são como incenso; os que cultuam as árvores estão em transe; entoando cânticos, chegam pássaros e insetos peregrinos. Ah! Como eu gostaria de aprender com a Natureza a autêntica entrega! Parece que esquecemos nosso direito nato de adorar onde, quando e como bem entendermos. Construímos templos, mesquitas e igrejas para manter nossa devoção a salvo de olhos curiosos e longe de influências externas, mas esquecemos que as paredes têm olhos e ouvidos e que os telhados podem estar – quem sabe – infestados de fantasmas.
>
> Santo Deus, logo mais farei uma prédica! Que estupidez, numa manhã como esta! No jardim ao lado uma criança canta, inconsciente e alegre como um pássaro! Sinto vontade de limpar a poeira de seus pezinhos. E como não posso derramar meu coração em sons da maneira tão simples como esse pequenino, meu único refúgio é o silêncio!

Igrejas, mesquitas e templos, que encobrem tanta hipocrisia e impostura e fecham suas portas aos mais pobres, parecem escarnecer de Deus e de Sua devoção, quando olhamos para o templo eternamente renovado sob o vasto manto azul, convidando cada um de nós à verdadeira oração, ao invés de macular Seu nome com discórdias, em nome da religião.

Young India, 8/12/1927, p. 414

75. CULTO ÀS ÁRVORES
(Traduzido do *Hindi Navajivan* por Pyarelal)

Escreve um leitor:

> É comum, neste país, ver homens e mulheres cultuando troncos, pedras e árvores, mas fiquei surpreso ao descobrir que mesmo mulheres instruídas, pertencentes a famílias de entusiásticos militantes sociais, não se colocam acima dessa prática. Algumas dessas irmãs e amigas defendem sua atuação dizendo que, desde que esta se baseia na reverência pura à presença divina na natureza e não em crenças falsas, não pode ser classificada como superstição; citam os nomes de Satyavan e Savitri, cuja memória, afirmam, é assim celebrada. O argumento não me convence. Posso pedir-lhe que esclareça um pouco mais o assunto?

Gostei da pergunta. Ela levanta a antiquíssima questão do culto de imagens, do qual sou, ao mesmo tempo, defensor e adversário. Quando esse procedimento degenera em idolatria e impregna-se de falsas crenças e doutrinas, faz-se necessário combatê-lo como a um grande mal social. Por outro lado, o culto de imagens, no sentido de dar a um ideal uma forma concreta, é inerente à natureza humana; é válido até mesmo como suporte da devoção.

Cultuamos uma imagem ao reverenciar um livro que consideramos sagrado. Também o fazemos quando visitamos um templo ou uma mesquita com um sentimento de santidade e devoção. Não vejo mal nenhum nisso. Pelo contrário, o homem, dotado como é de uma compreensão limitada, dificilmente poderia agir de outro modo.

Longe de ver algo de ruim ou prejudicial no culto às árvores, vejo nele algo instintivo, dotado de uma piedade e uma beleza poética profundas. Ele simboliza a verdadeira reverência por todo o reino vegetal, o qual, com seu infinito espectro de belas formas, parece proclamar, num milhão de línguas, a grandeza e a glória de Deus. Sem vegetação nosso planeta não seria capaz de conservar a vida por um instante sequer. Especialmente num país como este, em que são tão escassas, o fato de cultuar as árvores reveste-se de uma significação profunda, em termos econômicos.

Portanto, não vejo necessidade alguma de liderar uma cruzada contra o culto às árvores. É verdade que as pobres e simples mulheres que as veneram não possuem uma compreensão racional das implicações de seu ato. Seriam, possivelmente, incapazes de dar qualquer explicação dos motivos por que as veneram. Agem com a pureza e a total simplicidade de sua fé. Esta não deve ser menosprezada: é uma força grande e poderosa, que deveríamos valorizar.

Bem distinto, todavia, é o caso dos votos e preces que os devotos realizam diante de seu objeto de culto. Orações e promessas movidas por fins exclusivamente pessoais, seja em igrejas, mesquitas, templos, seja diante de árvores e santuários, não devem ser encorajadas. Pedidos egoístas e o cumprimento de promessas não estão ligados ao culto de imagens por uma relação de causa e efeito. Uma oração feita com egoísmo é má, quer tenha sido realizada diante de uma imagem, quer de um Deus invisível.

Que ninguém conclua que estou defendendo o culto indiscriminado às árvores. Não o considero um apoio essencial à devoção; reconheço, porém, que Deus Se manifesta sob inúmeras formas neste universo e que cada uma dessas manifestações suscita em mim uma reverência espontânea.

Young India, 26/9/1929, p. 320

76. ATMOSFERA PARA ORAÇÕES

Aqui (na primeira classe de um navio), minhas orações carecem da profundidade, da serenidade e da concentração que possuíam quando eu estava na prisão.

Não escrevo isso frivolamente, e sim depois de profunda reflexão... Penso nisso todos os dias... Percebi que aqueles que desejam servir a Deus não podem transigir mimando a si próprios ou perseguindo riquezas. As orações não nascem com facilidade numa atmosfera luxuosa. Mesmo que não compartilhemos esse luxo, não podemos fugir à sua influência natural. A energia que despendemos para resistir a essa influência é o preço de nosso esforço devocional.

(Traduzido do gujarate: *Indian Opinion*, 7/8/1909)
The Collected Works of Mahatma Gandhi, IX, 1963, p. 276-277

77. O LUGAR DA ORAÇÃO NA VIDA DO *ASHRAM*
(Traduzido do gujarate para o inglês por V. G. Desai)

I

Se a perseverança é, na verdade, a raiz do *ashram*, a oração é o principal nutriente dessa raiz. No *ashram* as atividades sociais (enquanto distintas das individuais) têm início diariamente com o culto congregacional matutino, das 4h15 às 4h45, e se encerram com a oração noturna, das 19 horas às 19h30. Desde a fundação do *ashram*, não houve, ao que eu saiba, um único dia em que esse culto não tenha sido realizado. Sei de muitas ocasiões em que, devido às chuvas, apenas a pessoa responsável estava presente no local das orações. Todos os residentes devem comparecer, exceto se impedidos por doença ou motivo semelhante. Essa frequência tem sido muito bem observada na oração noturna, mas na matutina não.

O horário do culto matutino foi marcado, a título de experiência, às 4 horas, às 5, às 6 e às 7horas, nessa ordem. Mas, devido à minha muita persistência, o horário fixado foi, afinal, o das 4h20 da manhã. Com o primeiro sinal, às 4 horas, todos se levantam da cama e, depois de se lavarem, chegam ao local da oração às 4h20.

Acredito que num país como a Índia, quanto mais cedo nos levantarmos da cama, melhor. Além disso, milhões de pessoas precisam levantar-se cedo, obrigatoriamente. Se o camponês for dorminhoco, sua colheita será prejudicada. O gado deve ser cuidado e o leite ordenhado bem cedinho. Assim, aqueles que buscam a Verdade salvadora, sejam serviçais ou sejam monges, podem muito bem estar de pé às 2 ou às 3 horas; o contrário é que seria surpreendente. Em todos os países do mundo os devotos de Deus e os agricultores levantam-se cedo. Os homens de fé pronunciam o Seu nome e os lavradores trabalham no campo servindo ao mundo e a si mesmos. A meu ver, ambos são devotos. Os religiosos o são deliberadamente, ao passo que os lavradores empenham-se no louvor a Deus com seu trabalho, inconscientes de estarem contribuindo para sustentar o mundo. Se ao invés de trabalharem no campo estivessem em meditação religiosa, faltariam com seus deveres, gerando uma catástrofe para si mesmos e para o mundo.

Podemos ou não considerar o lavrador um devoto, mas se camponeses e outros trabalhadores têm a obrigação de levantar cedo, como é possível um devoto da Verdade ou um serviçal ser dorminhoco? Estamos novamente tentando coordenar o trabalho e o culto no *ashram*. Portanto, minha opinião definitiva é que nele todas as pessoas fisicamente capazes devem deixar o leito na hora devida, mesmo à custa de inconvenientes. Quatro da manhã não é cedo: é, sim, mais do que tempo de estarmos de pé e ativos.

Foi preciso, então, reconsiderar e decidir sobre algumas questões. Onde deveriam ser realizadas as orações? Seria preciso erigir um templo ou deveríamos reunir-nos a céu aberto? Deveríamos erguer uma plataforma ou nos sentarmos na areia e no pó? Deveria haver imagens? Resolvemos, afinal, sentar-nos na areia sob o dossel celeste, e decidimos que não haveria nenhuma imagem. A simplicidade é uma prescrição do *ashram*. Ele existe para servir aos milhões de famintos. Nele dá-se aos pobres o mesmo lugar destinado aos outros. Recebe de braços abertos todos aqueles que estão dispostos a observar-lhe as regras. Numa instituição assim, a casa de culto não pode ser feita de tijolo e gesso; o céu deve bastar como teto e, como paredes e vigas, temos os pontos cardeais. Planejou-se uma plataforma, mas foi depois descartada, pois seu tamanho dependeria do número de fiéis, que é indeterminado. Se fosse grande custaria muito dinheiro. A experiência demonstrou que foi prudente a decisão de não construir a casa de oração nem a plataforma. Pessoas de fora também frequentam os cultos do *ashram*; a multidão que às vezes comparece não poderia acomodar-se numa plataforma, por maior que esta fosse.

A forma como se realizam as orações no *ashram* está sendo cada vez mais seguida em outros locais; templos que têm o céu como teto têm-se mostrado muito adequados. Onde quer que eu vá realizam-se orações matinais e noturnas. A frequência é tão grande, especialmente à noite, que só é possível efetuá-las em espaços abertos. Se eu tivesse o hábito de realizar cultos apenas em salões específicos, talvez jamais tivesse podido promover orações públicas durante minhas viagens.

Portanto, todas as religiões merecem o mesmo respeito no *ashram*. Seguidores de todos os credos são bem-vindos aqui, quer cultuem imagens quer não. Não se mantém nenhuma no culto congregacional, para não ferir os sentimentos de pessoa alguma. Mas, se um integrante do *ashram* deseja ter uma imagem em seu quarto, ele tem a liberdade de o fazer.

II

Na oração matinal, recitamos primeiro os versos do *Ashram Bhajanavali* (hinário), depois entoamos um cântico seguido do *Ramadhun* (repetição do *Ramanama*) e de recitações da *Gita*. À noite temos a recitação dos últimos dezenove versos do segundo capítulo da *Gita*, um cântico, o *Ramadhun*, e então lemos um trecho de algum livro sacro. Os versos foram selecionados pelo sr. Kaka Kalelkar, que está no *ashram* desde a sua fundação. Maganlal Gandhi conheceu-o em Santiniketan, quando ele e as crianças do Phoenix Settlement, vindos da África do Sul, foram para lá; nessa ocasião eu ainda estava na Inglaterra. Dinabandhu Andrews e o falecido sr. Pearson estavam então em Santiniketan. Eu aconselhara Maganlal a estabelecer-se em algum local escolhido por Andrews, e este escolheu aquela cidade. Kaka, que era professor ali, estabeleceu estreito contato com Maganlal. Este tencionava que lá houvesse um professor de sânscrito, e Kaka começou a realizar esse trabalho. Chintamani Shastri ficou sendo seu assistente. Kaka ensinou as crianças a recitar os versos repetidos na oração. Alguns deles foram omitidos na prece do *ashram*, para poupar tempo. Essa é a história dos versos recitados em todas as orações matinais.

Sua recitação foi frequentemente combatida, sob o pretexto de poupar tempo ou por parecer, a alguns, que não poderiam ser bem recitados nem por um devoto da Verdade nem por um não hinduísta. Não há dúvida de que esses versos são recitados apenas na comunidade hinduísta, mas não consigo entender por que alguém que não a integra não pode participar ou estar presente à recitação. Os amigos muçulmanos e cristãos não levantaram nenhuma objeção ao ouvir os versos. É claro que eles não têm a intenção de criar discórdia com aqueles que respeitam tanto as crenças alheias como as próprias. Não segregam o pensamento do próximo. Sendo os hinduístas maioria absoluta no *ashram*, os versos devem ser extraídos dos seus livros sagrados. Porém, isto não quer dizer que não se deve cantar ou recitar coisa alguma que não faça parte de suas escrituras. Houve ocasiões em que Imamsaheb recitou versos do *Alcorão*[62]. Hinos muçulmanos e cristãos são cantados com frequência.

Os versos, porém, foram bastante atacados, sob o ponto de vista da verdade. Um integrante do *ashram* argumentou, com moderação, mas com firmeza, que o culto a Sarasvati, Ganesha e a outras divindades era uma violência à verdade, já que nenhuma dessas deidades existiu de fato. Nem Sarasvati, sentada sobre um lótus com uma vina (instrumento musical) nas mãos, nem Ganesha, com seu ventre volumoso e sua tromba de elefante, haviam existido realmente. Minha resposta a esse argumento foi:

Afirmo ser um devoto da Verdade e, ainda assim, não me abstenho de recitar esses versos ou de ensiná-los às crianças. Proibir alguns versos por causa disso significaria atacar a própria base do hinduísmo. Não é que não se possa proibir coisa alguma dessa doutrina; desde que mereça restrição, esta será feita, independentemente de sua antiguidade. Mas não acredito que esse seja o ponto fraco ou vulnerável de nossa crença. Afirmo, até, que talvez se trate de uma característica. Sarasvati e Ganesha não são entidades isoladas. São nomes atribuídos a um único Deus. Poetas devotos têm-Lhe concedido moradas locais e dado muitos nomes a Seus incontáveis atributos. Não estão agindo de modo errado; esses versos não burlam os fiéis e as demais pessoas. Quando um ser humano Lhe rende louvor, imagina-O da maneira que lhe parece adequada. O Deus que tem em sua imaginação está ali para ele. Mesmo quando oramos a um Deus destituído de formas e qualidades, nós na realidade O dotamos de atributos. E estes são formas, também. Deus é fundamentalmente impossível de ser descrito em palavras. Nós, mortais, dependemos necessariamente da imaginação, que também nos forma e, por vezes, deforma. As qualidades que atribuímos a Deus, movidos pelos motivos os mais puros, são verdadeiras para nós, mas baseiam-se em aproximações da Verdade, pois todas as tentativas de descrevê-Lo serão, por força, malogradas. Através do intelecto tenho consciência disso, e ainda assim não consigo deixar de ocupar-me dos atributos divinos. Meu intelecto não pode exercer nenhuma influência sobre meu coração. Estou pronto para admitir que este almeja, em sua fraqueza, por um Deus com atributos. Os versos que venho recitando a cada dia nos últimos quinze anos proporcionam-me paz e me asseguram o bem. Neles encontro beleza e poesia. Homens cultos narram diversas histórias sobre Sarasvati, Ganesha e outras personificações, cada uma das quais serve a seu propósito. Não lhes conheço o significado mais amplo; não o aprofundei, por considerar isso desnecessário para mim. Talvez minha ignorância seja minha salvação. Não achei que precisasse penetrar a fundo nesse campo, na minha busca da Verdade. Basta-me conhecer meu Deus e, embora ainda tenha de chegar à percepção de Sua presença vivente, sinto que estou no caminho certo para chegar ao meu destino.

Não posso esperar que esta resposta satisfaça adversários. Um comitê *ad hoc* examinou em profundidade a questão, recomendando, ao fim, que os versos permanecessem como estavam, pois, qualquer seleção seria vista de modo desfavorável por esta ou aquela pessoa.

III

Cantava-se um hino depois da recitação dos versos. De fato, esses hinos constituíam toda a prece que era realizada na África do Sul. Os versos foram acrescentados na Índia. Nos hinos ou cânticos, guiávamo-nos por Maganlal Gandhi, mas sentíamos que precisávamos de um cantor experiente e que observasse também as regras do *ashram*. Nós o encontramos em Narayan Moreshvar Khare, discípulo do Pandit Vishnu Digambar, que gentilmente o enviara ao *ashram*. Khare nos satisfez por completo, sendo agora um perfeito membro de nossa comunidade. Ele tornou interessantes os cânticos, e o *Ashram Bhajanavali* (hinário), que é hoje lido por milhares de pessoas, foi na maior parte compilado por ele. Introduziu o *Ramadhun*, que é a terceira parte de nossas orações. A quarta é a recitação de versos da *Gita*. Esta tem sido, há anos, a orientação autorizada, em termos de crença e conduta, do *Ashram Satyagraha*. Ela representa um instrumento de aferição da retidão de ideias ou de linhas de procedimento. Assim, esperávamos que todos os membros do *ashram* pudessem compreender-lhe o significado e, havendo possibilidade, que a soubessem de cor. Ou, se isso não fosse possível, que ao menos o original sânscrito fosse lido com a pronúncia correta. Com tal finalidade em mente, começamos a recitar um trecho da *Gita* todos os dias. Recitávamos alguns versos e continuávamos recitando até que o memorizássemos. Seguia-se então o *parayan*[63]. A recitação está hoje organizada de modo a que toda a *Gita* seja recitada em quatorze dias, e todos sabem quais versos serão ditos em cada dia particular. Recita-se o primeiro capítulo em sextas-feiras alternadas; desse modo, chegaremos a ele na próxima sexta (10 de junho de 1932). Os capítulos sete e oito, doze e treze, quatorze e quinze, dezesseis e dezessete são recitados no mesmo dia, para que os dezoito capítulos sejam concluídos em quatorze dias[64].

Na oração noturna recitamos os últimos dezenove versos do segundo capítulo; depois cantamos um hino e repetimos o *Ramanama*. Esses versos descrevem as características do *sthitaprajna*, ou seja, o homem de compreensão firme – compreensão que um buscador da Verdade também deve adquirir; pretende-se que com a recitação ele tenha sempre isso em mente.

Critica-se a repetição durante as orações, dizendo-se que ela inclina ao automatismo e tende a ser ineficaz. É verdade que a oração se torna mecânica. Somos máquinas e, se acreditamos que seja Deus o nosso motor, devemos nos comportar como máquinas operadas por Suas mãos. Se o Sol e outros corpos celestes não atuassem como máquinas, o universo se imobilizaria. Mas, embora sendo máquinas, não devemos nos comportar como matéria inerte. Somos seres inteligentes e devemos, por isso, observar regras.

A questão não é saber se os conteúdos da prece são sempre os mesmos ou se diferem dia a dia. Mesmo se variarem muito é possível que se tornem ineficazes. O *Gayatri* hinduísta, a confissão da fé (*kalma*) muçulmana e a típica oração cristã do Sermão da Montanha têm sido há séculos recitados todos os dias por milhões de pessoas; ainda assim, sua força não diminui, mas cresce sem cessar. Tudo depende do espírito com que é praticada a recitação. Se um descrente ou um papagaio repetirem essas poderosas palavras, elas se mostrarão ineficazes. Por outro lado, quando um homem de fé as repete constantemente, sua influência aumenta a cada dia.

Nosso alimento básico é sempre o mesmo. Aquele que se alimenta de trigo ingerirá outras coisas também, elementos adicionais que poderão mudar de tempos em tempos, mas o pão de trigo estará sempre à mesa do jantar. É o sustento de sua vida, do qual jamais se cansará. Se experimentar aversão a ele, é sinal de que a dissolução de seu corpo está próxima.

O mesmo ocorre com a oração. Seus componentes devem ser sempre os mesmos. Se a alma estiver faminta deles, a monotonia da oração não a incomodará: buscará nutrir-se dela. Será atingida por um senso de privação, no dia em que não for possível orar. Estará mais desolada do que aquele que se submete a um jejum físico. Deixar de alimentar-se pode ser eventualmente benéfico para o corpo; porém nunca se ouviu falar de uma indigestão da alma causada por orações.

O fato é que muitos de nós rezamos sem que a alma esteja faminta pela prece. Como está em voga acreditar na existência de uma alma, acreditamos que exista. Essa é a nossa triste situação. Alguns creem intelectualmente que haja uma alma, mas não aninham essa verdade no coração e, assim, não sentem necessidade de rezar. Muitos oram porque vivem em sociedade e acham que devem participar de suas atividades. Não é de surpreender que anseiem por variedade. Na verdade, porém, não estão presentes às orações. Desejam desfrutar a música, ou apenas têm curiosidade ou desejo de ouvir a prédica. Não estão ali para unir-se a Deus.

IV

Prarthana (o termo gujarate para oração) significa, literalmente, pedir algo, ou seja, rogar algo a Deus com o espírito de humildade. Aqui a palavra não tem esse sentido, mas sim o de louvá-Lo ou adorá-Lo, de meditação e autopurificação.

Mas quem é Deus? Ele não é alguém exterior a nós ou ao universo. A tudo permeia, é onisciente e onipotente. Não precisa de louvores ou pedidos. Sendo imanente a todos os seres, a tudo ouve e lê nossos mais recônditos pensamentos. Habita nosso coração e está mais próximo de nós do que as unhas dos dedos. Qual a valia de dizer-Lhe o que quer que seja?

Em vista dessa dificuldade, o termo *prarthana* é também traduzido como "autopurificação". Quando falamos em voz alta durante as orações, dirigimo-nos não a Deus mas a nós mesmos, com o intento de sacudir nosso torpor. Alguns de nós são intelectualmente conscientes de Deus, e outros são afligidos por dúvidas. Ninguém O contemplou face a face. Desejamos reconhecê-Lo e percebê-Lo, tornarmo-nos unos com Ele, e procuramos satisfazer esse anseio por intermédio da oração.

Esse Deus que procuramos é a Verdade. Ou, colocando em outros termos, a Verdade é Deus. Essa Verdade não é apenas a veracidade que se espera de nossas palavras. É aquela que é e que constitui, só ela, a substância da qual todas as coisas são feitas, que subsiste graças à sua própria força, que não se apoia em coisa alguma mas apoia tudo o que existe. Somente a Verdade é eterna; tudo o mais é efêmero. Ela não precisa assumir corpo ou forma. É pura inteligência e bem-aventurança. Nós a denominamos Ishvara, pois tudo é regido por Sua vontade. Ela e a lei que promulga são uma só. Não se trata, portanto, de uma lei cega. Ela rege todo o universo.

Prarthana existe para propiciar essa Verdade; significa, em suma, o anseio sincero de que o espírito da Verdade nos tome em plenitude. Essa ânsia deveria manifestar-se durante as 24 horas do dia. Nossas almas, porém, são muito instáveis para terem tal consciência dia e noite. Assim, oramos por um curto período de tempo, na esperança de que venha uma época em que toda a nossa conduta seja uma prece contínua.

É esse o ideal de oração para o *ashram*; no momento ele está muito, muito distante. O programa que detalhamos acima refere-se às exterioridades, mas a ideia é a de que nosso próprio coração se converta em prece. Se as orações do *ashram* ainda não atraem por si mesmas, se os residentes comparecem devido a alguma obrigatoriedade, significa apenas que nenhum de nós ainda é um homem de oração na verdadeira acepção do termo.

Numa prece vivenciada, a atenção do fiel concentra-se no objeto da devoção: nada mais é percebido. O devoto já foi, com razão, comparado ao amante: este esquece o mundo todo e até a si próprio na presença da amada. A identificação do crente com Deus deveria ser mais estreita ainda. Ela ocorre somente após muito esforço, muita purificação (*tapas*) e autodisciplina. Num local santificado pela presença de um desses fiéis não é preciso incentivar as pessoas a comparecerem às preces: elas são levadas ao culto pela força de sua devoção.

Falamos até agora da prece coletiva, porém no *ashram* dá-se também extrema importância à oração individual e solitária. Aquele que nunca ora sozinho pode frequentar as orações coletivas, mas não será muito o seu proveito. As preces são absolutamente necessárias à congregação, mas esta é constituída de indivíduos, e as reuniões de oração tornam-se infecundas sem preces individuais. Portanto, cada membro da comunidade é sempre lembrado de que deveria, por iniciativa própria, dedicar-se à introspecção em todos os momentos do dia. Não é possível exercer um controle sobre isso, nem tampouco avaliar essa oração silenciosa. Não posso dizer quanto ela se faz presente no *ashram*, mas acredito que alguns estejam se empenhando, com um esforço maior ou menor, nesse sentido.

Ashram Observances in Action, 1959, cap. II

78. A ORAÇÃO DO *ASHRAM*
(Do *Harijansevak*)

A oração do *ashram* difundiu-se bastante entre o povo. Foi uma difusão espontânea. O *Ashram Bhajanavali* (hinário) já teve várias edições e a procura é crescente. O nascimento e o crescimento dessa prece não foi artificial. Há uma história ligada a quase todos os versos e cânticos selecionados. O *Bhajanavali* contém, entre outros, cânticos dos sufis e faquires muçulmanos, do guru Nanak e do hinário cristão. Cada religião parece ter encontrado um lugar natural no livro de orações.

Chineses, birmaneses, judeus, ceilonenses, muçulmanos, parses, europeus e norte-americanos viveram no *ashram* de tempos em tempos. Da mesma forma, dois *sadhus*[65] japoneses procuraram-me em Maganwadi, em 1935. Um deles ficou comigo até outro dia, partindo quando estourou a guerra no Japão. Era um residente ideal, no nosso lar de Sevagram. Tomava parte em todas as atividades com entusiasmo. Nunca o vi desentender-se com pessoa alguma. Era um trabalhador silencioso. Aprendeu hindi, tanto quanto pôde. Era um estrito cumpridor de seus votos. Sempre, todas as manhãs e todas as noites, nós o víamos com seu tambor, caminhando, a entoar seu mantra, que dava início ao culto noturno: नम्मे। हो रेंगे क्यों, que significa: "Curvo-me diante do Buda, o doador da verdadeira religião". Jamais esquecerei sua presteza, sua ordem e o total desapego com que se preparou no dia em que a polícia apareceu, sem avisar, para levá-lo do *ashram*. Foi embora depois de recitar seu mantra favorito e deixou o tambor comigo. – Você está nos deixando, mas seu mantra continuará sendo parte integrante das orações de nosso *ashram* – foram as palavras que me vieram espontaneamente aos lábios. Desde então, apesar de sua ausência, nosso culto matutino e noturno começa com essas palavras, que são, para mim, uma constante lembrança da pureza e da devoção sincera do nosso amigo japonês. Sua eficácia apoia-se, por certo, nessa lembrança sagrada.

Enquanto o Sadhu Keshav – esse era o seu nome – ainda estava conosco, Bibi Raihana Tyabji também passou alguns dias em Sevagram. Eu sabia que ela era muçulmana devota, mas desconhecia, até a morte de seu ilustre pai, quanto era versada no *Alcorão*. Quando Tyabji Saheb, aquela joia do Gujarat, expirou, nenhum pranto rompeu o terrível silêncio de seu quarto. Ouvia-se apenas Bibi Raihana, em sua recitação sonora de versos do *Alcorão*, imortais como Tyabji Saheb. Ele continua vivo, no exemplo de serviço que legou à Nação. Bibi Raihana é uma perfeita cantora, com um amplo repertório de todos os tipos de cânticos. Ela costumava entoá-los todos os dias, recitando também belos versos do *Alcorão*. Pedi-lhe que ensinasse alguns destes últimos a residentes que pudessem aprendê-los; ela fez isso com alegria. Como muitos que vieram para cá, Raihana tornou-se uma de nós. Partiu quando chegou o tempo, mas deixou uma fragrante lembrança. O *Al-fatiha*, tão conhecido, foi incluído no culto do *ashram*. Esta é uma tradução de seus versos:

1. Em Alá me refugio
    de Satã, o amaldiçoado.
2. Diz: Ele é Deus, o Deus único,
    o Eterno Absoluto,
   Não gerou nem é gerado,
   E não há igual a Ele.
3. Louvado seja Deus,
   Amparo e Proteção dos mundos,
   O mais Clemente, mais Misericordioso,
   Senhor do Dia do Juízo.
   A Ti louvamos
   E Teu auxílio buscamos.
   Mostra-nos o caminho da retidão,
   O caminho daqueles sobre os quais
   Tua Graça derramaste,
   Aqueles cujo (legado) não é a cólera
   E que do caminho não se desviam.

Escrevo esta nota em resposta a um fervoroso amigo hinduísta que, com gentileza, fez-me o seguinte reparo: "O senhor deu ao *kalma* (confissão de fé muçulmana) um lugar no *ashram*. O que falta fazer ainda para matar o hinduísmo?"

Confio que meu hinduísmo, assim como o dos demais hinduístas do *ashram*, cresceu com isso. Deveríamos ter idêntica reverência por todas as religiões. Badshah Khan, a cada vinda, participa de nosso culto com alegria. Ama a melodia com que entoamos o *Ramayana* e ouve atentamente a *Gita*. Isso não lhe diminui a fé no Islã. Por que motivo, então, não posso ouvir o *Alcorão* com igual reverência e adoração sincera?

Vinoba e Pyarelal estudaram árabe e aprenderam o *Alcorão* na prisão. Seu hinduísmo enriqueceu-se com esse estudo. Acredito que a unidade hinduísta-muçulmana somente ocorrerá através dessa espontânea fusão de almas, e não de outro modo. Rama não é conhecido apenas por mil nomes. Suas denominações são incontáveis e Ele é o mesmo, quer O chamemos de Alá, Khuda, Rahim, Razzak, Doador do Pão, ou qualquer outro nome que brote do coração de um autêntico devoto.

Harijan, 15/2/1942, p. 44

(Publicado originalmente em "Notas", sob o título "O motivo da adição")

Durante os três dias que passei em Shrinagar, embora houvesse orações no bangalô de Lala Kishorilal, onde me hospedei, não realizei prédicas. Decidira isso antes de deixar Délhi. Alguns participantes, porém, enviaram-me perguntas. Uma delas era a seguinte:

> Compareci à reunião de oração na noite passada, quando o senhor recitou duas preces pertencentes a outras tradições. Poderia explicar qual o seu propósito com isso e o que entende por religião?

Conforme já disse antes, os trechos do *Alcorão* foram introduzidos alguns anos atrás por sugestão de Bibi Raihana Tyabji, que vivia então no *ashram* de Sevagram; as orações parses foram introduzidas por instância do dr. Gilder, que realizou essas preces quando do término de meu jejum no palácio do Aga Khan, durante nossa prisão. Minha opinião é que o acréscimo enriqueceu a reunião de oração. Ela atingiu o coração de um maior número de pessoas e mostrou o hinduísmo sob seu aspecto mais amplo e tolerante. Poder-se-ia perguntar também por que o culto tem início com uma oração budista em idioma japonês. A seleção das estrofes da prece tem uma razão ligada ao seu caráter sacro. Certa época todo o Sevagram ressoava nas primeiras horas do dia com o som da oração budista, quando vivia no *ashram* um bom monge japonês que, com sua conduta tranquila e digna, conquistou o afeto dos residentes.

Harijan, 17/8/1947, p. 281

79. SOBRE AS ORAÇÕES DO *ASHRAM*
(Da "Carta à sra. E. Bjerrum")

O que a senhora diz sobre as orações do *ashram* é bastante verdadeiro. Por enquanto elas são apenas formais, falta-lhes alma; mas prossigo, na esperança de que essa alma se faça presente. A natureza humana é a mesma no Oriente e no Ocidente. Assim, não me surpreende que a senhora não tenha visto nada de especial nas preces orientais; quanto às orações do *ashram*, é provável que sejam uma mescla de orientalidade e ocidentalidade. Como não tenho preconceitos contra nada de ocidental que seja positivo ou quanto a abdicar de algo do Oriente que se mostre negativo, tem havido uma mescla inconsciente de ambos. A prece é uma necessidade para a vida da congregação e, portanto, sua forma também o é. Não deve, a partir disso, ser considerada hipócrita ou prejudicial. Se o dirigente das reuniões de oração é um bom homem, o nível geral do encontro também é bom. O efeito espiritual de uma participação honesta e inteligente nas preces congregacionais é, sem dúvida, muito grande. Estas preces não pretendem substituir a oração individual que, como a senhora disse muito bem, deve ser sincera e nunca formal. É assim que nos harmonizamos com o Infinito. A prece coletiva auxilia essa harmonização. Porque o homem é um ser social não pode encontrar a Deus a menos que cumpra seus deveres sociais, e o comparecimento à prece comum talvez seja o dever supremo. É um processo purificador para toda a congregação. Porém, como em toda instituição humana, se não tomarmos cuidado, esses encontros se converterão em formalidade ou até em hipocrisia. É preciso encontrar métodos para evitar a ambas. Em todas as questões, especialmente nas espirituais, o que conta, por fim, é o equilíbrio individual.

A chamada nominal não é uma chamada comum. É um boletim de resultados do *yajna*, ou seja, da abnegação diária. Todos dizem ter uma roca. A fiação foi introduzida com um espírito de serviço altruísta. A ideia é enxergar a Deus através do serviço de milhões. O dia não deve findar sem que cada membro da congregação confesse ter realizado ou não a prometida abnegação cotidiana. Não se trata, portanto, de uma formalidade cumprida no encerramento da prece, mas sim do toque final da oração. Não é realizada no início, porque os retardatários devem ter a oportunidade de registrar sua abnegação. Lembre-se, também, de que não se pretende que esse oferecimento altruísta seja cumprido em segredo. É preciso que seja feito abertamente.

The Collected Works of Mahatma Gandhi, XXXVI, 1970, p. 304-305

(Da "Carta a Premabehn Kantak")

Se as crianças não têm interesse em nenhuma das orações, pode-se inserir uma parte especial para elas, como costumava fazer Prabhudas. Eu ficaria feliz se durante as preces elas se mantivessem sentadas, com fé e em silêncio.

Não foi com a intenção de receber louvores que mencionei o fato de as mesmas preces estarem sendo ditas há dezesseis anos. Foi apenas uma constatação da realidade. Não quis sugerir que todos deveriam comparecer ao culto durante tantos ou quantos anos. O *ashram* manteve essas orações apesar de todos os problemas e críticas, e muitos obtiveram paz de espírito com elas. O que quis dizer foi que tais preces não deveriam ser abandonadas ou substituídas, a não ser por uma razão muito forte.

The Collected Works of Mahatma Gandhi, XLIX, 1972, p. 455-456

(Da "Carta a Parasram Mehrotra")

Durante as orações do *ashram* ninguém deveria começar a recitar ou a cantar antes do dirigente. Além disso, a norma é que só devem juntar-se à recitação e ao canto aqueles que puderem manter-se dentro do tom. Quando toda a comunidade canta de modo harmonioso, em uníssono, o canto nunca deixa de produzir efeito. Nem o próprio silêncio deixa de cumprir seu papel. Ambos são benéficos, cada qual em seu momento apropriado.

Antigamente, ao se fazerem oblações durante um sacrifício, os encantamentos costumavam ser entoados em voz alta, na crença de que milhares estariam presenciando a cerimônia com reverência. Uma vez que isso tornou-se um hábito, mesmo quando estão presentes apenas cinco ou dez pessoas, eles continuam a ser entoados em voz alta.

Ibid., p. 215

(Original: "Prece")

A prece é o fundamento maior do *ashram*. Devemos, portanto, compreender-lhe o significado com clareza. Se não é feita de coração, não é, em absoluto, uma prece. É raro vermos alguém cochilando enquanto come. A prece é um milhão de vezes mais importante do que a alimentação. É digna de pena a pessoa que cochila durante o seu transcorrer. Deveríamos sentir-nos profundamente pesarosos por perdermos as orações. Não deveríamos nos importar por privarmo-nos de uma refeição, mas jamais deveríamos privar-nos da prece. Deixar de fazer uma refeição é, por vezes, benéfico à saúde. A omissão de uma oração, nunca.

Se alguém cochila, sente preguiça ou conversa com os vizinhos durante a prece, sem fixar sua atenção nela ou deixando os pensamentos vagarem, é como se estivesse ausente. Sua presença física é mera exibição. É, assim, duas vezes culpado: absteve-se de rezar e enganou o próximo. Enganar significa agir sem sinceridade, violando o voto de ser verdadeiro.

Mas se alguém sente sono ou enfado, à sua revelia, o que deve fazer? Ora, isso nunca pode acontecer. Se vamos diretamente da cama para a reunião devocional, é possível que sintamos sono. Antes de ir, teríamos de despertar por completo, escovando os dentes, decidindo-nos a permanecer despertos e alertas. Não é aconselhável sentarmo-nos perto um do outro na reunião; sentados, deveríamos manter-nos eretos como um bastão, respirando com lentidão e, se soubermos dizer as palavras de modo correto, participar da recitação dos versos e entoar os cantos devocionais – para nós mesmos, ou em voz alta. Se não pudermos fazer isso, podemos repetir o *Ramanama*. Se, ainda assim, não conseguirmos controlar o corpo, devemos ficar em pé. Ninguém, adulto ou criança, deveria envergonhar-se disso. Os adultos deveriam, ocasionalmente, permanecer de pé, mesmo que não se sintam sonolentos, a fim de fazer com que ninguém se constranja por estar em pé também.

É preciso que todos se esforcem para compreender, o mais breve possível, o significado do que é entoado ou recitado. Mesmo sem conhecer sânscrito, deveriam aprender o sentido de cada verso e meditar sobre ele.

The Collected Works of Mahatma Gandhi, L, 1972, p. 68-69

80. O TEMPO DESPENDIDO EM ORAÇÕES
(De uma carta ao Pandit Khare)

Não devemos relutar. O Islã assiste a cinco orações diárias, cada qual com uma duração mínima de quinze minutos; nelas os mesmos versos devem ser repetidos. Nas orações cristãs há um elemento permanente, cuja duração é também de quinze minutos. Nas igrejas católicas e nas anglicanas da Inglaterra os cultos duram no mínimo meia hora, dando-se pela manhã, na hora do almoço e à noite. Esse tempo, para um devoto, não é muito. Nenhum de nós tem o direito de modificar agora a ordem ou os vários elementos de nossas preces. O tema já foi amplamente debatido, tendo-se encerrado a discussão. Temos que aprender a valorizar as nossas preces, procurando torná-las um instrumento de visão beatífica. Devemos extrair delas nosso alimento espiritual diário. Não pensemos em mudanças, mas em colocar nelas, tal como são, toda a nossa alma.

The Diary of Makadev Desai, vol. 1, 1953, p. 219

As orações têm sido alvo de ataques frequentes, mas têm-se mantido por dezesseis anos. Qual deve ser sua duração? Quanto desse tempo pode ser poupado? Aquele que as aceita como necessárias não lamentará o tempo a elas dedicado.

The Collected Works of Mahatma Gandhi, XLIX, 1972, p. 406

81. DAS NOTAS DE MANIBEHN
(Anotado pela sra. Manibehn Patel nos encontros devocionais matutinos das mulheres do *ashram*, em 1926)

Os três primeiros versos sempre recitados nas orações matinais femininas contêm o comovido apelo de Draupadi a Shri Krishna, quando Duhshasana tentou despi-la na corte dos kauravas[66].

Os versos são os seguintes:

गोविन्द, द्वारिकावासिन्, कृष्ण, गोपीजनप्रिय ।
कौरवैः परिभूतां मां किं न जानासि केशव ॥
हे नाथ, हे रमानाथ, व्रजनाथार्तिनाशन ।
कौरवार्णवमग्नां मां उद्धरस्व जनार्दन ॥
कृष्ण, कृष्ण, महायोगिन्, विश्वात्मन् विश्वभावन ।
प्रपन्नां पाहि गोविन्द, कुरुमध्येऽवसीदतीम् ॥

Ó Govinda, habitante de Dwarka, ó Krishna, Tu que és o bem-amado das *gopis*, ó Keshava, não sabeis que os kauravas me cercam?
Ó Senhor, Tu, Senhor de Lakshmi, protetor do Vraja, que libertas da aflição, ó Janardana, salva-me (do) oceano do sofrimento que tomou a forma dos kauravas.
Ó Krishna, Tu, grande iogue, alma e proteção do universo, ó Govinda, liberta a mim, que jazo desesperançada em meio aos kauravas e busco o teu apoio.

* * *

Draupadi demonstrou tanta força quanto Yudhishthira.

Embora tivesse cinco maridos era, ainda assim, chamada de "casta" (*sati*). Porque naquele tempo, do mesmo modo que um homem podia ter muitas esposas, a mulher (em certas regiões) podia possuir vários maridos. Os costumes matrimoniais modificam-se conforme o tempo e o lugar.

Sob outro ponto de vista, Draupadi pode ser considerada um símbolo da mente ou inteligência humana (*budhi*). Os cinco pandavas[67] representam os cinco sentidos colocados sob controle. É, de fato, desejável que o sejam. Uma vez que estejam todos sob o governo da inteligência e se refinem, podemos considerá-los casados com ela.

Draupadi demonstrou uma força incomensurável. Até mesmo Bhima e um nobre rei como Yudhishthira a temiam. Li na prisão, no *Mahabharata*, a prece de Draupadi, e chorei durante um longo tempo. Para minha compreensão, essa prece é de uma força extraordinária. No norte da Índia um número enorme de pessoas recita esses versos. A força das palavras cresce ou decresce na proporção da intensidade do esforço espiritual subjacente. O que há na palavra AUM (OM)? Ela é composta de três letras apenas: A, U e M. Seu valor, contudo, reside na força espiritual que lhe é associada. Quando, sob a palavra, existe uma grande contrição, seu valor torna-se maior. O mesmo se dá quanto a Draupadi. Ela pode ser considerada apenas outra personagem imaginária criada por Vyasji[68], pode ter existido de fato ou não. Mas a grande força da estatura espiritual do próprio Vyasji e a recitação, por milhões de seres humanos, das orações por ele compostas para Draupadi, elevaram o valor dessa prece.

Govinda representa o senhor dos sentidos e as *gopis*, os milhares de impulsos sensoriais. *Gopijanapriya* significa "aquele que é amado por muitos", ou seja, pelos fracos. Draupadi foi cercada pelos kauravas, que são os nossos desejos básicos. Draupadi grita: – Keshava, como é possível que não me conheças? – É o grito de todos os aflitos. Por acaso não possuímos desejos malignos? Quando é que estamos livres das paixões por completo? Quando Draupadi diz que foi cercada pelos kauravas, "kauravas" pode significar, também, pessoas ruins. Somos, porém, mais oprimidos por nossos desejos malignos do que por pessoas más. Assim, é mais correto interpretar os kauravas como nossos desejos malignos.

Draupadi é uma autêntica serva de Deus e, como tal, tem direito de censurar até mesmo a Ele. Ela clama: – Oh, Mestre! Oh, Senhor! Oh, Ramanath! – ou seja, clama por Lakshmipati, pelo Senhor do Mundo, Aquele que salva, Aquele que traz a autorrealização –, estou me afundando num mar de kauravas – isto é, estou me afogando numa multidão de desejos malignos, estou repleta de paixões perniciosas. Salva-me!

Draupadi grita: – Krishna, Krishna! – Quando alguém está em grande alegria ou em grande dificuldade, chama duas vezes pelo seu nome. Ela diz: – Venho em busca de refúgio. Salva-me! Estou envolta por paixões malignas e desamparada... Tira-me de tudo isso!

* * *

Como Draupadi, somos desamparados, pois estamos repletos de impurezas e desejos negativos de toda ordem. Nosso medo de serpentes e de coisas semelhantes é uma prova de nossa fraqueza. Eu, que sou considerado o mais elevado do *ashram*, também tenho temores. Isso significa que sou mais desamparado do que Draupadi.

Dwarka representa, na *Gita*, o mundo todo, ou seja, nosso próprio ser, não a suja e pequena cidade perto de Porbandar, em Kathiawad.

* * *

É preciso que deixemos de lado a ideia que diz "Não tenho ninguém no mundo". Deus é o amparo de todos. É possível responsabilizar os maridos pela precária condição das mulheres, mas estas deveriam refletir sobre a melhor forma de extirpar a própria fraqueza interior.

* * *

Para todos nós, só pode haver uma única oração. Se a rezarmos diariamente, compreendendo-a de modo adequado, ela estará sempre presente em nosso pensamento. Keshava (Deus) está sempre conosco, e não num lugar chamado Dwarka. Isso é apenas linguagem poética. Draupadi esqueceu que Keshava está sempre em toda a parte. Ele a vestia sem cessar enquanto Duhshasana a despia. Sempre que pensamentos ou desejos negativos nos vierem à mente, devemos perguntar-nos por que teriam surgido, e meditar sobre esses versos.

* * *

(Disse Gandhiji certa vez, sobre o trabalho manual:)

Se um trabalhador dedicar a Deus toda a atividade que faz, poderá alcançar a autorrealização. Autorrealização significa pureza do ser. Falando de modo estrito, apenas aqueles que realizam trabalho físico a alcançam, pois "Deus é a força dos fracos". "Fraco" não significa aquele cujo corpo é frágil, embora também para estes Deus seja força – mas devemos considerar que essa fraqueza refere-se a meios e recursos. O trabalhador deve cultivar a humildade. O desenvolvimento exclusivo do intelecto pode levar ao desenvolvimento de um tipo diabólico de inteligência. Fazer apenas trabalhos intelectuais desenvolve tendências destrutivas. É por isso que a *Gita* diz que aquele que come sem trabalhar ingere alimento roubado. A humildade é inerente a cada ato do trabalho. É por isso que este é carma-ioga, ou atividade que conduz à salvação. Fazer trabalho físico apenas por dinheiro não é carma-ioga, desde que a ideia que o move é o ganho, apenas. Limpar latrinas por dinheiro não é *yajna* (abnegação). Porém, fazê-lo por abnegação, pela saúde pública e pelo bem comum, converte-se em *yajna*. Aquele que realiza labor físico para servir, com absoluta humildade e por autorrealização, alcança a esta. Tal pessoa jamais hesitaria diante do trabalho. Seria incansável.

* * *

Por certo eu veneraria um ídolo, não importa se feito de barro, se isso me aliviasse o coração. Se minha vida parece satisfatória, plena de sentido e frutífera, o culto à imagem do jovem Krishna tem significado. A pedra não é Deus, mas Ele a habita. Se alguma vez eu untar um ídolo com pasta de sândalo, fizer-lhe uma oferenda de arroz e rezar pedindo poder para tirar a vida do próximo, espero que alguém tenha força suficiente para atirar a imagem num abismo, fazendo-a em pedaços.

* * *

Se esperamos desenvolver a capacidade de ver todos os nossos semelhantes como iguais a nós, devemos almejar ter apenas aquilo que o restante do mundo possui. Assim, se há leite para todos, também podemos tê-lo. Podemos orar a Deus pedindo: "Ó Senhor, se quiserdes que eu tenha leite, dai-o antes a todas as criaturas". Mas quem consegue rezar assim? Só aquele que tem extrema compaixão pelo próximo e que trabalha pelo bem deste. Mesmo que não possamos praticar esse princípio, devemos ao menos compreendê-lo e apoiá-lo. Atualmente deveríamos pedir-Lhe uma só coisa: que, já que caímos tão baixo, Ele aceite qualquer pequenina coisa que sejamos capazes de fazer. Mesmo que não consigamos muito, que Ele nos dê forças para nos libertarmos de nossas posses. Se nos arrependermos de nossas faltas, estas pelo menos não se farão mais numerosas. Não devemos guardar coisa alguma como se fosse propriedade nossa; temos, sim, que lutar para nos livrarmos das posses, tanto quanto possível.

* * *

Este corpo é chamado, às vezes, de dádiva preciosa. Se mantivermos nossa dedicação a Deus, ele se mostrará um valioso bem. Para Lhe sermos totalmente devotados, precisamos ter o controle de nosso corpo.

O desejo passional é comum ao homem e à mulher. A mente sempre vagueia em busca de um objeto de prazer. Contudo, devemos compreender que obtivemos este nascimento não para desfrutar ou proporcionar esse gênero de prazeres, mas sim para a autorrealização.

Nosso templo está no *ashram* porque está também em nossos corações. Um santuário construído apenas de algumas pedras não faz sentido. Só tem propósito um templo erguido no coração.

Se o *ashram* continuar assim, sem abrigar pessoas maldosas dentro dele, poderá converter-se num lugar de peregrinação.

* * *

Diz-se que cada seixo às margens do Narmada poderá transformar-se em Shiva. O nome Narmada não designa apenas o rio próximo a Broach, mas todos os rios. Se lavarmos um seixo numa corrente e lhe oferecermos uma *bilvapatra*[69], ele se converterá, para nós, em Shiva. Indo mais além: se tomarmos um punhado de terra, dando-lhe a forma de uma imagem de Shiva, também se converterá, para nós, nesse deus. Do mesmo modo, podemos crer que Shiva habita nossos corações. Ao mesmo tempo que veneramos ídolos, somos iconoclastas. Podemos fazer em pedaços toda a matéria de uma imagem, adorando, porém, o espírito divino que nela tem sua morada.

* * *

Os devotos de Deus cumprem atividades ditadas por sua voz interior. Contudo, esta também pode enganar-se, às vezes. Portanto, os fiéis devem manter-se sempre alertas.

* * *

Não tem sentido guardar dias e votos sagrados, se não lhes compreendermos o significado. Será uma observância valiosa para nós e para a sociedade, desde que, compreendida a sua significação, possamos explicá-la a outros. Nossas mulheres guardam o *Nagapanchami*[70], o *Janmashtami*[71] e outros dias santos. Deveriam saber, porém, por que os guardam. É possível que o significado do *Nagapanchami* seja – se a serpente simbolizar um inimigo – inculcar o princípio de que não se deve matar nem mesmo um inimigo. Não há, neste mundo, criatura tão letal ao homem como a serpente, exceto outro homem. Se encontrarmos alguém tão cheio de veneno quanto esse ofídio, devemos aprender a amá-lo como se estivesse repleto de néctar. Agindo assim, vamos aprender que cada ser humano é digno de nossa veneração, ou seja, de que nos coloquemos a seu serviço.

* * *

Ao invés de ensinar as mulheres a manejar adagas, melhor seria ensiná-las a superar o medo. As mãos protetoras de Deus estão sempre sobre nós. Se acreditarmos verdadeiramente em Sua existência, a quem poderemos temer? Mesmo que a pessoa mais perigosa o ataque, chame por Deus. Até os mais cruéis fugirão, se Ele for chamado com sinceridade. Mas se isso não acontecer, que importa? Façamos dessa ocasião um aprendizado, aprendendo a morrer.

Bapu's Letter to Ashram Sisters, 1960, p. 94-114

III. *RAMANAMA*

Mesmo que não faça mais nada além disso, repita o Ramanama. *Algum dia, repentinamente, verá a luz em meio às trevas.*

* * *

Mesmo que eu seja morto, não cessarei de repetir os nomes de Rama e de Rahim que, para mim, significam o mesmo Deus. Com esses nomes nos lábios, eu morreria jubiloso.

* * *

Anseio por desaparecer deste mundo com tranquilidade, com o Nome de Rama nos lábios.

82. PLANTAR UMA BOA SEMENTE

Desde os seis ou sete anos até os dezesseis estive na escola; recebi ensinamentos de toda a sorte, exceto no tocante à religião. Posso dizer que não consegui, dos professores, aquilo que poderiam ter-me dado sem maior esforço. Todavia, fui apanhando elementos aqui e acolá, à minha volta. Estou empregando o termo religião em sua acepção mais ampla, no sentido de autorrealização ou conhecimento do eu.

Tendo nascido na fé *vaishnava*[72], comparecia com frequência ao *haveli*[73], mas isso nunca me atraiu. Não gostava daquela pompa e esplendor. Além disso, ao ouvir rumores sobre certas imoralidades ali praticadas, perdi todo o interesse. Ou seja, não pude obter nada no *haveli*, tendo, porém, recebido de minha ama, uma velha criada da família, de cuja afeição por mim me lembro até hoje, o que não achei nele. Eu tinha medo de fantasmas e espíritos. Rambha – esse era o seu nome – sugeriu, para curar-me, a repetição do *Ramanama*; tendo mais fé nela do que em seu remédio, comecei, em tenra idade, a repetir o nome de Rama para me livrar do pavor de fantasmas e espíritos. É claro que essa situação foi transitória, mas a boa semente da infância não foi plantada em vão. Creio que é por causa da semeadura da bondosa Rambha que o *Ramanama* é hoje um recurso infalível para mim.

An Autobiography, 1969, p. 22-23

83. QUEM É RAMA?
(De uma carta)

O senhor pergunta o que significa Rama. Posso explicar-lhe o significado da palavra, mas sua repetição seria quase inútil para o senhor. Se compreender, porém, que Rama é Aquele a quem pretende adorar, repetindo-Lhe o Nome, isso o cumulará de benesses incessantes.

Poderá repeti-lo como um papagaio, o que ainda será de alguma valia, pois, essa repetição, ao contrário da imitação feita por uma ave, estará imbuída de um propósito. O senhor não precisa de nenhum símbolo; Tulsidas afirma que o nome de Rama é mais poderoso que Ele próprio e sugere que não há relação alguma entre a palavra Rama e sua significação. O significado será conferido posteriormente pelo fiel, de acordo com a natureza de sua devoção. Essa é a beleza da repetição (*japa*). Seria impossível provar, de outro modo, que isso fará, de um tolo, um novo homem. O devoto deve observar uma única condição: o Nome não deve ser repetido por exibicionismo ou para burlar o próximo, mas com determinação e fé. Se uma pessoa repeti-lo com perseverança, não tenho a menor sombra de dúvida de que isso se converterá, para ela, num manancial inesgotável. Aquele que tiver a paciência necessária pode conseguir o mesmo para si próprio. Por vezes a mente vagueia, inquieta, durante dias ou anos a fio; o corpo suplica pelo sono, quando se está engajado na repetição do Nome. Sintomas ainda mais dolorosos costumam aparecer. Não obstante, se o devoto perseverar na repetição, poderá colher-lhe os frutos. Mesmo a fiação, que é um feito material rudimentar, só pode ser realizada depois que nossa paciência é severamente posta à prova. Coisas mais difíceis do que o ato de fiar exigem de nós um esforço maior. Assim, quando nos dispomos a alcançar o Supremo, devemos passar pela necessária disciplina por um longo, longo tempo, sem nos deixarmos abater. Creio ter respondido a todas as suas perguntas. Se tem fé, repita o Nome o tempo todo: sentado, em pé, deitado, comendo, bebendo. Não há motivo para desespero, se todo o seu tempo de vida for empregado nisso. Se tentar, alcançará uma paz de espírito cada vez maior, dia após dia.

The Diary of Mahadev Desai, vol. I,1953, p. 120-121

(Da "Seção de perguntas")

Pergunta: O senhor sempre diz que quando fala em Rama está se referindo ao governante do universo e não a Rama, filho de Dasharatha. Contudo, vemos que seu *Ramadhun* diz "Sita-Rama", "Raja Rama" e termina com "Vitória a Rama, Senhor de Sita". Quem é esse Rama senão o filho do rei Dasharatha?

Resposta: Já respondi a perguntas semelhantes anteriormente, mas esta tem um aspecto novo que precisa ser esclarecido. No *Ramadhum* repete-se "Raja Rama" e "Sita-Rama", sem dúvida. Será esse Rama o mesmo filho de Dasharatha? Tulsidas já deu resposta a essa questão. Mas permita que apresente minha própria visão: mais potente do que Rama é o Nome; o darma hindu é como um oceano sem limites, repleto de gemas de valor incalculável. Quanto mais fundo mergulharmos, mais tesouros encontraremos. Na religião hinduísta Deus é conhecido por muitos nomes. Milhares de pessoas consideram Rama e Krishna como figuras históricas, e acreditam que Deus literalmente desceu à terra, na pessoa de Rama, filho de Dasharatha, e que, adorando-o, podem alcançar a salvação. O mesmo é válido quanto a Krishna. A história, a imaginação e a verdade misturam-se de maneira inextricável (é quase impossível separar uma da outra). Aceito todos os nomes e formas atribuídos a Deus como símbolos conotativos de um Rama onipresente e sem forma. Para mim, portanto, Rama, descrito como o Senhor de Sita, filho de Dasharatha, é a essência todo-poderosa cujo nome, quando inscrito no coração, extirpa todo o sofrimento mental, moral e físico.

Harijan, 2/6/1946, p. 158

84. O PODER DO *RAMANAMA*

O que significa, então, o *Ramanama*? É um dito para ser repetido mecanicamente? Por certo que não. Se assim fosse, todos nós conquistaríamos a liberação repetindo-o como papagaios. O *Ramanama* deve ser repetido do fundo da alma, não importando se as palavras são pronunciadas de modo correto ou não. As enunciações incorretas que provêm do coração são aceitas na corte de Deus. Mesmo que o coração grite *"Mara, Mara"*[74], esse apelo sincero será registrado na coluna do mérito. Por outro lado, embora a língua possa pronunciar o nome de Rama corretamente, se Ravana [o mal, o ódio, a destruição] estiver de posse do coração a repetição exata do nome será registrada na coluna de demérito.

Tulsidas não cantou a glória do *Ramanama* para benefício de hipócritas que "têm o nome de Rama nos lábios e uma faca oculta sob o braço". Tais astúcias de cálculo são inúteis, ao passo que as faltas aparentes do homem que entronizou Rama em seu coração serão relevadas. Apenas Rama pode remediar a sorte de alguém; o poeta Surdas, amante de Deus, canta:

> Quem consertará meu destino?
> Oh! Quem mais senão Rama?
> Faz de todos amigos, aos quais a boa sorte sorri,
> E a nenhum, jamais, a fortuna abandonou.

O leitor deve, pois, compreender com clareza que o *Ramanama* é um assunto do coração. Quando a palavra e a mente não estão harmonizadas, a própria palavra é falsa, não sendo mais que um simulacro ou jogo verbal. A vã repetição pode enganar o mundo, mas será possível enganar a Rama, que habita no coração do homem? Hanuman abriu as contas do colar com que Sita o presenteara para ver se o nome de Rama estava inscrito em seu interior. Alguns cortesãos, que se consideravam inteligentes, perguntaram-lhe por que demonstrava tal desrespeito ao colar. Hanuman retrucou que, se nas contas não estivesse gravado o nome de Rama, todos os colares que Sita lhe dera seriam um fardo. Os sábios da corte, sorrindo, indagaram se o nome de Rama estava gravado em seu coração. Hanuman desembainhou seu punhal e, rasgando o peito, disse: – Olhem: digam-me se veem aqui dentro algo além do nome de Rama. – Os cortesãos sentiram-se envergonhados. Caiu do céu sobre Hanuman uma chuva de flores e desde esse dia seu nome é sempre evocado quando se recita a história de Rama.

Esta, que pode ser apenas uma lenda ou a invenção de um dramaturgo, tem uma moral válida para todos os tempos: somente aquilo que trazemos no coração é verdadeiro.

(Traduzido do gujarate: *Navajivan*, 17/5/1925)
The Collected Works of Mahatma Gandhi, XXVII, 1968, p. 111-112

(De "Uma carta")

Mas para aquele que jamais experimentou a paz e a está buscando, o *Ramanama* por certo se revelará a *parasmani* (pedra filosofal). Deus recebeu milhares de nomes, coisa que apenas significa que Ele pode ser chamado por qualquer deles e que Suas qualidades são infinitas. É por isso que transcende as nomenclaturas e está livre de atributos. Mas para nós, mortais, o apoio, o amparo de Seu nome é absolutamente essencial; em nossos dias até mesmo o ignorante e o analfabeto podem ter acesso ao mantra *Ekakshara* (o mantra *Om*) sob a forma do *Ramanama*. Na verdade, a recitação do *Ramanama* abrange o *Ekakshara*, não havendo diferença entre *Om* e Rama. Porém, o valor da recitação de Seu nome não pode ser estabelecido pela razão; é vivenciado apenas quando a praticamos com fé.

The Collected Works of Mahatma Gandhi, XXXIV, 1969, p. 162-163

(De uma prédica)

Se repetirem o nome de Rama ao se levantarem pela manhã e antes de se deitarem, o dia transcorrerá de maneira favorável e a noite, sem pesadelos.

The Collected Works of Mahatma Gandhi, XXVI, 1967, p. 7

85. UMA FÓRMULA BASTANTE TESTADA
(De "Notas")

É bem fácil fazer um voto sob alguma influência estimulante. Difícil é mantê-lo, em especial diante de tentações. Deus é nosso único auxílio nessas circunstâncias. Portanto, sugeri que o *Ramanama* fosse recitado no encontro[75]. Rama, Alá e Deus são, para mim, termos equivalentes. Descobri que as pessoas simples se iludem com a crença de que, em seu sofrimento, aparecerei para elas. Quis acabar com essa superstição. Sabia que não apareceria para ninguém. Seria pura alucinação apoiarem-se num frágil mortal. Apresentei-lhes uma fórmula simples e já muito testada, que nunca falhou: invocar o auxílio de Deus a cada manhã, antes do nascer do sol, e à noite antes de se recolherem, para o cumprimento dos votos. Milhões de hindus O conhecem sob o nome de Rama. Quando criança, ensinaram-me a chamá-Lo quando o medo me tomava. Para muitos de meus companheiros o *Ramanama* foi o grande conforto nos momentos de aflição. Levei-o aos Dharalas[76] e aos "intocáveis". Trago-o também ao leitor, àquele de visão não obscurecida e cuja fé não foi arrefecida pelo excesso de intelectualismo. Os estudos levam-nos para a frente em muitas fases da vida, mas falham por completo na hora do perigo e da tentação. Apenas a fé pode salvar. O *Ramanama* não é para aqueles que desafiam a Deus de todas as maneiras possíveis e, mesmo assim, esperam salvar-se. Destina-se àqueles que caminham no respeito a Ele e querem autogovernar-se, mas que, apesar de seus esforços, não o conseguem.

Young India, 22/1/1925, p. 26

86. RIDICULARIZANDO O *RAMANAMA*
(Do *Harijansevak*)

Pergunta: Sabe, somos tão ignorantes e cabeças-duras que começamos realmente a idolatrar as imagens de nossos grandes homens, ao invés de vivermos segundo seus ensinamentos. Ramalila, Krishnalila e o recém-inaugurado templo Gandhi são um testemunho vivo disso. Tanto o Banco Ramanama (em Benares) como o uso de roupas estampadas com esse Nome são, em minha opinião, caricaturas e até mesmo insultos ao Nome. O senhor não acha que, nessas circunstâncias, quando diz ao povo para adotar o *Ramanama* como remédio supremo para todos os males, pode estar encorajando a ignorância e a hipocrisia? Se repetido de coração ele pode ser um remédio universal, mas, em minha opinião, apenas uma correta educação religiosa pode conduzir a esse estado.

Resposta: Tem razão. Há tanta superstição e hipocrisia que tememos fazer até mesmo o que é correto. Mas se nos entregarmos ao medo, até a própria verdade terá de ser abandonada. O preceito áureo é agir com coragem, segundo aquilo que acreditamos que seja certo. A hipocrisia e a inverdade continuarão à solta no mundo. Nossa conduta correta poderá eventualmente diminuí-las: incentivá-las, nunca. O perigo é que, quando estamos cercados de falsidade por todos os lados, podemos ser envolvidos por ela, começando a enganar a nós mesmos. Devemos estar atentos para não confundir nossa indolência com ignorância. A vigilância constante, em todas as circunstâncias, é essencial. Um devoto da verdade não poderá agir de outro modo. Mesmo um recurso todo-poderoso como o *Ramanama* pode tornar-se inútil por falta de atenção e cuidado, transformando-se em mais uma das numerosas superstições correntes.

Harijan, 2/6/1946, p. 160

87. O *RAMANAMA* NÃO DEVE SER INTERROMPIDO
(Da "Seção de perguntas" – traduzido do hindustâni)

Pergunta: Quando estamos conversando ou realizando algum trabalho mental, ou quando, de súbito, nos aborrecemos, é possível recitar o *Ramanama* com sinceridade? As pessoas o fazem em tais ocasiões? Em caso afirmativo, como o fazem?

Resposta: A experiência demonstra que o homem pode recitar o *Ramanama* em qualquer ocasião, mesmo durante o sono, desde que o tenha, bem profundo, dentro de si. Se ater-se ao Nome converter-se em algo familiar, sua recitação sincera tornar-se-á tão natural quanto as batidas do coração. Caso contrário, ela será um simples desempenho mecânico ou, no máximo, tocará nosso íntimo de maneira apenas superficial. Quando o *Ramanama* toma posse do coração, não está em causa a questão da recitação vocal: ele terá, então, transcendido a fala. Mas são bem raras as pessoas que atingem esse estado.

Não há dúvida de que o *Ramanama* possui todo o poder que lhe é atribuído. Ninguém pode por um simples desejo mantê-lo no coração. É preciso, além de muita paciência, um esforço incansável. Quanto trabalho e paciência já não foram despendidos pelos homens para alcançarem a inexistente pedra filosofal? Por certo o nome de Deus é infinitamente mais valioso e desde sempre existente.

Pergunta: Será prejudicial a alguém, por estafa ou injunções de trabalho, ver-se incapacitado de cumprir sua devoção diária prescrita? A qual dos dois deve dar-se prioridade: ao trabalho ou ao rosário?

Resposta: Sejam quais forem as exigências do trabalho ou as circunstâncias adversas, o *Ramanama* não deve ser interrompido. A forma exterior variará segundo a ocasião. A falta do rosário não interrompe o *Ramanama* quando este encontrou sua morada num coração.

Harijan, 17/2/1946, p. 12

88. O *RAMANAMA* E O SERVIÇO À NAÇÃO
(De "Pergunta difícil")

Pergunta: Será possível, para um homem ou mulher, alcançar a autorrealização pela simples recitação do *Ramanama*, sem prestar serviço à nação? Pergunto porque algumas de minhas irmãs dizem não precisar fazer nada além de cumprir os deveres familiares e serem ocasionalmente bondosas para com os pobres.

Resposta: Essa questão vem confundindo não só as mulheres, mas a muitos homens também; para mim, tem sido uma indagação crucial. Sei que existe uma escola filosófica que ensina a absoluta inação e a futilidade de todo o esforço. Não posso compreender esse ensinamento, a menos que, para tentar entendê-lo, eu arrisque uma interpretação pessoal. Em minha humilde opinião, o esforço é necessário ao nosso crescimento. Devemos realizá-lo sem visar resultados. Precisamos do *Ramanama* ou de qualquer outra prece, não pela repetição, mas pela purificação, como um auxílio ao esforço, como uma orientação direta vinda do alto. Por isso, ele nunca substituirá o esforço. Sua finalidade é intensificá-lo e dar-lhe uma direção adequada. Se todo o esforço fosse vão, para que cuidar da família ou ajudar, quando possível, aos pobres? Nesse mesmo esforço está contido o gérmen do serviço à nação. E servi-la quer dizer, para mim, servir a humanidade, tal como o serviço desinteressado à família significa a mesma coisa. Servir à família com desinteresse equivale, necessariamente, a servir à nação. O *Ramanama* propicia desapego e um equilíbrio que nunca deixa de estar presente nos momentos críticos. Afirmo que a autorrealização é impossível sem o serviço e sem a identificação com os mais carentes.

Young India, 21/10/1926, p. 364

89. O *RAMANAMA* E A CURA NATURAL

Meu pai esteve em Porbandar durante parte de sua enfermidade. Costumava ouvir o *Ramayana* todas as noites. A pessoa que o lia, era um grande devoto de Rama – Ladha, marajá de Bileshwar. Diziam que curara sua lepra não com remédios, mas aplicando às partes afetadas a *bilva*[77] que era deitada fora depois de ter sido oferecida à imagem de Mahadeva no templo de Bileshwar, e repetindo com regularidade o *Ramanama*. Sua fé, diziam, o recuperara. Isso pode ser verdade ou não. Nós, de qualquer modo, acreditávamos na história. E o fato é que, quando o marajá Ladha principiou suas leituras do *Ramayana*, seu corpo estava por completo livre da lepra.

An Autobiography, 1969, p. 23

(De "Remédio para as massas")

Gostarão de saber que me converti decididamente à cura natural ao ler o *New Science of Healing* (Nova Ciência da Cura) de Kuhne, e *Return to Nature* (Volta à Natureza) de Just, há mais de quarenta anos. Devo confessar que não consegui compreender bem a segunda obra, não por falta de vontade, mas por ignorância. Estou agora procurando desenvolver um sistema de cura natural acessível aos pobres da Índia. Procuro divulgar esse método limitando-me aos aspectos terapêuticos que se utilizam da terra, da água, da luz, do ar e do grande vazio. É natural que isso leve o homem a descobrir que a cura suprema de todas as enfermidades é a recitação sincera do nome de Deus, a Quem alguns milhões de pessoas conhecem aqui pelo nome de Rama, e outros milhões pelo nome de Alá e outros ainda pelo nome de Deus. Essa recitação convicta traz consigo a obrigação de reconhecer e seguir as leis que a natureza determinou para o homem. Essa sequência de pensamento conduz à conclusão de que é melhor prevenir do que remediar. Somos levados, assim, de maneira irresistível, a introduzir preceitos de higiene, ou seja, a limpeza do corpo e do ambiente.

Harijan, 15/6/1947, p. 189

(De "Quem é e onde está Deus?")

Talvez eu esteja certo ao dizer que fui vivamente tocado pelo poder do *Ramanama* em Uruli Kanchan. Foi lá que tive a certeza de que ele é o remédio seguro para todos os nossos males. Aquele que consegue fazer pleno uso dele pode mostrar grandes resultados com muito pouco esforço externo.

Harijan, 22/6/1947, p. 200

Minha concepção da cura natural, como de tudo o mais, sofreu uma progressiva evolução. Pensei, por anos a fio, que se uma pessoa está repleta da presença de Deus, tendo com isso atingido um estado isento de paixão, pode superar os empecilhos ao longo de toda uma vida. Cheguei à conclusão, baseado na observação e na leitura das escrituras, de que, quando alguém atinge uma fé vivente no Poder Invisível e se liberta das paixões, o corpo sofre uma transformação interna. Isso não se dá através da simples vontade. Requer vigilância e prática constante. Apesar desses dois fatores, a menos que a graça divina se derrame sobre o homem, seu esforço resultará em nada.

Press Report, 12/6/1945

(De "Notas")

As prescrições da cura natural referem-se a um tratamento digno do homem. Entenda-se que ao dizer "homem" não nos referimos ao aspecto animal, mas à criatura dotada, além de corpo, de mente e alma. Para tal ser, o *Ramanama* é o mais autêntico tratamento natural. É um remédio que não falha. Essa é a origem da expressão *ramabana*, que significa "cura infalível". Também a natureza mostra ser um valioso remédio para o homem. Não importa qual a moléstia que o afete, a sincera recitação do *Ramanama* é a cura certa. São muitos os nomes de Deus. Cada pessoa pode escolher aquele que lhe diz mais: Ishwara, Alá, Buda e Deus têm o mesmo significado. Mas a recitação não deve ser mecânica; é preciso que nasça da fé, da qual o esforço dará testemunho, em parte. Em que consiste esse esforço? O homem deve procurar contentar-se em restringir os meios de cura aos cinco elementos componentes do corpo, ou seja, a terra, a água, o espaço, o sol e o ar. É claro que o *Ramanama* deve ser o acompanhamento invariável. Se, apesar disso, a morte se aproximar, não há por que nos preocupar. Pelo contrário, ela deve ser bem recebida. A ciência até hoje não descobriu receita alguma para tornar o corpo imortal. A imortalidade é um atributo da alma. Embora ela seja imperecível, é dever do homem procurar expressar sua pureza.

Harijan, 3/3/1946, p. 32

(No original: "*Ramanama*, o remédio infalível")

Conta-me o Shri Ganeshshastri Joshi, versado em medicina hindu, após ler o artigo acima, que também no *Ayurveda* há grandes testemunhos da eficácia do *Ramanama* como cura de todas as enfermidades. Na cura natural, que ocupa lugar de honra, o *Ramanama* é o elemento mais importante. Quando Charaka, Vagbhata e outros gigantes da medicina da antiga Índia escreveram suas obras, o nome popular de Deus não era Rama, mas Vishnu. Fui admirador de Tulsidas desde a infância e, portanto, sempre reverenciei a Deus como Rama. Mas sei que, começando pelo *Om*, se alguém percorrer toda a gama dos nomes de Deus adotados nas diferentes culturas, países e idiomas, o resultado será o mesmo. Ele e Sua lei são únicos. Observar-Lhe a Lei é, portanto, a melhor forma de reverência. Para um homem que se torna uno com a Lei é dispensável a recitação do Seu nome. Em outras palavras, um indivíduo para quem contemplá-Lo tornou-se tão natural quanto a respiração, está tão pleno do espírito de Deus que o conhecimento ou a observância da Lei tornam-se como que sua segunda natureza. Tal pessoa não precisa de nenhum outro tratamento.

A questão é, pois, a seguinte: por que, apesar de termos à mão o maior dos remédios, sabemos tão pouco dele? Porque mesmo aqueles que O conhecem não O lembram ou O lembram só com os lábios e não com o coração. A repetição mecânica do Seu nome significa uma deficiência em reconhecê-Lo como panaceia de todos os males.

Como é possível? Esse remédio supremo não é administrado por médicos, *vaidyas*, *hakims*[78] ou quaisquer outros praticantes da medicina. Eles não têm a menor fé nesse medicamento. Se admitissem que a nascente do Ganges sagrado pode ser encontrada em todos os lares, seu ofício, seu meio de vida, estaria arruinado. Assim, precisam, por força, apoiar-se em seus pós e poções como medicamentos infalíveis. Estes não apenas dão aos médicos o pão de cada dia, como também parecem dar ao paciente alívio imediato. Se um médico puder fazer com que algumas pessoas digam: – Fulano de tal deu-me um pó e curou-me – seu negócio está garantido.

Por outro lado, deve ficar bem claro que não tem o menor sentido os médicos recitarem o nome de Deus para seus pacientes a menos que estejam conscientes do verdadeiro significado disso.

O *Ramanama* não é uma compilação de máximas. É uma realização que se dá através da experiência. Apenas aquele que o vivenciou pessoalmente pode prescrevê-lo, e mais ninguém. Sri Ganeshshastri Joshi copiou-me quatro versos. Um deles, o de Charaka, é o mais simples e apropriado. Seu significado é que, se alguém puder conhecer profundamente um único que seja dos milhares de nomes de Vishnu, todas as enfermidades desaparecerão.

Harijan, 24/3/1946, p. 56

(De "Carta semanal – I", de Pyarelal)

Um conceituado médico aiurvédico disse-me outro dia: – Receitei remédios durante toda a minha vida. Porém, desde que o senhor prescreveu o *Ramanama* como cura para moléstias físicas, ocorreu-me que essa prescrição se apoia, também, na autoridade de Vagbhata e de Charaka. – A recitação do *Ramanama* como remédio para os males espirituais é tão antiga quanto as montanhas. Contudo, o grande inclui o pequeno. Portanto, afirmo que a recitação do *Ramanama* é também o medicamento supremo para todos os nossos males físicos. Um adepto da cura natural não dirá a seu paciente: – Deixe-me curá-lo de sua enfermidade. – Ele apenas falará do princípio todo-curativo existente em cada ser, explicando o modo como alguém pode recuperar-se invocando-o e fazendo dele uma força ativa em sua vida. Se a Índia pudesse perceber o poder desse princípio, não apenas seríamos livres, como esta seria também uma terra de indivíduos saudáveis – e não marcada, como hoje, por epidemias e enfermidades.

Contudo, o poder do *Ramanama* está sujeito a determinadas condições e limitações. O *Ramanama* não é como a magia negra. Se alguém adoece por excesso de alimentação e deseja curar-se dos efeitos colaterais de modo que possa outra vez abusar à mesa, o *Ramanama* não é para ele. Pode ser utilizado apenas para o bem, nunca para uma finalidade negativa, pois, nesse caso, ladrões e assaltantes seriam seus maiores partidários. O *Ramanama* se destina aos puros de coração e àqueles que pretendem atingir a pureza e permanecer puros. Nunca pode ser um instrumento de autoindulgência. O remédio para a intemperança é o jejum, não a prece. A oração só tem lugar quando o jejum já fez seu trabalho. Ela pode tornar a abstinência alimentar fácil e suportável. Da mesma forma, a adoção do *Ramanama* será uma farsa sem sentido quando a pessoa estiver, ao mesmo tempo, drogando-se com medicamentos. Um médico que emprega seu talento para estimular os vícios de seu paciente degrada a este e a si mesmo[79]. Que pior degradação pode acontecer a um homem do que, em vez de considerar seu corpo como um instrumento de veneração a Seu criador, convertê-lo em objeto de adoração, despendendo dinheiro como água a fim de mantê-lo ativo de qualquer maneira? O *Ramanama*, por outro lado, purifica enquanto cura e, portanto, eleva. Essa é sua utilidade e sua limitação.

Harijan, 1/4/1946, p. 68

(De "*Ayurveda* e a cura natural")

Não tenho a menor dúvida de que a difusão do *Ramanama* e uma vida apropriada são a melhor e menos dispendiosa prevenção das enfermidades. A tragédia é que os médicos, os *hakims* e os versados em medicina hindu não fazem do *Ramanama* a cura suprema. Não há lugar para ele na literatura aiurvédica atual, exceto sob a forma de um encantamento que pode levar as pessoas ao abismo da superstição. O *Ramanama* não tem nada a ver com a superstição. Ele é a lei suprema da natureza. Aquele que o observa estará livre da doença. A mesma lei que preserva uma pessoa da moléstia rege também sua cura. Seria pertinente indagar por que um homem que recita o *Ramanama* com regularidade e leva uma vida condizente deveria adoecer. O homem é imperfeito por natureza. Quando é conscencioso, luta pela perfeição, sem jamais alcançá-la. Tropeça no caminho, ainda que não intencionalmente. Uma vida pura encarna a lei de Deus em toda a sua integralidade. Antes de mais nada, precisamos dar-nos conta de nossos limites. Deveria ser óbvio que, no momento em que os transgredimos, adoecemos. Assim, uma dieta equilibrada, que atenda às nossas necessidades, liberta-nos da enfermidade. Como saber qual a alimentação adequada? A resposta pode ser bastante difícil. Quero dizer que cada um deveria ser seu próprio médico e descobrir seus limites. Quem o fizer atingirá, por certo, os 125 anos.

Alguns amigos médicos que afirmam não fazer mais do que investigar as leis e agir de acordo com elas, são os melhores adeptos da cura natural. Tudo isto poderia ser exposto da seguinte maneira: qualquer coisa que ultrapassa o *Ramanama* é, na verdade, contrária à cura natural. Quanto mais nos afastamos desse princípio axial, mais nos distanciamos dela. Seguindo essa linha de raciocínio, afirmo que essa cura resume-se na utilização dos cinco elementos. Porém, um médico da tradição védica que vai mais longe e utiliza as ervas que crescem em seus arredores tão só para servir aos enfermos e não por ganho pode considerar-se um praticante da cura natural. Mas onde encontrar esses médicos? Hoje em dia a maior parte deles está preocupada em ganhar dinheiro. Não pesquisam, e foi em virtude de sua cobiça e preguiça mental que a ciência aiurvédica caiu a um nível tão baixo.

Harijan, 19/5/1946, p. 148

(De "Carta semanal – I", por Pyarelal)

Gandhiji propôs o *Ramanama* ao povo reunido no vilarejo de Uruli Kanchan como a terapia número um para a cura das enfermidades físicas: – Na canção que acabamos de entoar, o devoto diz: "Ó Hari, és o alívio da aflição de nosso povo". Essa promessa é universal. Não se aplica nem se restringe a nenhum tipo de doença em particular. – Falou-lhes sobre as condições necessárias ao êxito. A eficiência do *Ramanama* dependeria da existência, ou não, de uma fé vivente. – Se somos vulneráveis ao ódio, se comemos e dormimos por autoindulgência e não só pelo sustento, não conhecemos o significado do *Ramanama*. Será uma recitação meramente verbal. Para ser eficaz, o *Ramanama* deve absorver a totalidade do ser, quando recitado, e expressar-se na nossa vida como um todo.

Os pacientes começaram a chegar a partir da manhã seguinte. Havia cerca de trinta. Gandhiji examinou cinco ou seis e receitou a todos, com pequenas variações segundo a natureza de cada caso, mais ou menos o mesmo tratamento: recitação do *Ramanama*, banhos de sal, banhos de fricção e de assento, dietas depurativas de leite, leitelho, frutas e sucos, com a ingestão de muita água límpida e fresca. – Foi observado – explicou ele no encontro noturno de oração – que todos os males físicos e mentais têm uma causa comum. Assim, é natural que exista para eles um remédio comum. Há uma unidade na cura e na doença. As escrituras dizem isso. Assim, receitei o *Ramanama* e um tratamento mais ou menos semelhante para todos os pacientes que me procuraram esta manhã. Temos, porém, uma tendência a desqualificar as escrituras, quando não correspondem às nossas conveniências. Iludimo-nos na crença de que elas visam apenas o benefício da alma na vida futura e que a finalidade do darma é acumular méritos após a morte. Não compartilho essa visão. Se o darma não tem nenhuma utilidade prática nesta existência, creio que não terá nenhuma na vindoura.

É difícil que haja alguém neste mundo completamente livre de doenças, físicas ou mentais. Para algumas enfermidades não existe uma cura terrena. Por exemplo, o *Ramanama* não pode fazer o milagre de restaurar um membro perdido. Mas pode realizar o milagre ainda maior de ajudar a pessoa a desfrutar durante a vida uma paz inefável[80], apesar dessa perda, e tirar à morte seu pungir e à sepultura sua vitória, ao término da jornada. Já que a morte virá, cedo ou tarde, por que devemos preocupar-nos com o tempo?

* * *

Aquele que polui o ar cuspindo com displicência, atirando lixo e detritos, ou sujando o chão, que seja, está pecando contra o homem e a natureza. O corpo do homem é o templo de Deus. Aquele que empesteia o ar que penetra nesse templo profana-o. Toma o nome de Rama em vão.

Harijan, 7/4/1946, p. 68-69

(Da "Seção de perguntas")

Minha cura natural destina-se apenas a aldeias e povoados. Nela não há lugar para microscópios, raios-X e coisas similares. Nem para remédios como quinino, emetina e penicilina. A higiene pessoal e uma vida saudável têm importância primordial. Deveriam ser suficientes. Se todos pudessem alcançar a perfeição nessa arte, não haveria doença. E, se obedecermos às leis da natureza para a cura de uma moléstia, veremos que o medicamento supremo é sempre o *Ramanama*. Porém, não é possível que essa cura se torne universal num piscar de olhos. Para estimular a convicção do paciente, o médico deve ser a encarnação vivente do poder do *Ramanama*.

Harijan, 11/8/1946, p. 260

Pelo que me lembro, minha mãe dava-me remédios. Mas acreditava em fórmulas mágicas e encantamentos. Meus amigos cultos também creem nisso. Eu não. Não existe nenhuma ligação entre o *Ramanama* tal como o concebo e *jantar montar* (encantamentos). Já disse que pronunciar o *Ramanama* com o coração significa haurir forças de um poder incomparável. A bomba atômica não é nada, comparada a ele. É um poder capaz de remover todo o sofrimento. Contudo, admitamos que é fácil dizer que o *Ramanama* deve brotar do coração, mas alcançar isso é muito difícil. Não obstante, é o maior bem que alguém pode possuir.

Harijan, 13/10/1946, p. 357

(De "Cura pela fé vs. *Ramanama*")

Aqui está uma proposta espirituosa de um amigo:

>Pergunto a mim mesmo se essa cura natural tem alguma relação estreita com a chamada "cura pela fé". É claro que é preciso ter fé no tratamento. Porém, algumas curas se dão exclusivamente pela fé: a do sarampo, por exemplo, ou da dor de estômago, etc.
>Para curar o sarampo, como deve saber, não se faz, especialmente no Sul, nenhum tratamento, pois a doença é considerada uma brincadeira da divindade. Fazemos purificações e oferendas à deusa Mariamma e é quase um milagre ver como, na maioria dos casos, dá resultado. Para dores de estômago, mesmo crônicas, muitos fazem votos diante da divindade em Thirupathi e, ao se verem curados, efetuam suas abluções e cumprem outros ritos. Para dar-lhe um bom exemplo, minha mãe sofria dessa dor e, após visitar Thirupathi, viu-se livre da doença.
>Poderia fazer a gentileza de me esclarecer sobre isso, permitindo que lhe pergunte por que as pessoas não poderiam ter também essa fé na cura natural, economizando assim o gasto frequente com médicos que, como disse Chaucer, fazem uma bela conspiração com o farmacêutico para manter o paciente sempre como paciente, o que é parte de uma ordem natural das coisas?

Os exemplos citados não se referem à cura natural nem ao *Ramanama*, o qual considero parte dela. Mostram, porém, que a natureza, sem nenhum tratamento, cura muitos casos. São, sem dúvida, casos que mostram o papel da superstição na vida indiana.

O *Ramanama*, que é o centro da cura natural, é o oposto da superstição. Os inescrupulosos o usarão de modo indevido, como fazem com qualquer outra coisa ou sistema. Sua simples recitação verbal nada tem a ver com cura. A cura pela fé, se estou certo, é uma cura às cegas, da maneira como o amigo a descreve, ridicularizando, portanto, o nome vivente do Deus vivo. O segundo não é uma invenção da imaginação. Nasce do coração. É a crença consciente em Deus e o conhecimento de Sua Lei que possibilitam a cura perfeita, sem nenhuma outra ajuda. Essa Lei determina que uma mente perfeita seja responsável pela perfeita saúde do corpo. Uma mente perfeita vem de um coração perfeito; não falo desse órgão tal como o conhece o estetoscópio de um médico, mas sim do coração enquanto morada de Deus. Dizem que compreender a Deus com o coração impossibilita que um pensamento impuro ou ocioso penetre na mente. É impossível haver doença onde há pureza de pensamento. Esse estado pode ser difícil de ser alcançado, porém o primeiro degrau da escada para a saúde é reconhecer isso. O segundo se dá quando fazemos a tentativa correspondente. Essa alteração radical na vida do indivíduo é naturalmente acompanhada pela observância de todas as demais leis da natureza até então descobertas pelo homem. Não podemos brincar com elas e pretender ter um coração puro. Pode-se dizer, com justiça, que um coração puro poderia prescindir do *Ramanama*. Só que não conheço outro caminho para alcançar a pureza. Essa é a estrada trilhada pelos antigos sábios de todo o mundo. Eram homens de Deus, e não supersticiosos ou charlatães.

Se essa é a Ciência Cristã, não tenho nenhuma objeção a fazer-lhe. O caminho do *Ramanama* não é uma descoberta minha. É provável que ele seja mais antigo do que a era cristã.

Um leitor pergunta se o *Ramanama* evita, pela fé, operações cirúrgicas. É evidente que não. Ele não pode devolver uma perna perdida num acidente. Há muitos casos em que as intervenções cirúrgicas não são necessárias. Quando o são, devem ser realizadas.

Contudo, um homem de Deus não se preocupará com a perda de um membro. A recitação do *Ramanama* não é um método empírico, nem tampouco um artifício.

Harijan, 9/6/1946, p. 171-172

(Original: "Confusão sobre o *Ramanama*")

Um amigo escreve:

> Quanto à cura da malária através do *Ramanama*, sugerida pelo senhor, o problema é que não entendo como é possível apoiar-se numa força espiritual para a cura de distúrbios físicos. Não tenho certeza, também, se mereço ser curado e se é justo que eu ore por minha salvação quando há tanta miséria entre minha gente. No dia em que eu compreender o *Ramanama* vou orar pela salvação de meu povo. Do contrário, sentir-me-ia mais egoísta do que agora.

Essa é a carta de um amigo que, acredito, busca sinceramente a Verdade. Torno pública sua dificuldade, por ser típica de muitas outras pessoas.

A força espiritual é como qualquer outra energia a serviço do homem. Além do fato de ter sido usada para os males físicos, por eras a fio, com maior ou menor êxito, seria intrinsecamente errado não utilizá-la, já que pode ser empregada com sucesso na cura de enfermidades físicas. Porque o homem é tanto matéria quanto espírito, cada dimensão atua sobre a outra, afetando-a. Se alguém se vê livre da malária tomando quinino, sem pensar nas incontáveis pessoas que não o tomam, por que recusar-se a utilizar um remédio que está dentro de nós, apenas porque milhões de pessoas, por ignorância, não o utilizam?

Será que não se pode estar limpo e bem porque inumeráveis outros não o estão, por ignorância ou talvez por obstinação? Se não se libertar de falsas noções de filantropia, negará a si mesmo o dever de servir a esses milhões de pessoas, ao permanecer sujo e doente. A recusa de estar espiritualmente puro e bem é, por certo, pior do que a recusa de estar fisicamente limpo e saudável.

A salvação é, nada mais nada menos, estar bem em todos os aspectos. Por que negarmos isso a nós mesmos, se se pode mostrar o caminho aos outros e, além de mostrá-lo, colocar nosso bem-estar a serviço do próximo? Mas seria um egoísmo completo ingerir penicilina para curar-se, sabendo que os demais não têm acesso a ela.

A confusão subjacente ao argumento do leitor é óbvia.

A verdade, todavia, é que tomar uma pílula ou pílulas de quinino é bem mais fácil do que alcançar o conhecimento do uso do *Ramanama*. Este envolve um esforço muito maior que o de comprar pílulas de quinino. O esforço vale a pena, pelos milhões de pessoas em cujo nome e benefício meu leitor poderá negar a Rama entrada em seu coração.

Harijan, 1/9/1946, p. 286

(De "A caminho da realização")

O que distingue aquele que tem Rama no coração? Se não soubermos a resposta, há o perigo de o *Ramanama* ser mal interpretado. Já há algumas interpretações errôneas dele. Muitos exibem rosários e põem sobre a testa o sinal sagrado, balbuciando o Seu nome em vão. Seria bem oportuno perguntar-me se não estou contribuindo para a hipocrisia corrente, ao insistir no *Ramanama*. Devo precaver-me contra essas conjecturas. Silenciar a respeito é nocivo. É preciso que a vivente voz do silêncio se alicerce numa prática prolongada e sincera. Na ausência desse silêncio natural, devemos procurar conhecer os sinais daquele que traz Rama no coração.

Pode-se dizer que um devoto de Rama espelha a firmeza interior (*sthitaprajna*) de que fala a *Gita*. Aprofundando-nos um pouco mais, veremos que um verdadeiro devoto de Deus obedece às cinco forças elementares da natureza. Obedecendo-as, não adoecerá. Se porventura isso ocorrer, curar-se-á com o auxílio dos elementos. Não cabe ao habitante do corpo a cura deste a qualquer custo. Aquele que acredita não ser nada mais que um corpo irá por certo até os confins da terra para curá-lo de seus males. Mas aquele que compreende que a alma independe do corpo, embora esteja nele, e que esta é imperecível, ao contrário do perecível corpo, não se perturbará ou se lamentará se os elementos fracassarem. Ao contrário, dará as boas-vindas à morte como a uma amiga. Ao invés de procurar por médicos, curará a si próprio. Viverá consciente da alma que tem dentro de si, e para esse habitante interno irão todos os seus cuidados.

Terá presente, em cada respiração, o nome de Deus. Rama estará desperto nele, mesmo quando o corpo estiver adormecido, e acompanhará sempre o devoto em tudo o que fizer. Para pessoa tão fiel, a verdadeira morte será a perda de sua sagrada companhia.

Para ajudá-lo a guardar Rama dentro de si, ele tomará o que os cinco elementos têm a oferecer-lhe. Isto é, procurará obter, pelos meios mais simples e mais fáceis, todos os benefícios concedidos pela terra, pelo ar, pela água, pela luz solar e pelo espaço. Esse auxílio não é um complemento do *Ramanama*. E apenas um meio para sua realização. O *Ramanama* não requer, na verdade, nenhum auxílio. Declarar que se tem fé nele, correndo, ao mesmo tempo, para os médicos, são atitudes incompatíveis.

Um amigo versado em doutrinas religiosas, que leu minhas observações sobre o assunto há algum tempo atrás, escreveu-me dizendo que o *Ramanama* é uma alquimia capaz de transformar o corpo. A preservação da energia vital costuma ser atribuída à posse da completa saúde, mas o poder do *Ramanama* é capaz de tornar-se, por si só, uma fonte transbordante e sempre crescente de energia espiritual, fazendo com que, por fim, a queda seja impossível.

Tal como o corpo não pode existir sem o sangue, a alma necessita da força inigualável e pura da fé. Essa energia pode erradicar a fraqueza de todos os órgãos físicos do homem. É por isso que se diz que a entronização do *Ramanama* no coração representa o renascimento humano. Essa lei aplica-se aos jovens e aos velhos, aos homens e às mulheres.

Podemos constatar essa crença também no Ocidente. A ciência cristã nos dá uma ideia dela. Porém a Índia não necessita de nenhum apoio externo para uma crença que vem sendo transmitida à sua gente desde tempos imemoriais.

Harijan, 29/6/1947, p. 212

(De "Carta semanal", de Pyarelal)

Sobre um trabalhador do *ashram* que ficou mentalmente perturbado e violento, precisando ser internado, disse Gandhiji: "Ele é um bom trabalhador. Após sua recuperação, no ano passado, cuidou do jardim e dos registros hospitalares. Trabalhava com dedicação e fazia seu serviço com alegria. Então, contraiu malária; deram-lhe uma injeção de quinino, porque injeções atuam com maior rapidez. Ele diz que o medicamento injetado subiu-lhe à cabeça e é responsável por seu estado mental. Enquanto trabalhava em meu quarto esta manhã, vi-o lá fora vagando de um lado para outro, gritando e gesticulando. Saí, fui até ele e caminhamos juntos. Ficou mais calmo. Porém, no momento em que o deixei, perdeu de novo o controle. Quando fica violento não atende ninguém. Por isso precisou ser internado".

"É claro que me entristece pensar que um de nossos trabalhadores precisou ser confinado. Podem perguntar-me: Onde está o seu *Ramanama* que, segundo o senhor, é a cura para tudo? Mesmo diante deste malogro, porém, insisto em dizer que minha fé permanece intacta. O *Ramanama* nunca falha. O fracasso significa apenas uma deficiência nossa. Devemos procurar-lhe a causa em nós mesmos."

Harijan, 1/9/1946, p. 291 200

90. *RAMANAMA*
(Da "Prédica realizada na Conferência das Sociedades Missionárias da Grã-Bretanha e Irlanda")

Pensar em Deus enquanto "Deus" não me inflama tanto a devoção quanto o nome de Rama. Há nele toda a poesia. Sei que meus ancestrais já Lhe davam esse nome. Elevavam-se por ele e quando tomo o Seu nome elevo-me com a mesma energia. Não seria possível para mim fazer uso do nome de "Deus" tal como está escrito na *Bíblia*. Por ser tão alheio à minha experiência, eu não seria conduzido à Verdade. Assim, minha alma inteira rejeita o ensinamento de que Rama não seja o meu "Deus".

The Collected Works of Mahatma Gandhi, XLVIII, 1971, p. 127

(De "Carta semanal", por M. Desai)

Hanuman abriu seu coração e mostrou que nele não havia nada além do *Ramanama*. Não tenho, como Hanuman, o poder de abrir o coração, mas se alguém se sentir inclinado a fazer isso, asseguro-lhes que não encontrará aqui nada além do amor por Rama, a quem vejo, face a face, nos milhões de famintos da Índia.

Young India, 24/3/1927, p. 23

(Por Manubehn Gandhi)

Não consegui encontrar leite de cabra para Bapu em Amki. Fiz o possível, mas foi inútil. Tive de informá-lo, e ele respondeu: – Que importa? O leite branco do coco será tão bom quanto o leite de cabra, e seu óleo fresco servirá como manteiga.

Depois de Bapu ensinar-me, preparei-os e dei-os a ele. Como costumava tomar mais ou menos um copo de leite de cabra, tomou a mesma quantidade de leite de coco. Mas, sem conseguir digeri-lo, teve um acesso de diarreia. A frequente defecação o enfraqueceu cada vez mais e, à noite, ao voltar para a cabana, sentiu tontura e quase caiu. Sintomas generalizados como bocejos, transpiração, frio nas mãos e nos pés, etc., haviam precedido a vertigem. Pensei, vendo-o bocejar, que estivesse apenas um pouco aturdido, mas enganava-me. Bapu, que caminhava apoiado em mim, já estava caindo. Segurei sua cabeça com cuidado e gritei por Nirmalbabu. Ele veio e, juntos, levamos Bapu para o leito. Lembrei-me, então, de chamar a dra. Sushilabehn, que estava num lugarejo próximo, temendo não estar agindo com sensatez, se não o fizesse, e que Bapu piorasse se eu não chamasse a médica a tempo. Escrevi um bilhete e, quando o estava entregando a Nirmalbabu para que o enviasse, Bapu despertou de seu torpor e chamou: – Manudi (era esse o apelido carinhoso que me dava) –, não quero que mande Nirmalbabu. Como ainda é jovem, posso perdoá-lo. Mas, numa hora assim, espero que não faça nada além de recitar o *Ramanama* de todo o coração. Quanto a mim, já ocupei minha mente com Seu nome. Gostaria imensamente que já tivesse principiado o *Ramanama* em vez de mandar Nirmalbabu à aldeia. Não avise Sushilabehn, nem a chame. O verdadeiro médico é Rama. Enquanto Ele precisar de meus serviços, me manterá vivo. Quando não precisar mais, Ele me chamará de volta a si.

Senti um calafrio passar-me pelo corpo quando as palavras "não avise e nem chame Sushilabehn" feriram meus ouvidos. Apanhei o bilhete das mãos de Nirmalbabu e rasguei-o em pedaços. Vendo isso, Bapu observou: — Então já havia escrito a ela... – Tive de confirmar. Ele tornou: — Hoje o Senhor salvou a nós dois. Ao ler o bilhete, ela teria deixado seu trabalho e corrido para cá na mesma hora. Isso não me agradaria. Ficaria zangado comigo mesmo e com você. Graças a Deus fui posto à prova hoje! Estou convencido de que não morrerei por doença se o *Ramanama* estiver morando no fundo de minha alma. Essa é uma regra que vale para todos. Devemos sofrer por nossos erros; foi com esse espírito que passei pela dor. E preciso ter o *Ramanama* nos lábios até o último suspiro; mas não deve ser repetido de forma mecânica: deve vir do coração, como no caso de Hanuman. Quando Sita o presenteou com um colar de pérolas ele as quebrou para ver se o nome de Rama estava inscrito nelas. Não devemos nos preocupar em descobrir se esse é um fato real ou não. Podemos não conseguir tornar nossos corpos tão fortes quanto o de Hanuman, mas podemos, por certo, tornar nossas almas igualmente grandes. Se quisermos, nossa devoção pode ser igual à dele. Caso não consigamos alcançar tanta elevação, bastará que o tentemos com sinceridade. Acaso a Mãe *Gita* não nos ensina a fazer todo o esforço possível e deixar o resultado nas mãos de Deus? Deveríamos procurar seguir ao máximo esse ensinamento. Agora podem compreender minha atitude quando alguém adoece, quer se trate de vocês, quer se trate de mim ou de qualquer outro.

Naquele mesmo dia Bapu escreveu a uma irmã enferma: "Existe um só remédio no mundo inteiro: o *Ramanama*. Mas Seu nome só pode tornar-se eficaz se as regras que lhe são pertinentes forem seguidas com rigor. Porém, quem se preocupa com isso?".

Por incrível que pareça, o incidente acima ocorreu a 30 de janeiro de 1947, exatamente um ano antes de sua morte.

Essa inabalável fé no *Ramanama* permaneceu com ele até seu último suspiro. Eu nem imaginava que um ano depois, no mesmo dia, teria uma experiência de cortar o coração: ouvir Rama, Ra... ma, como as últimas palavras audíveis daquela grande alma que partia. Misteriosos, de fato, são os caminhos do Senhor!

Bapu – My Mother, 1955, p. 63-65

91. EXCERTOS DE CARTAS
(A uma senhora norte-americana)

Não me atrai a ideia de utilizar a cura divina com o propósito de provar a existência da divindade ou a eficácia da oração. Se Jesus voltasse para nós, é difícil imaginar o que diria de certos usos que são feitos de seus poderes de cura e de outros milagres a ele atribuídos.

Mahadevbhaini Diary, vol. 2 (publicado em gujarate, 1949), p. 275

(Da "Carta a Behramji Khambhatta")

A cura do sofrimento está em suportá-lo. O homem jamais deveria empregar sua força espiritual para curá-lo. Se Jesus utiliza seu poder espiritual para sanar os enfermos, isso não significa que todos devamos recorrer à força espiritual para nossa cura. Se adotamos remédios para restabelecer o corpo, que é perecível, tais medicamentos deveriam, também, ser físicos.

Portanto, esta deveria ser a oração de um enfermo, ao Senhor: "Ó Deus! esta enfermidade é resultado de minhas faltas, cometidas consciente ou inconscientemente. Liberta-me delas e dá-me forças para suportar este sofrimento."

Se um doente pensa que não está enfermo, isso é uma espécie de ilusão. Um verdadeiro homem é aquele que sabe que está doente, mas a quem o sofrimento não afeta. Uma pessoa enferma deveria analisar a si mesma e, compreendendo que corpo e alma são distintos, entender a verdadeira relação entre ambos e o significado de *moksha* (libertação).

Aconselho-o e insisto: deixe de lado a ciência cristã. Pode, se quiser, experimentar remédios comuns para sua enfermidade, ou não fazer nada e ter fé em Deus. Esse é o procedimento ideal. Faça um tratamento simples e desenvolva sua capacidade de suportar o sofrimento.

The Collected Works of Mahatma Gandhi, XXXII, 1969, p. 69

(Para Mirabehn)

É... suficiente para nós perceber que toda enfermidade não é mais que a quebra de alguma lei desconhecida da natureza e que a cura é a luta para conhecer tais leis, rezando para que tenhamos forças para obedecê-las. Portanto, a prece do coração, enquanto estamos doentes, é ao mesmo tempo trabalho e remédio.

Bapu's Letters to Mira (1924-1948), 1959, p. 57

Não se tem notícias de que... as preces acrescentem um único segundo à vida pela qual se ora. Mas elas elevam os que rezam e confortam aqueles a quem são dedicadas.

The Collected Works of Mahatma Gandhi, XLV, p. 82

(Yeravda Mandir, 12 de novembro de 1930)

Para sua saúde física, recomendo-lhe banhos de assento e de sol. Quanto à paz mental, o *Ramanama* é o melhor bálsamo. Contenha-se quando qualquer paixão o perturbar. Há apenas uma maneira de caminhar sob a luz de Deus: estar a serviço de Sua criação. Não é outro, por certo, o significado da graça ou da luz divina.

(Sevagram, 9 de janeiro de 1945)

A respeito de sua carta: Quer você se recupere ou não – que importa? Quanto mais nos entregamos a Deus, mais paz de espírito conquistamos. Os versados em medicina hindu e médicos ocidentais estão aí, é claro, mas nos afastam mais ainda Dele. Por isso, preferi mandá-lo para aí. A cura natural nos leva para mais perto do Senhor. Se pudermos prescindir dela, nada tenho a objetar. Mas por que temer o jejum ou evitar o ar puro? A cura natural significa aproximarmo-nos mais da natureza – de Deus.

Ramanama, 1964, p. 61

(Da "Carta a uma moça")

Quando nervosa, deve permanecer em silêncio e dominar a ira através da repetição do *Ramanama*.

The Collected Works of Mahatma Gandhi, L, 1972, p. 442

(Da "Carta a Rameshwar Poddar")

Mesmo que não faça nada além disso, repita sempre o *Ramanama*. Algum dia verá, de repente, a luz surgir em meio às trevas.

Ibid., p. 398

92. PRÉDICAS DEPOIS DA ORAÇÃO
Ramanama – Suas Leis e Sua Disciplina

— O *Ramanama* – disse Gandhiji – pode ajudar um indivíduo em sua enfermidade, mas tem suas próprias leis e sua disciplina. Não se pode ser guloso, dizer "Rama Rama" e culpar Gandhiji por ficar com dor de estômago. O *Ramanama* tem condições específicas. Não tem cabimento recitá-lo, dedicar-se à pilhagem e esperar pela salvação. Ele se destina apenas àqueles que estão preparados para obedecer a uma disciplina adequada à autopurificação.

[Bombaim, 15/3/1946]

O remédio mais eficaz

Dirigindo-se ao encontro devocional em Uruli Kanchan, Gandhiji disse que o *Ramadhun* era o remédio mais eficaz para os males físicos e mentais, e que nenhum médico ocidental ou versado em medicina hindu poderia assegurar uma cura através de medicamentos. — Porém – acrescentou –, Deus certamente aliviará as dores e contrariedades dos que orarem a Ele. Para a oração ser eficaz, todavia, é preciso participar do *Ramadhun* com todo o coração; só assim poderemos sentir paz e alegria.

Há outras condições, também, que devem ser atendidas. É preciso alimentar-se de modo correto, dormir o suficiente e não dar vazão à ira. Acima de tudo, é preciso viver em harmonia com a natureza e seguir seus princípios.

[Pune, 22/3/1946]

A preparação necessária

Gandhiji contou, em encontros realizados depois das preces, que homens e mulheres honestos lhe haviam dito que, apesar de todos os seus esforços, não podiam afirmar que o *Ramanama* lhes brotava do coração. Em resposta, recomendou-lhes que prosseguissem, com infinita paciência. Um garoto necessita, no mínimo, de dezesseis anos de árduo estudo para tornar-se um doutor. Muito mais tempo é necessário para estabelecer o *Ramanama* no coração!

[Nova Délhi, 20/4/1946]

Pureza interior e exterior

Um homem que repetir o *Ramanama*, purificando-se internamente, não poderá tolerar a impureza exterior. Se milhões de pessoas levassem a sério o *Ramanama*, com toda a sinceridade, não haveria tumultos de rua, que são uma enfermidade social, nem doenças. O Reino dos Céus desceria à Terra.

[Nova Délhi, 21/4/1946]

O uso incorreto do *Ramanama*

Em sua prédica depois da oração, Gandhiji deteve-se outra vez no tema da cura natural, ou seja, a cura dos males espirituais, mentais e físicos pela aplicação, principalmente, do *Ramanama*. Alguém lhe escrevera, ressaltando o modo como algumas pessoas, por superstição, escreviam o *Ramanama* nas roupas, de modo a trazê-lo "junto do coração"! Outros o escreviam minuciosamente milhões de vezes, em pedaços de papel que depois cortavam em pedacinhos e ingeriam, afirmando que tinham o *Ramanama* dentro de si! Havia aqueles que acreditavam que Gandhiji estava iludido e que procurava iludir os outros, acrescentando mais uma aos milhares de crendices que povoavam uma terra dominada por superstições. Ele não se defendia dessas críticas. Tão só perguntava a si mesmo o que importava se alguns faltavam à verdade e praticavam fraudes em seu nome. Contanto que estivesse certo de sua verdade, não poderia deixar de proclamá-la por temer que fosse incompreendida ou aviltada. "Ninguém neste mundo detém a verdade absoluta. Tal atributo pertence tão só a Deus. Tudo o que conhecemos é a verdade relativa. Portanto, podemos apenas seguir a verdade tal como a vemos. Nessa busca, ninguém se extravia".

[Nova Délhi, 24/5/1946]

Como recitar o *Ramanama*

Na prédica de hoje, Gandhiji explicou as condições sob as quais o *Ramanama* poderia tornar-se uma medicação eficaz: a primeira é que ele deveria nascer do coração. Que significa isso? As pessoas não se importam em ir até os confins da terra para encontrar a cura de seus males físicos, tão menos importantes do que os mentais ou espirituais. – O ser físico do homem é, em última análise, perecível. Não pode, por sua própria natureza, durar para sempre. Ainda assim, os homens fazem dele um fetiche, enquanto negligenciam o imortal espírito interior. Um homem que acredita no *Ramanama* não faz de seu corpo um fetiche: considera-o apenas um instrumento para servir a Deus. E, para convertê-lo num meio adequado a esse propósito, o *Ramanama* é o caminho supremo.

Entronizar o *Ramanama* no coração requer uma paciência infinita. Pode levar eras, mas é um esforço compensador. Assim mesmo, o êxito depende apenas da graça de Deus.

O *Ramanama* não pode brotar do coração, a menos que sejam cultivadas as virtudes da sinceridade, honestidade e pureza interior e exterior. Em todas as orações noturnas, eram repetidos os versos que descrevem o homem de intelecto firme. – Qualquer um – disse Gandhiji – poderia tornar-se um desses homens, ou seja, um *sthitaprajna*, se mantivesse seus sentidos sob disciplina, comendo, bebendo e permitindo a si mesmo diversões e lazeres apenas como suportes de uma vida dedicada ao servir. Se não mantivermos nossos pensamentos sob controle, se não nos dermos conta e dormirmos, por exemplo, num canto de um quarto, com todas às portas e janelas fechadas, respirando ar viciado e tomando água suja, a recitação do *Ramanama* será inútil.

Todavia, isso não significa que se deva desistir de recitá-lo, alegando não se ter a necessária pureza, pois a recitação do *Ramanama* também é um meio de alcançá-la. Para um homem que repete o Nome de coração, a disciplina e o autocontrole virão com facilidade. A observância das regras de saúde e higiene tornar-se-ão uma segunda natureza. Sua vida seguirá um curso estável. Jamais desejará ferir alguém. Sofrer para aliviar a dor do próximo tornar-se-á parte de seu ser e o encherá de perene e inefável alegria. Sejam perseverantes – continuou Gandhiji –, repitam o *Ramanama* sem cessar, durante todas as horas de vigília. Ele deverá estar presente mesmo durante o sono, e a graça de Deus os cobrirá com a perfeita saúde de corpo, mente e espírito.

[Nova Délhi, 25/5/1946]

A força do pensamento silencioso

Em sua prédica depois da oração de hoje, Gandhiji falou que aqueles que vinham todos os dias à oração coletiva para cantar com ele o *Ramanama* ou para aprender como fazê-lo, que o fizessem. Porém, o *Ramanama* não pode ser ensinado verbalmente. E afirmou ainda que, mais forte que a palavra falada, era o pensamento silencioso. Um simples pensamento reto pode envolver o mundo todo. Nunca é desperdiçado. A mera tentativa de vestir o pensamento com palavras ou ações o limita. Ninguém pode expressar de modo cabal um pensamento através da palavra ou da ação.

— Isso não significa – prosseguiu Gandhiji – que se deva estar em silêncio perpétuo. — Disse que, em teoria, isso seria possível. Mas é muito difícil cumprir a condição que dá efetividade ao pensamento silencioso. Ele mesmo, por exemplo, não podia afirmar ter adquirido a necessária intensidade ou o controle adequado do pensamento. Não conseguia afastar da mente pensamentos inúteis ou irrelevantes. Para atingir esse estado é preciso ter paciência infinita e praticar, sem descanso, austeridades e desapego.

Não estava recorrendo a uma linguagem figurada e sim falando de modo literal, ao dizer, no dia anterior, que as potencialidades do *Ramanama* eram ilimitadas. Para vivenciá-las, contudo, ele deveria nascer de um coração absolutamente puro. Ele mesmo, Gandhiji, lutava para atingir esse estado. Já o divisara na mente, mas não o realizara de modo pleno na prática. Quando esse estágio fosse atingido, a própria recitação do Nome não seria mais necessária.[81]

Esperava que eles prosseguissem, em casa, recitando juntos e com perseverança o *Ramanama*, durante sua ausência. O segredo das orações coletivas é que a emanação da influência silenciosa de uma pessoa sobre a outra auxilia todos a atingirem seu objetivo.

[Nova Délhi, 26/5/1946]

Nenhum encantamento supera o *Ramanama*

Falando no encontro devocional de hoje, Gandhiji transmitiu a mensagem curativa do *Ramanama* e disse: — O *Ramanama* não se destina a poucos: é para todos. Aquele que toma o Nome guarda para si um rico e inexaurível tesouro. Quanto mais lhe for retirado, tanto mais ele crescerá. É infinito. Como diz um *Upanixade*, retira-se o infinito do infinito e o infinito permanece intacto. Ele é o infalível remédio para todos os males.

— A condição, porém, é que ele provenha do coração. Os maus pensamentos assomam, ou atormenta-os a luxúria e a cobiça? Não há melhor encantamento para combatê-los do que o *Ramanama*.

Ilustrou sua afirmativa com uma parábola: — Suponham que sejam tentados a amealhar uma grande fortuna por meios fáceis e ilícitos. Se tiverem fé no *Ramanama*, dirão a si mesmos: – Por que deveria acumular para minha mulher e filhos riquezas que poderão ser malbaratadas? Por que não lhes legar a herança de um caráter sadio e de uma sadia educação, ensinando-os a ganhar a vida com esforço honesto e trabalho físico? – A repetição incessante do *Ramanama* fará com que desapareçam a ilusão e o falso apego, desenvolvendo-lhes a percepção vivente da grande tolice que significa ambicionar milhões para o bem de seus entes queridos, ao invés de oferecer-lhes o inapreciável tesouro do Nome Daquele que nos liberta de todos os grilhões e extravios. Pleno do júbilo dessa percepção, esse alguém dirá à sua mulher e filhos: – Não lhes trouxe o tesouro que saí a buscar, e sim algo infinitamente mais precioso. – Onde está? Mostre-nos! – dirão eles, incrédulos. – É o Nome que vale mais do que todos os tesouros – responderá – porque mata a sede de todas as riquezas. Está guardado no meu coração.

[Mussoorie, 2/6/1946]

A essência de todas as preces

Em sua prédica após as orações noturnas, Gandhiji disse que esperava que os presentes rezassem com regularidade em suas casas, pela manhã e à noite. Não era necessário que aprendessem os versos em sânscrito, se não quisessem. O *Ramadhun* era suficiente. A essência de todas as orações é entronizar Deus no coração. Se o conseguirmos, tudo irá bem conosco, com a sociedade e com o mundo.

[Mussoorie, 8/6/1946]

Pura hipocrisia

Repetir o *Ramanama* e seguir, na prática, o caminho de Ravana (caminho da destruição e do ódio) é mais do que inútil: é pura hipocrisia. É possível enganar a si mesmo e ao mundo, mas não é possível enganar ao Altíssimo.

[Nova Délhi, 18/6/1946]

A ambrosia do nome de Deus

Comentando sobre a canção de Mirabai[82], cantada durante a prece, Gandhiji disse que nela o devoto pede à alma que beba profundamente o néctar do nome de Deus. O alimento e a bebida materiais levam à saciedade e, se ingeridos em excesso, à doença. Porém, a ambrosia de Seu nome desconhece tais limitações. Quanto mais se bebe, mais aumenta a sede por ele, que deve ser vertido no mais profundo de nosso coração. Quando isso acontece, toda a ilusão, apego, luxúria e inveja desprendem-se de nós. Só é preciso ter perseverança e paciência. O êxito é o fruto inevitável desse esforço.

[Nova Délhi, 18/6/1946]

Milagres operados pela fé

Um homem que reza não pode sofrer nenhuma decepção, pois sabe que os tempos estão nas mãos Daquele que é o Supremo Planejador, que tudo realiza em Seu tempo certo. Portanto, um homem de oração sempre espera com paciência e fé.

Na alegoria de Gajendra e Graha, que Gandhiji passou a contar, o rei dos elefantes foi, por inadvertência, apanhado pelo crocodilo quando ia beber água no rio, sendo arrastado para o fundo. Quanto mais se debatia, mais afundava. Quando desacreditou a sua capacidade física, entregou-se inteiramente à graça de Deus, cuja ajuda invocou, e o Senhor de Dwarka, surgindo num piscar de olhos, salvou-o.

— A moral dessa história – disse Gandhiji – é que Deus nunca falta a Seus devotos nos momentos de provação. A condição é que haja uma fé viva e a mais absoluta confiança Nele. Nossa fé será posta a prova se, tendo cumprido nosso dever, estivermos preparados para receber tudo o que Ele nos enviar – a alegria e o sofrimento, a boa e a má sorte. Assim foi com o rei Janaka, o soberano que, quando informado de que sua capital ardia em chamas, retrucou apenas que não tinha nada a ver com isso.

O segredo da aceitação e da equanimidade, observou Gandhiji, era estar sempre alerta, nunca sendo negligente no cumprimento do dever. Uma vez cumprido, deixa-se o resto nas mãos de Deus.

— Assim, um homem de oração será poupado de reveses, em primeiro lugar, pela sempre piedosa Providência, mas caso venham as agruras, ele não lamentará sua sorte ou acusará a Deus, mas aceitará a adversidade com imperturbável paz de espírito e com jubilosa resignação à Sua vontade.

[Nova Délhi, 20/6/1946]

O significado do *Ramanama*

Explicando o significado do *Ramanama* na prece coletiva desta noite, Gandhiji falou: – Deus não é uma pessoa. Ele é o todo-poderoso espírito onipresente. A pessoa que O traz no coração tem acesso a uma maravilhosa força ou energia, de resultados tão objetivos como a eletricidade, digamos, porém muito mais sutil.
— Estou difundindo um tipo de superstição? – indagou.
— Não – respondeu a si mesmo. — A simples repetição do *Ramanama* não possui, em si, nenhuma virtude mágica. O Nome não é como a magia. Deve ser recitado com todo o conteúdo que simboliza. Parece-se mais com uma fórmula matemática, que soma e sintetiza os resultados de uma busca infindável. Sua mera repetição mecânica não pode dar forças. É necessário compreender e viver segundo as condições ligadas à sua recitação. Para tomar o nome de Deus, é preciso levar uma vida devota.

[Pune, 2/7/1946]

Purificação interna e externa

Durante sua prédica no encontro devocional de hoje, Gandhiji referiu-se, entre outras coisas, à sujeira dos arredores (da sede), onde estava localizado o bairro dos "intocáveis", e onde ele estava hospedado. Pensava por que os encarregados do saneamento, isto é, a municipalidade e o P.W.D., não limpavam aquela imundície. Qual o sentido de ele ter ido e de estar ali, se não pudesse induzi-los a tornar o lugar mais saudável e higiênico?
Qual era a relação entre esse assunto e a prece? Um homem que não observa as normas de limpeza externa não pode rezar pela purificação interna. Se o motivo de os participantes terem vindo à oração era uma curiosidade, essa vinda era um erro. Se haviam comparecido com o intuito de participar da oração, deveriam pedir

pela purificação interior e exterior. Afirmar uma coisa e agir de modo diferente é impostura. Ninguém pode enganar a Deus, pois Ele é onipresente e onisciente.

Havia muita sujeira e detritos no lugar. O dr. Dinshah dissera-lhe que os lavatórios estavam tão sujos que não se podia usá-los. Havia tantas moscas que o doutor temia que Gandhiji apanhasse alguma infecção e morresse. Este, porém, não se preocupava com isso. Embora os dois médicos que o acompanhavam cuidassem dele, Gandhiji colocava-se nas mãos de Deus, e nas de ninguém mais. O Altíssimo cuidaria de sua saúde. Seus companheiros, todavia, não tinham a mesma fé no Senhor.

[Bombaim, 6/7/1946]

O remédio supremo

Em sua prédica depois da oração, Gandhiji referiu-se a diversas cartas e mensagens de amigos que expressavam preocupação com sua tosse persistente. Sua fala era transmitida pelo rádio, assim como sua tosse, que era sempre um problema, à noite e ao ar livre. Nos últimos quatro dias, porém, a tosse parecia menos preocupante e ele esperava que em breve desaparecesse por completo. Ela persistia porque ele recusara tratamento médico. A dra. Sushilabehn dissera-lhe que, se tomasse penicilina logo no início, em três dias estaria bem. Caso contrário, levaria três semanas para curar-se. Ele não duvidava da eficácia da penicilina, mas acreditava também que o *Ramanama* era o remédio supremo para todos os males, superando os demais. Vendo-se rodeado de chamas por todos os lados, sentia a necessidade premente de uma intensa fé em Deus. Somente Ele poderia permitir que o fogo fosse apagado. Se o Senhor precisasse do seu trabalho Ele o manteria vivo; do contrário, Ele o levaria.

Tinham acabado de ouvir o cântico em que o poeta exorta os homens a persistirem no *Ramanama*. Este era o único refúgio humano. Assim, diante da presente crise, desejava lançar-se por inteiro em Deus, não aceitando auxílio médico para um mal físico.

[Nova Délhi, 18/10/1947] *Ramanama*, 1964, p. 45-57

93. PENSAMENTO DO DIA

Ficar doente deveria ser motivo de vergonha para qualquer pessoa. A doença implica sempre algum erro. Aquele cuja mente e cujo corpo são perfeitamente saudáveis jamais deveria ser atingido pela enfermidade.

[Sevagram, 26/12/1944]

Um mau pensamento é também um indício de doença. Assim, devemos guardar-nos dos maus pensamentos.

[Sevagram, 27/12/1944]

O *Ramanama* é um remédio infalível para os maus pensamentos. O Nome deve ter origem não apenas nos lábios, mas no coração.

[Sevagram, 28/12/1944]

Tão numerosas como doenças são os médicos e seus tratamentos. Se considerarmos toda a moléstia como uma só e Rama como o único medicamento, nos libertaremos da maior parte de nossas aflições.

[Sevagram, 29/12/1944]

Como é estranho correr atrás de versados em medicina hindu e médicos ocidentais, eles próprios mortais, esquecendo-nos tranquilamente de Rama, que é o eterno e infalível médico!

[Sevagram, 30/12/1944]

Mais estranho que isso, contudo, é este fato: embora saibamos que temos de morrer algum dia e que, com o tratamento médico, só conseguiremos prolongar nossa existência por alguns dias mais, se tanto, colocarmo-nos, por causa disso, em apuros sem fim [correndo de médico em médico e de tratamento em tratamento].

[Sevagram, 31/12/1944]

O jovem e o velho, o rico e o pobre, todos morrem diante de nossos olhos; ainda assim, não conseguimos parar, fazendo tudo que é possível – exceto apoiar-nos em Rama – apenas para viver alguns dias mais.

[Sevagram, 1/1/1945]

Que bom seria se compreendêssemos isso e, depositando toda a confiança em Rama, afastássemos com paciência todo e qualquer mal que se interpusesse em nosso caminho e vivêssemos em autêntica paz!

[Sevagram, 2/1/1945]

Se um homem considerado religioso sofre de alguma enfermidade, significa que ele é desprovido de algo.

[Sevagram, 22/4/1945]

Se a mente de um homem mantém-se impura, apesar de seus esforços, ele deveria tomar o *Ramanama* como seu único apoio.

[Chegando a Madras, 21/1/1946]

Quanto mais penso mais compreendo que o *Ramanama*, quando recitado de coração e com conhecimento, é a cura universal para todo tipo de enfermidade.

[Uruli, 22/3/1946]

Apego, ódio, etc. também são doenças; são ainda piores que as físicas. Não existe, além do *Ramanama*, outra cura para esses males.

[Uruli, 23/3/1946]

A falta de asseio da mente é mais perigosa que a do corpo; a falta de asseio exterior, contudo, nada mais é do que um reflexo do estado interior.

[Uruli, 24/3/1946]

Quem poderá descrever a satisfação e a felicidade que experimentamos quando nos refugiamos em Deus?

[Uruli, 25/3/1946]

O *Ramanama* é valioso para aqueles que cumprem as condições para a sua recitação.

[Nova Délhi, 8/4/1946]

A repetição do *Ramanama* torna-se vã quando não realizamos nenhum serviço digno de Rama.

[Nova Délhi, 21/4/1946]

O medo da doença é responsável por mais mortes do que a própria doença.

[Simla, 7/5/1946]

Para a cura da tríplice doença[83], o *Ramanama* é o remédio seguro.

[Nova Délhi, 24/5/1946]

Aquele que busca refúgio no *Ramanama* alcança a satisfação de todos os seus desejos.

[Nova Délhi, 25/5/1946]

Se alguém deseja beber o néctar do *Ramanama*, é estritamente necessário afastar a luxúria, a raiva, etc.

[Nova Délhi, 20/6/1946]

Quando tudo vai bem, é claro que todos tomam o nome de Deus; mas o verdadeiro devoto é aquele que se lembra Dele quando tudo o abandona.

[Bombaim, 6/7/1946]

O elixir do *Ramanama* dá felicidade à alma e liberta o corpo de seus males.

[Pune, 9/7/1946]
Ramanama, 1964, p. 58-60

94. COM DEUS E EM SEU NOME
(De "Shraddhanandji – o Mártir")

Desde que fiz a promessa de servir, dediquei meu pensamento à humanidade. Seria a coisa mais fácil do mundo decapitar-me, ato que não requer o menor preparo ou organização... Além disso, nunca procurei proteção exterior. Na verdade, é inútil pensar em resguardar-me, pois sei que o Altíssimo Deus é o único protetor.

(*United Asia*, fevereiro de 1955)
Homage to the Departed, 1958, p. 198

Um guerreiro não gosta de morrer num leito, e sim no campo de batalha... A morte é sempre bendita, mas o é duas vezes para um guerreiro que morre em nome de sua causa, ou seja, pela Verdade.

Young India, 30/12/1926, p. 438

(De "Nem santo nem político")

Buda teria morrido opondo-se ao sacerdócio, caso a grandiosidade de seu amor não se houvesse mostrado idêntica aos encargos do serviço sacerdotal. Cristo morreu na cruz com uma coroa de espinhos na cabeça, desafiando o poder de todo um império. Quando proponho uma resistência de caráter não violento estou apenas seguindo, simples e humildemente, a trilha dos grandes mestres.

Young India, 12/5/1920, p. 3

(De "Providência, novamente")

Não anseio pelo martírio, mas se ele surgir em meu caminho, no curso da busca daquilo que considero o supremo dever na defesa da fé que sustento... vou recebê-lo como a um mérito.

Harijan, 29/6/1934, p. 156

Espero que haja suficientes colaboradores não violentos na Índia sobre os quais se poderá escrever: "Foram alvejados e receberam as balas sem ódio, com uma prece nos lábios, rezando até pelo ignorante assassino".

A Gandhi Anthology, livro I, 1958, p. 9

Deveríamos ter o *Ramanama* nos lábios até o derradeiro suspiro, porém não deveríamos repeti-lo mecanicamente; deveria brotar-nos do coração, como no caso de Hanuman.

Bapu – My Mother, 1955, p. 30

(De uma prédica devocional, 16 de junho de 1947)

Se alguém me matar e eu morrer murmurando uma prece pelo assassino, com a lembrança de Deus e a consciência de Sua presença vivente no santuário de meu coração, só então poderei dizer que alcancei a não violência dos bravos.

Mahatma Gandhi – The Last Phase, vol. II, 1958, p. 327

(De uma prédica devocional)

Acredito na mensagem da verdade transmitida por todos os mestres religiosos do mundo. Rezo sem cessar para que jamais venha a alimentar qualquer sentimento de ira contra meus difamadores e para que, mesmo que tombe vitimado por uma bala assassina, possa libertar minha alma com a lembrança de Deus nos lábios. Merecerei ser chamado de impostor se, no último momento, minha boca pronunciar uma palavra irada ou injuriosa contra meu agressor.

Ibid., p. 101

(De uma conversa)

Não pretendo morrer... vendo pouco a pouco paralisadas as minhas faculdades, como um homem inválido. A bala de um assassino pode pôr fim à minha vida. Eu saberei recebê-la. Mas gostaria, acima de tudo, de partir cumprindo meu dever até o último instante.

Mahatma Gandhi – The Last Phase, vol. I, 1956, p. 562

(A Manubehn Gandhi, na noite de 29 de janeiro de 1948 menos de 24 horas antes de seu assassinato)

Você conhece minha fé no *Ramanama*. Se eu morrer devido a uma enfermidade prolongada, ou em decorrência de um furúnculo ou de uma espinha, será seu dever proclamar ao mundo, mesmo sob o risco de atrair a ira alheia, que não fui o homem de Deus que dizia ser. Se fizer isso, meu espírito encontrará a paz. Lembre-se também de que se alguém acabar com minha vida com um tiro, como tentaram fazer outro dia com uma bomba, e eu receber essa bala sem um gemido, tomando meu último hausto de ar para dizer o nome de Deus, então terei sido fiel àquilo que demonstrava ser.

The End of an Epoch, 1962, p. 28-29

(A Manubehn Gandhi, apenas doze horas antes do assassinato)

Se alguém atirar em mim e eu morrer sem um gemido, mas com o nome de Deus nos lábios, então você poderá dizer ao mundo: aquele foi um verdadeiro *Mahatma*[84].

Ibid., p. 32

Mesmo que eu seja morto, não deixarei de repetir os nomes de Rama e Rahim que significam, para mim, o mesmo Deus. Com Seus nomes nos lábios, morrerei com alegria.

(*United Asia*, fevereiro de 1955)
Homage to The Departed, 1958, p. 196

Anseio por deixar o mundo com tranquilidade, com o *Ramanama* nos lábios.

Bapu – My Mother, 1955, p. 49

95. "RAMA! RAMA!"
(De "A sexta-feira fatídica", de Pyarelal)

Caminhando entre os cordões de isolamento, por entre a congregação reunida para as preces, Gandhiji retirou as mãos dos ombros das duas moças para responder aos *namaskars*[85] dos participantes da oração. De repente alguém na multidão abriu caminho às cotoveladas, com brusquidão, ultrapassando, à direita, o cordão de isolamento. A pequena Manu, imaginando que o homem se adiantava para tocar os pés de Gandhiji, advertiu o intruso dizendo já estarem atrasados para a prece e procurou detê-lo segurando-lhe a mão. Ele empurrou-a com violência, fazendo com que o *Ashram Bhajanavali* (hinário), a escarradeira e o rosário de

Bapu, que ela trazia nas mãos, tombassem no chão. Quando ela se curvou para apanhar as coisas espalhadas no solo, o homem, mais que depressa, pôs-se diante de Gandhiji – tão próximo que, mais tarde, um dos projéteis seria encontrado entre as dobras da roupa de Bapu. Três disparos partiram, em rápida sucessão, do revólver automático de sete balas: o primeiro tiro penetrou no lado direito do abdômen, duas polegadas e meia acima do umbigo e três polegadas e meia à direita da linha central; o segundo perfurou o sétimo espaço intercostal, uma polegada à direita da linha central; o terceiro cravou-se no lado direito do coração, uma polegada acima do mamilo, a quatro polegadas da linha central. O primeiro e o segundo tiros atravessaram-lhe o corpo, saindo pelas costas. O terceiro alojou-se no pulmão. Ao primeiro tiro, o pé que Bapu movimentara ao ser atingido falseou. Ainda estava de pé quando o segundo tiro foi disparado; então caiu. As últimas palavras que pronunciou foram "Rama, Rama".

Harijan, 15/2/1948, p. 30-31

(Da "Carta a Kasturba Gandhi", 13/9/1932)

Somente um, entre milhões, encontra a morte pela qual orou.

The Collected Works of Mahatma Gandhi, LI, 1972, p. 52

APÊNDICE I
(Traduzido do *Ashram Bhajanavali*)
A ORAÇÃO MATUTINA

1

Trago à mente, logo às primeiras horas da manhã, aquele Ser que sinto no coração; que é *sat* (eterno), *chit* (conhecimento) e *sukham*, o estado atingido pelos homens perfeitos – um supraestado. Sou aquele imaculado Brahma, sempre atento, em todos os estados: no sonho, quando desperto e no sono profundo, e não este corpo, composto pelos elementos – terra, água, espaço, luz e ar.

2

Venero, logo às primeiras horas, Aquele que está além do alcance do pensamento e da palavra, e por cuja graça, contudo, toda a fala se faz possível. Venero Aquele que os *Vedas* descrevem como *neti neti* (nem este, nem aquele). A Ele, que os sábios chamaram de Deus dos deuses, o não nascido, o não decaído, a fonte de tudo.

3

Curvo-me, logo às primeiras horas, diante Daquele que está além das trevas, que é tal como o Sol, que é perfeito, ancestral, denominado *Purushottam* (o melhor entre os homens) e em quem (através da escuridão) imaginamos todo o universo segundo as aparências, do mesmo modo como (na escuridão) imaginamos que uma corda seja uma serpente.

4

Ó Deusa Terra, que tens oceano por veste, as montanhas por seios, tu, esposa de Vishnu (o Preservador), curvo-me diante de ti; perdoa o toque de meus pés.

NOTA: Curvando-nos para o solo aprendemos a ser humildes como a terra, que apoia os seres que caminham sobre ela. A terra é, portanto, por justiça, a consorte do Preservador.

5

Que a Deusa Saraswati (da sabedoria), que destrói por completo a negra ignorância, me proteja. Ela, que é branca como a flor de *mogra*[86], como a Lua ou como uma coroa de neve, que veste níveos mantos, cujas mãos são adornadas com o belo bambu de sua vina, que está sentada sobre um lótus branco e que é sempre adorada por Brahma, Vishnu, Shiva e os demais deuses.

6

Ó Deus, que tens os lábios recurvados, o corpo volumoso, refulgente como dez milhões de sóis: livra-me sempre do mal enquanto praticar atos benéficos.

NOTA: Apelo endereçado a Deus, que é representado pela letra mística 'ꣲ' – pronuncia-se "Om". Esta divindade distingue-se pela boca recurvada e pelo corpo volumoso. Seu místico esplendor foi cantado nos *Upanixades*.

7

O Guru (mestre) é Brahma, é Vishnu, é Mahadeva e o próprio grande *Brahman*. Curvo-me diante de tal Guru.

NOTA: Esta é, evidentemente, uma referência ao mestre espiritual. Não se trata de uma relação mecânica ou artificial. O mestre não é tudo isso na realidade; assim o vê o discípulo, que encontra nele toda sua satisfação e atribui perfeição àquele que lhe concedeu uma viva fé num Deus vivente. Tal guru é uma raridade, pelo menos hoje em dia. É melhor pensar no próprio Deus como nosso guru ou esperar pela Luz com fé.

8

Curvo-me diante de Vishnu, a paz encarnada, deitado num leito-serpente, de cujo umbigo cresce o lótus, o qual é o senhor supremo do deus sustentador do universo. Ele que é semelhante ao céu, que possui a coloração das nuvens, cujo corpo é bem--aventurado, que é o senhor de Lakshmi (deusa da boa fortuna), cujos olhos são como o lótus, que é cognoscível pelos iogues através da meditação, que dissolve o medo da roda de nascimento e morte, e que é o Governante único de todos os mundos.

9

Perdoa, ó piedoso e abençoado Mahadeva, todos os pecados meus, por ação ou omissão, mentais ou concretos, perpetrados pelas mãos ou pés, pela fala, ouvidos ou olhos. Seja feita a Tua vontade.

10

Não almejo um reino terreno nem o paraíso, não, nem mesmo a libertação do nascimento e da morte. Desejo apenas que esta vida de aflição seja poupada de seus sofrimentos.

11

Bendito seja o povo; possam os governantes proteger seus reinos com justiça, possam sempre a vaca[87] e o brâmane[88] estar bem; possam todos os povos ser felizes.

12

Curvo-me diante de Ti, *sat* (eterno), causa do universo, curvo-me diante de Ti, *chit* (conhecimento), refúgio do mundo, curvo-me diante de Ti, Uno-sem-segundo, que dás a salvação, curvo-me diante de Ti, *Brahman*, que a tudo impregnas e és eterno.

13

És tu o único abrigo, és Tu o único a ser desejado, és Tu o protetor único do universo. Tu és autorrevelado, és Tu o único criador, preservador e destruidor do universo, somente Tu és supremo, imóvel e imutável.

14

De todos os temores, és Tu o principal; de tudo quanto de terrível existe, Tu és o mais terrível; és Tu o movimento de toda a vida; és Tu o santo dos santos, és Tu o regente dos mais poderosos lugares, és Tu o maior entre os maiores. És Tu a principal entre todas as proteções.

15

Em ti pensamos, a Ti adoramos, diante de Ti nos curvamos como testemunhas deste universo; em Ti, *sat* (eterno), buscamos refúgio, em Ti, que és nosso único apoio, e que não necessitas, Tu mesmo, de nenhum apoio, regente, barca em meio a este mar de infindáveis nascimentos e mortes.

The Collected Works of Mahatma Gandhi, XLIV, 1971, p. 386-390

Oração do Kumar Mandir

1

Om! que Deus nos proteja, que Ele nos sustente, que nosso aprimoramento possa ser comum, que nossos estudos frutifiquem, que nunca acalentemos má vontade uns contra os outros. *Om, shanti, shanti, shanti.* [*Om*, paz, paz, paz.]

2

Om! Conduz-me da inverdade à verdade, das trevas à luz, conduz-me da morte à vida eterna.

3

Diante de Ti me curvo, ó Deus, que, sendo altíssimo e tendo entrado em meu coração, dás, com Teu poder, vida à língua silenciosa, às mãos, pés, ouvidos, pele e aos membros do corpo.

Ibid., p. 398-399

Oração das Mulheres

1

Ó Govinda, habitante de Dwarka; ó Krishna, Tu que és o bem-amado das *gopis*; ó Keshava, não sabeis que os kauravas me cercam?

Ó Senhor, Tu, Senhor de Lakshmi, protetor do Vraja, que libertas da aflição; ó Janardana, salva-me (do) oceano do sofrimento que tomou a forma dos kauravas.

O Krishna, Tu, grande iogue, alma e proteção do universo; ó Govinda, liberta a mim, que jazo desesperançada em meio aos kauravas e busco o teu apoio.

2

Age de modo correto, nunca incorretamente; diz a verdade, nunca a inverdade; olha bem longe à tua frente, nunca com olhos míopes; olha para cima, nunca para baixo.

3

Ahimsa (não violência), verdade, não roubar, pureza e autocontrole; esses, disse Manu, são os deveres comuns às quatro castas.

4

Ahimsa (não violência), verdade, não roubar, ser livre de paixões, da ira e da cobiça, desejar o bem-estar e o bem de tudo o que é vivente: tais são os deveres comuns a todas as castas.

5

Compreende qual é a religião que os sábios, os bondosos e os libertos de gostos e aversões seguem, e que sentem com o coração.

6

Ouve a essência da religião e assimila-a com o coração: nunca se deve fazer aos outros o que não se deseja para si mesmo.
Direi, em meio verso, aquilo que foi dito em inúmeros livros: servir o próximo é virtude, ofender o próximo é pecado.

7

O Sol, a Lua, o vento, o fogo, o céu, a terra, as águas, o coração, o deus do julgamento, o dia, a noite, a tarde, a manhã e o próprio darma são testemunhas das ações do homem: não lhe é possível esconder coisa alguma.

Ibid., p. 399-400

APÊNDICE II
OS HINOS FAVORITOS DE GANDHIJI

(Os hinos que se seguem estavam entre os favoritos de Gandhiji, sendo usualmente cantados em seus encontros devocionais)

O Verdadeiro *Vaishnava*

O verdadeiro *vaishnava* é aquele que sente o sofrimento do próximo como se fosse o seu. Está sempre pronto a servir e nunca é culpado de orgulho arrogante. Curva-se diante de todos, a ninguém despreza, preserva a pureza de pensamento, palavra e ação. Abençoada é a mãe de tal filho: em cada mulher reverencia sua mãe. Conserva a equanimidade, nunca tem sua boca maculada pela falsidade e nem toca em riquezas de outrem. Os laços do desejo não conseguem prendê-lo. Sempre em harmonia com o *Ramanama*, em seu próprio corpo estão todos os sítios de peregrinação. Não conhece o desejo nem a decepção, a paixão nem a cólera.

Narasimha Mehta

* * *

O Caminho do Amor

O caminho do Senhor está aberto somente aos heróis; para os covardes, ele se fecha.
Abdica de tua vida e de todas as tuas posses, para que possas assumir o nome do Senhor.
Somente aquele que deixa filho, mulher, riquezas e vida, beberá do cântaro de Deus.

Pois, em verdade, aquele que pretende obter pérolas terá que mergulhar nas mais recônditas profundezas do oceano e tomar a vida em suas mãos.

A morte não o amedronta: ele esquece todas as dores do corpo e da alma.

Aquele que hesita na margem e tem medo de mergulhar nada consegue.

Aquele que ousa saltar no fogo obtém a eterna bem-aventurança.

Pritama

Minha Oração Sincera

Preserva-me, Senhor, de olhar para coisas que suscitem maus pensamentos. Melhor seria a cegueira.

Preserva-me, Senhor, de aviltar meus lábios com palavras impuras. Melhor seria a mudez.

Preserva-me, Senhor, de ouvir qualquer palavra de calúnia ou injúria. Melhor seria a surdez.

Preserva-me, Senhor, de olhar com desejo aquelas que devo ver como irmãs. Melhor seria morrer.

Tukaram

Guia-me, Bondosa Luz

Guia-me, bondosa luz, em meio à envolvente treva,
    Guia a mim;
A noite é escura e meu lar tão distante,
    Guia a mim;
Detém-me os pés; não peço para ver
    Lugares longínquos; um passo me basta.
Nem sempre, como hoje, em reza pedia
    Que fosses meu guia;
Queria escolher e enxergar meu caminho; mas, hoje,
    Guia a mim.
Gostava do dia de ouropel e, apesar dos temores,
    O orgulho norteava a vontade; o passar do tempo esquecia.
Porque com Teu poder me abençoaste, ele por certo e ainda
    A mim guiará.
Sobre urzedo e pântano, penhasco e torrente,
    Até que a noite finde;
E até sorrirem, na aurora, os rostos dos Anjos
    Que há tanto e tanto amo e perdi, por um tempo.

Cardeal Newman

A Maravilhosa Cruz

Quando contemplo a esplêndida Cruz
    Em que o Príncipe da Glória morreu,
Em perda se converte o ganho mais valioso
    E de desdém eu visto meu orgulho.
Livra-me, Senhor, da vanglória
    Frente à Cruz de Cristo, meu Deus;
Todas as coisas vãs que mais me encantam,
    Ao Seu sangue sacrifico.
Vê como de Sua Cabeça, Suas Mãos e Seus Pés
    Sofrimento e amor fluem e se unem;
Terão antes, assim, amor e dor se encontrado,
    Ou espinhos uma coroa tão rica formado?
Fosse meu todo o reino natural,
    Oferenda pouca seria ainda;
Um Amor tão pasmoso e tão divino
    Pede-me a alma, a vida, tudo meu.
Que Cristo, que a graça alcançou pr'os pecadores,
    Com pena amarga e doída agonia,
Seja louvado pela espécie redimida
    Para sempre, por todo, todo o sempre.

I. Watts

Rocha dos Tempos

Rocha dos tempos, para mim fendida,
Deixa que em Ti encontre o meu refúgio;
Deixa que a Água e o Sangue
Que de Teu flanco aberto escorreram
Sejam a dupla cura do pecado
De cuja força e culpa, peço, limpa-me!

O trabalho de minhas mãos não poderá
Atender às exigências de Tua lei;
Nem meu fervor jamais arrefecido,
Nem minhas lágrimas, em rio eterno,
O pecado poderiam expiar;
Tu e só Tu podes salvar.

Nada trago nas mãos,
Prendo-me apenas à Tua Cruz, mais nada;
Nu, venho a Ti em busca de vestes;
Desamparado, olho-Te buscando a graça;
Tolo, refugio-me em Tua Fonte;
Lava-me, Salvador, ou morrerei.

E ao exalar esse suspiro breve,
Quando minhas pálpebras na morte se cerrarem,
Quando eu planar em regiões desconhecidas,
Possa eu ver-Te no Trono do Juízo;
Rocha dos tempos, para mim fendida,
Deixa que em Ti encontre meu refúgio.

A. M. Toplady

O Sermão da Montanha

Bem-aventurados os pobres de espírito, pois deles será o Reino dos Céus.
Bem-aventurados os que choram, pois serão confortados.
Bem-aventurados os mansos, pois herdarão a terra.
Bem-aventurados os que têm fome e sede de justiça, pois serão saciados.
Bem-aventurados os piedosos, pois obterão misericórdia.
Bem-aventurados os puros de coração, pois verão a Deus.
Bem-aventurados os pacificadores, pois serão chamados de filhos de Deus.
Bem-aventurados os que são condenados em prol da justiça, pois deles é o Reino dos Céus.

Evangelho de São Mateus

This Was Bapu, (1959), p. 158-162

(As seis cartas que se seguem foram escritas para apoiar Esther Faering, na ocasião em que seu noivado com o dr. E. K. Menon atraiu sobre ela, ao ser anunciado, uma onda de críticas, muitas delas bastante ásperas e mesquinhas.)

"Compartilhando Seu Sofrimento"

Há mais coisas forjadas pela oração
    Do que sonha este mundo.
Deixa, então, que tua voz
    Se erga para mim qual uma fonte, noite e dia.
Pois, em que o homem é melhor do que carneiros ou cabras
    Que abrigam no cérebro uma vida cega,
Se, conhecendo a Deus, não ergue as mãos em oração
    Por si mesmo e por aqueles que o chamam de amigo?
Por isso, o globo terrestre está, todo ele,
    Atado por correntes de ouro, junto aos pés de Deus.

Tennyson

Minha querida filha:

Mando-lhe o texto acima para compartilhar seu sofrimento atual. Que ele possa tornar mais leve o seu fardo.

Com o amor do seu
Bapu

[Bombaim, 16 de março de 1920]

Ver a Ti em Todas as Coisas

Ensina-me, meu Deus e Rei,
    A ver-Te em Todas as Coisas,
E que tudo que eu faça
    Faça como se fosse para Ti.
Possam todos compartilhar-Te.
    Nada há de tão mesquinho
Que, uma vez impregnado do "amor a Ti",
    Não cresça brilhante e límpido.
Com esse lema, um serviçal
    Torna divino o seu labor;
Aquele que varre o chão segundo Tuas leis
    Faz-se, e à sua ação, bons.
Essa é a célebre pedra
    Que a tudo em ouro transforma;
Pois o que Deus toca ou possui
    Por menos não pode ser tomado.

George Herbert

Minha querida filha:

    Possa alguma dessas frases, palavras ou pensamentos, aliviar sua aflição.
    Com amor, o seu
              Bapu

[Bombaim, 17 de março de 1920]

Seja o que Ele quiser

Senhor, não cabe a mim decidir
    Se vivo ou morro;
Amar-Te e servir-Te é o que me cabe,
    E isso Tua graça deve propiciar.
Se minha vida for longa, contente ficarei
    Pois por longo tempo poderei obedecer;
Se for curta, por que, ainda assim, me entristeceria
    Voar para o eterno dia?
Cristo não me conduz por sítios mais trevosos
    Do que os por Ele antes percorridos;
Pr'aquele que ingressa no reino de Deus,
    É esta a porta de entrada.
Vem, Senhor, quando a graça me levar a
    Tua abençoada face enxergar;
Pois se doce é o Teu trabalho sobre a terra,
    Como há de ser a Tua glória?
É pouco o que sei daquela vida;
    O olho da fé é nublado;
Mas que Cristo saiba é o bastante,
E com Ele hei de estar.

Richard Baxter

Minha querida filha:

    Mais uma noite chega para encher-me de pensamentos a seu respeito. Transfiro-os ao nosso Criador comum a fim de fazer deles o uso que Lhe aprouver, para o seu bem.
    Com amor, o seu
            Bapu

Eu

Oh, poderia vencer, cantando, todos os problemas da vida,
    Transformando a noite em dia,
Se meu eu não me envolvesse assim, apegando-se
    A tudo o que faço ou digo.
Até meu pensar é egoísta, sempre a erguer
    Mesquinhos castelos no ar.
Faço do meu amor ao próximo, douração
    Para que eu mesmo brilhe.
Imagino que está o mundo todo ocupado em julgar
    Meu mérito ou minha culpa;
Seu louvor mais ardente parece rude apoucamento
    Do louvor que reivindico como meu.
Ai de mim! O voo mais ligeiro não nos furta
    A odiosa visão de nosso eu:
Segue-nos cada passo, nas viagens lentas
    E dorme à noite conosco.
Ó, Senhor, pudesse eu dar minha vida pelo próximo,
    Sem fins egoístas,
Pudesse eu derramar-me em meus irmãos
    E por eles viver, só por eles.

Minha querida filha:

    Você esqueceu sua promessa. Não me deixe sem notícias suas por tantos dias. Selecionei os versos acima para o dia de hoje.
    Com amor, seu
                Bapu

Na casa do Pai, enfim

Digo-te que repitas
    Ao primeiro homem que encontrares
Em viela, estrada ou rua –
    Que ele e todos nós, homens, movemo-nos
Sob um dossel de amor,
    Amplo como o céu azul;
Que dúvida, perturbações, medo, dor
    E sofrimento são sombras vãs.
Que nem a própria morte há de ficar,
    Que desertos fatigantes podemos percorrer,
Labirintos sombrios atravessar,
    Sendo levados por subterrâneos escuros,
Mas, se ao Guia, que é único, obedecermos,
    O mais sombrio dos caminhos, a mais escura trilha
A um dia celestial conduzirão;
    E, passados os perigos da viagem,
Unidos estaremos,
    por fim, na casa do Pai.

Trench

Minha querida filha:

    Estou no trem para Délhi. Não consegui descansar. Ontem não lhe enviei nada. Não foi possível. Talvez esta seja, por alguns dias, a última carta, pois não posso antecipar o que acontecerá proximamente. Escreva-me.
    Com amor,
        Bapu

[Domingo, 21/3/1920]

Humildade

Segunda Feira,... 1920

Minha querida filha:
    Eis o que escolhi para hoje:

> Aquele que caiu não precisa temer a queda,
> Aquele que se curva está isento de orgulho,
> Aquele que é humilde sempre há de ter
> Deus como seu guia.
> Estou contente com o que tenho,
> Seja pouco ou muito.
> E, Senhor! anseio também por alegrar-me
> Pelo muito que salvaste.
> Perfeito será meu canto
> Quando a bem-aventurança,
> Como romeiro, buscar – hoje e no eterno amanhã,
> A cada era mais plena.

J. Bunyan

Com amor, seu
    Bapu

My Dear Child, 1959, p. 61-66

NOTAS

1. *Ramanama*: (*Rama* = Rama, divindade do hinduísmo; *nama* = nome) "Nome de Rama". A repetição do nome de Rama era a prece diária e constante de Gandhi, que morreu pronunciando-o. Tulsidas, eminente poeta indiano do séc. XVII e autor da versão em hindi do *Ramayana* (ver nota nº 12), descreve no início dessa obra o poder beatífico que resulta da repetição do nome de Rama.
2. Surdas: poeta e místico indiano do séc. XVI, autor de uma famosa coleção de poemas religiosos intitulada *Sursagar*.
3. *Ashram*: termo sânscrito (*asrama*, *srama*) cujo significado original é "eremitério" ou retiro onde vivem religiosos dedicados à oração, ao estudo e às práticas espirituais. Mais tarde, o termo passou a significar "comunidade", onde se leva uma vida simples e devotada.
4. *Amrita*: termo sânscrito (*a* = não; *mrita* = morte) que, na tradição védica, significa "bebida da imortalidade". Desta palavra deriva ambrosia, que na mitologia grega designava o manjar dos deuses olímpicos que outorgava e conservava a imortalidade.
5. *Ahimsa*: termo sânscrito (*a* = não; *himsa* = dano ou injúria) que significa "não violência" em qualquer das esferas da ação humana, ou seja, física, verbal ou mental.
6. *Mahabharata*: a grande epopeia nacional da Índia, composta, provavelmente, por Vyasa. A forma como é conhecida atualmente a obra data de 200 a.C. Abrange mitos, lendas e ensinamentos dos deuses védicos, e basicamente, é a descrição da luta de duas famílias (a dos pandavas e a dos kauravas) pela possessão de uma cidade. A *Bhagavad Gita* é a parte mais conhecida desta obra monumental.
7. Barodada: irmão mais velho do poeta Rabindranath Tagore. [Nota da edição original, em inglês].
8. *Sandhya*: (ou *samdhya*) termo sânscrito que significa "orações diárias, matutinas e vespertinas".

9. *Gayatri*: (sânscrito *gayatri*) hinos do *Rig Veda* compostos num determinado metro. Aqui, Gandhi refere-se especificamente ao hino dedicado ao Sol, que se tornou um mantra ou prece, e cuja tradução aproximada é: "Nós meditamos na luz sublime do divino Sol; possa ele iluminar a nossa mente".

10. *Namaz*: termo persa (*nä mäż*) que significa "prece". Oração principal dos muçulmanos, recitada cinco vezes ao dia.

11. *Bhajan*: termo sânscrito que significa "adoração", "devoção". Nome genérico dos cânticos devocionais.

12. *Ramayana*: poema épico cuja versão original em sânscrito, datada entre 400 a.C. e 400 d.C., atribui-se a Valmiki. O herói da epopeia é Rama, avatar de Vishnu e símbolo da nobreza de espírito. A versão que Gandhi costumava ler era a de Tulsidas, em hindi, hoje o texto mais popular do hinduísmo moderno.

13. Reverendo G. U. Pope (1820-1907): natural da Inglaterra, tornou-se famoso pelo seu conhecimento profundo da língua tâmil, sobre a qual escreveu um manual que é até hoje reeditado.

14. *Japa*: termo sânscrito que significa "incessante repetição, verbal ou mental, do mantra ou da prece". Essa repetição é acompanhada pela meditação sobre a divindade tutelar; no caso de Gandhi, Rama.

15. *Dhun*: coro ou refrão de uma prece.

16. *Tapascharya*: termo sânscrito (*tapas* = austeridade; *acharya* = versado, conhecedor profundo) que significa "experiente na prática de austeridades". Essas austeridades ou restrições autoimpostas têm por objetivo o fortalecimento espiritual do praticante.

17. Gajendra *Moksha*: literalmente "libertação de Gajendra". O episódio está narrado no *Bhagavata Purana* e conta como Gajendra, rei dos elefantes, enquanto brincava com suas esposas, cai nas garras de um monstro aquático (Graha) com quem se debate sem sucesso. Já no fim das suas forças, Gajendra invoca Vishnu com fervorosa devoção, e este o liberta da morte segura.

18. *Brahmacharya*: termo sânscrito, significa literalmente "conduta divina", e, em sentido particular, "continência, celibato". Gandhi tomou os votos de *brahmacharya* junto com a sua esposa em 1906, ou seja, quando tinha 38 anos, e nunca o quebrou.

19. *Dwadash* mantra: ॐ नमो भगवते वासुदेवाय। O sagrado encantamento dessas doze letras. [Nota da edição original, em inglês]. Esse mantra,

cuja pronúncia é *om namo bhagavaté vasudevaya*, significa "Prostrações ante o Senhor Deus, Vasudeva".

20. *Satyagraha*: expressão criada por Gandhi, a partir de dois termos sânscritos, para designar "resistência passiva"; porém, como ele mesmo conta na sua *Autobiografia*, "resistência passiva" tinha a conotação de arma dos fracos. Gandhi passou, então, a usar o termo como sinônimo de "firmeza (*agraha*) na verdade (*sat*)" ou "ater-se (*agraha*) à verdade (*satya*)".

21. Quetta: cidade no extremo noroeste do atual Paquistão.

22. *Savarnas*: termo sânscrito que designa pessoas pertencentes à mesma casta social, isto é, às classes superiores, para quem os "intocáveis" eram criaturas desprezíveis.

23. Mott: Fundador da Associação Cristã de Moços. [Nota da edição original, em inglês.]

24. Rajaji: forma abreviada e de respeito pela qual era conhecido Rajagopalachari, também conhecido como o "Gandhi do Sul". Teve uma importante participação no processo de independência da Índia.

25. *Harijan*: literalmente "filhos de Deus". Esse era o nome que Gandhi dava aos "intocáveis", e que também deu ao seu jornal, originalmente chamado *Young India*.

26. *Yajna*: termo sânscrito que significa "oblação", "oferenda", "sacrifício", "rito".

27. Kathiawad: península indiana no distrito de Gujarat, noroeste da Índia.

28. *Mokska*: termo sânscrito, literalmente "liberação". Última das quatro metas ou finalidades da vida humana: 1º (*artha*) refere-se às posses materiais; 2º (*kama*) é a busca do prazer e do amor; 3º (*dharma*) abrange todo o contexto dos deveres religiosos e morais; 4º (*moksha*) é a redenção ou liberação espiritual – o bem humano definitivo.

29. Narayana: personificação arquetípica da energia cósmica e poder criador identificado com Vishnu, símbolo da iluminação espiritual.

30. *Tilak*: (ou *tilaka*) termo sânscrito que designa a marca colorida – feita com unguento ou pó derivado de plantas ou minerais – que se faz na testa (no caso das mulheres) ou em qualquer outra parte do corpo, como ornamento, como sinal de pertencer a uma determinada seita, ou como proteção contra energias indesejáveis.

31. *Tulsi*: (ou *tulasi*) manjericão, árvore venerada na Índia, com cujo caule se fazem contas para terços.
32. *Tasbih*: terço ou rosário usado pelos muçulmanos.
33. Bapu: literalmente "pai". Nome carinhoso com o qual era chamado Gandhi pelo seu povo.
34. Fato ocorrido no final de 1930 [Nota da edição original, em inglês.]
35. *Bhagavata Purana*: ver nota nº 17.
36. Hanuman: chefe-macaco e líder mítico de várias epopeias indianas, especialmente do *Ramayana*, onde auxilia Rama – o herói central, por quem guarda uma profunda devoção – na luta contra Ravana, rei-demônio de Sri Lanka (Ceilão). Ver nota nº 12.
37. 30 de janeiro de 1948: data do assassinato de Gandhi.
38. Kabir: poeta e místico muçulmano do séc. XV, talvez o primeiro apóstolo da unidade hindu-muçulmana. Seus cantos-poemas, que ainda hoje são celebrados no norte da Índia, foram transmitidos de forma oral, pois o próprio Kabir nunca escreveu coisa alguma.
39. *Ramadhun*: repetição do *Ramanama*, isto é, "Rama, Rama, Rama..." de forma incessante ou mântrica.
40. *Tal*: termo sânscrito que designa um antigo instrumento musical muito parecido a um pequeno címbalo.
41. *Darshan*: da raiz sânscrita *drish* = ver. Refere-se ao ato de contemplar a imagem de uma divindade através da qual se pode obter uma revelação. Devotos e admiradores de Gandhi acudiam às suas prédicas com essa ingênua expectativa, fato que ele mesmo condena em sua *Autobiografia*.
42. Sanstha: associação, comunidade religiosa.
43. *Mehtars*: varredores de rua, lixeiros, limpadores de latrinas. Trabalhos realizados pelos "intocáveis",
44. *Hindu dharmaki jay*: literalmente "Viva a religião hindu".
45. *Yajurveda*: uma das quatro coleções de textos sânscritos conhecidos como *Vedas*. É o "*Veda* das fórmulas", que orienta quanto à realização do culto (oferendas, sacrifícios, recitação de mantras, etc.), à alimentação e à saúde.
46. *Al-fatiha*: a abertura, o primeiro capítulo do *Alcorão*; segundo o dr. Goldziher, é o "Pai Nosso" do Islão, e é recitada em cada novo princípio de oração.

47. *Bhajanavali*: coletânea de cânticos devocionais que faziam parte das orações matutinas e noturnas nos *ashrams* de Gandhi.

48. *Cafir*: termo árabe, literalmente significa "não crente", "infiel". Pertencente ao povo montanhês indo-iraniano do Cafiristão, localizado entre Chitral (Índia) e o território afegane.

49. *Gopis*: pastoras e dançarinas celestiais que acompanhavam Krishna nos seus passeios às margens do rio Yamuna.

50. *Shastras*: tratados ou ensinamentos do período pós-védico. Cada um deles desenvolve um tema específico, por exemplo: lógica, amor, dogmas religiosos e morais, etc.

51. *Janmashtami*: festival de celebração do nascimento de Krishna, que acontece no mês de agosto.

52. *Satyagrahi*: aquele que pratica o *satyagraha*. Ver nota nº 20.

53. Tulsidas: poeta místico do séc. XVII, de grande popularidade no norte da Índia. Ver nota nº 1.

54. *Acharya*: título honorífico que significa "mestre, professor, versado em, principal".

55. Jnaneshvar: literalmente "Senhor da Sabedoria".

56. *Nivritti*: objetivo último das práticas ascéticas no qual o devoto entra em comunhão total com Brahma ou Absoluto. Sinônimo de *moksha* (ver nota nº 28).

57. Tukaram: santo e poeta de língua marata, do século XVII. Em todas as suas composições percebemos um cunho estritamente monista e ainda hoje é lembrado pelos devotos de quase todas as seitas hinduístas.

58. Kashi Vishwanath: templo localizado em Benares e dedicado a Shiva; também é chamado "Templo de Ouro" pois seu teto é de ouro maciço.

59. *Panchamas*: palavra sânscrita que significa literalmente "a quinta parte". A sociedade indiana estava constituída por quatro castas; consequentemente, "a quinta parte" seria a dos "sem casta", os "intocáveis", os "párias".

60. Ver parte I, item 19, intitulado "Sem fé nas Orações". [Nota da edição original, em inglês.]

61. Wahabita: (árabe *wahhabi*) seguidor de Abdel-Wahhab (1691-1787), líder de uma seita religiosa muçulmana fundamentalista.

62. *Alcorão*: a recitação de breves trechos do *Alcorão* passou a fazer, desde então, parte integrante das orações do *ashram*. (V. G. Desai) [Nota da edição original, em inglês.]

63. *Parayan*: ler totalmente, ler um texto na íntegra.

64. Posteriormente a recitação da *Gita* era concluída a cada sete e não a cada quatorze dias; os capítulos foram distribuídos da seguinte maneira: sexta: 1 e 2; sábado: 3, 4 e 5; domingo: 6, 7 e 8; segunda: 9,10,11 e 12; terça: 13, 14 e 15; quarta: 16 e 17; quinta: 18. (V. G. Desai). [Nota da edição original, em inglês.]

65. *Sadhu*: termo sânscrito que significa "honorável", "santo", "virtuoso", "excelente". Nome genérico dado aos homens santos.

66. Kauravas: uma das famílias rivais que lutavam pela posse de uma cidade no *Mahabharata*. Simbolicamente representam a destruição, o poder ilícito, a malignidade.

67. Pandavas: nome da família que entra em luta contra os kauravas pela posse de uma cidade da qual eram seus legítimos soberanos. Simbolicamente representam as virtudes, o poder legítimo.

68. Vyasji = Vyasa, nome genérico dado no período pós-védico aos "compiladores ou editores" dos textos canônicos. Nome de um sábio mítico a quem se adjudica a compilação ou composição do *Mahabharata*.

69. *Bilvapatra*: (*patra* = folha; *bilva* = marmeleiro de Bengala) folha da *bilva*, árvore considerada sagrada na Índia.

70. *Nagapanchami*: dia religioso dedicado ao culto de serpentes. [Nota da edição original, em inglês.]

71. *Janmashtami*: festa comemorativa do nascimento de Krishna. [Nota da edição original, em inglês.]

72. *Vaishnava*: vishnuíta, devoto do deus Vishnu.

73. *Haveli*: termo persa cujo significado primitivo é "casa", "habitação"; entretanto, em gujarate e marata, o sentido é de "templo". Santuário vishnuíta.

74. "*Mara, mara*": Rama pronunciado de modo incorreto, ao inverso, passando a significar "morrendo, morrendo". [Nota da edição original, em inglês.]

75. Uma reunião de anciãos em Vedchhi, distrito de Surat. [Nota da edição original, em inglês.]

76. Dharalas: belicosa tribo militar do Gujarat. [Nota da edição original, em inglês.]

77. *Bilva* ou *bael*: marmeleiro de Bengala, cujo fruto tem propriedades terapêuticas.

78. Médicos, *vaidyas*, *hakims*: os primeiros praticam a medicina ocidental; os segundos a aiurvédica ou hindu; e os últimos são médicos muçulmanos.

79. Precisamos de médicos que tratem antes das almas que dos corpos. A proliferação de médicos e de hospitais não é indício de civilização. Quanto menos mimarmos nosso corpo, melhor para nós e para o mundo. [Nota da edição original, em inglês.]

80. Não há maior arauto da paz do que o nome de Deus. Gandhiji – *Press Report*, 10/1/1946. [Nota da edição original, em inglês.]

81. Busco um tempo em que mesmo a repetição do nome de Rama seja um empecilho. Quando perceber que Rama transcende até mesmo a fala, não terei mais necessidade de repetir o Nome. *Young India*, 14/8/1924. [Nota da edição original, em inglês.]

82. Mirabai: do norte da Índia, século XV, é uma das maiores poetisas indianas, cujas composições, de beleza singular, estão dedicadas ao louvor do deus Krishna.

83. Tríplice doença: provavelmente Gandhi esteja fazendo referência ao ódio, cobiça e ignorância, às vezes, considerados como doenças.

84. *Mahatma*: termo sânscrito (*mahant* = grande; *aiman* = alma, espírito) que literalmente significa "magnânimo". Título que geralmente é conferido a grandes sábios.

85. *Namaskar*: devoção, oblação, reverência ou saudação respeitosa. Consiste na união das palmas, o curvar do tronco e a enunciação da palavra *namaskar*.

86. *Mogra*: um tipo de jasmim com flores grandes.

87. Vaca: "vaca = agricultura". [Nota de Gandhiji.]

88. Brâmane: "brâmane = educação". [Nota de Gandhiji.]

Texto composto na fonte Sabon.
Impresso em papel Polén Soft 80gr na Assahí Gráfica